A. DE MOTYLINSKI

PROFESSEUR A LA CHAIRE D'ARABE
DIRECTEUR DE LA MEDERSA DE CONSTANTINE
LAUREAT DE L'INSTITUT

GRAMMAIRE, DIALOGUES

ET

DICTIONNAIRE

TOUAREGS

Publiés sous les auspices du Gouvernement Général de l'Algérie

PAR

RENÉ BASSET

DIRECTEUR DE L'ECOLE SUPERIEURE DES LETTRES D'ALGER
CORRESPONDANT DE L'INSTITUT

TOME PREMIER

GRAMMAIRE et DICTIONNAIRE FRANÇAIS-TOUAREG

ALGER

IMPRIMERIE ORIENTALE PIERRE FONTANA
3, Rue Pélissier, 3

1908

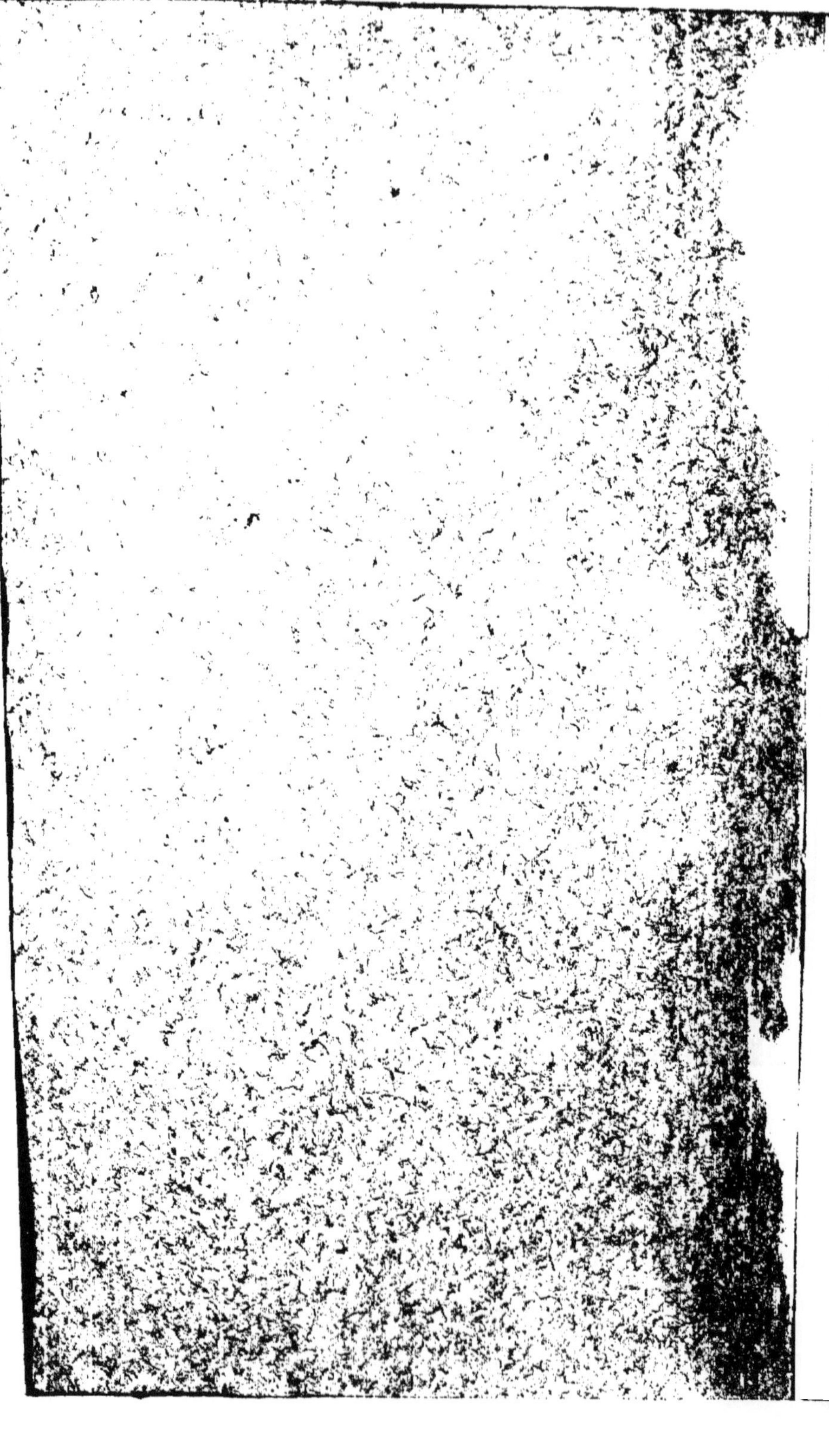

GRAMMAIRE, DIALOGUES

ET

DICTIONNAIRE

TOUAREGS

A. DE MOTYLINSKI

PROFESSEUR A LA CHAIRE D'ARABE
DIRECTEUR DE LA MÉDERSA DE CONSTANTINE
LAURÉAT DE L'INSTITUT

—✳—

GRAMMAIRE, DIALOGUES

ET

DICTIONNAIRE

TOUAREGS

Publiés sous les auspices du Gouvernement Général de l'Algérie

PAR

René BASSET

DIRECTEUR DE L'ÉCOLE SUPÉRIEURE DES LETTRES D'ALGER
CORRESPONDANT DE L'INSTITUT

TOME PREMIER

GRAMMAIRE et DICTIONNAIRE FRANÇAIS-TOUAREG

ALGER

IMPRIMERIE ORIENTALE PIERRE FONTANA
3, Rue Pélissier, 3

1908

PRÉFACE

La mission dont M. de Motylinski avait été chargé par le Ministère de l'Instruction publique, l'Institut et le Gouvernement général de l'Algérie, n'avait pas seulement pour but l'exploration scientifique du pays touareg au point de vue de la linguistique, de la sociologie et de la géographie. Elle devait avoir des résultats pratiques et le plus important a été la composition d'une grammaire, de dialogues et d'un dictionnaire qui, jusqu'à présent, ont manqué aux officiers chargés d'administrer les Oasis Sahariennes.

La mort imprévue de M. de Motylinski ne lui a pas permis de publier ce travail. J'ai dû le remplacer comme je l'avais fait, il y a treize ans, en faisant paraître les documents laissés par M. Masqueray, enlevé, lui aussi, par une fin prématurée. Au nom de mon ami, qu'il me soit permis de remercier, parmi ceux que je suis autorisé à nommer, ceux à qui ce travail a dû de pouvoir être rédigé et paraître, M. JONNART, Gouverneur général de l'Algérie ; M. le colonel LAPERRINE, commandant militaire du Territoire des Oasis, et M. le commandant LACROIX, chef du Service des Affaires indigènes. Je ne dois pas oublier non plus deux Touaregs, BEN MESSIS et BEN HAMMOU, dont la collaboration a été des plus utiles.

Le premier volume qui paraît aujourd'hui comprend la grammaire et le dictionnaire français-touareg ; le second, qui suivra de près, contiendra les dialogues et le dictionnaire touareg-français.

RENÉ BASSET.

Alger, le 15 Décembre 1907.

LIVRE Ier

ÉCRITURE ET PRONONCIATION

		Tifinagh	Pron.	Arabe	
A, I, OU (sons voyelles)	*tar'erit.*	•	*a, i, ou*		
B	*ieb*	ⴱ	*b*		
CH	*iech*		*ch*	ش	
D	*ied*		*d*		
DH	*iedh*		*dh*	ض	
F	*ief*		*f*		
G	*ieg*		*g*		
G'	*ieg'*		*g'*		(doux, se prononçant souvent *dj* [mouillé]).
H	*ieh*		*h*	ه	
I	*iei*		*i*	ى	(a souvent le son de *i* double et même de *ai* ou *ei*).
J	*iej*		*j*		
K	*iek*		*k*	ك	
KH	*iekh*		*kh*	خ	
L	*iel*		*l*		
M	*iem*		*m*		
N	*ien*		*n*		
OU	*ieou*		*ou*	و	(a souvent le son *aou* ou *eou*).
Q	*iek'*		*k'*	ق	
R	*ier*		*r*		
R'	*ier'*		*r'*	غ	(le *r'* est le plus souvent dans les finales très grasseyé).
S	*ies*		*s*		
T	*iet*		*t*		
T'	*iet'*		*t'*	ط	
Z	*iez*		*z*		
Z'	*iez'*		*z'* (emphatique)		

ABRÉVIATIONS SE RENCONTRANT SOUVENT :

	et		
			nk
			bt
			z't
			rt
			st
			g't
			gt
			lt
			mt
			nt
			cht

Cet alphabet est généralement employé au Hoggar. Certaines de ces lettres y sont d'un emploi universel ; d'autres subissent parfois des transformations ; telle personne écrit différemment une lettre ou l'autre ; telle personne ajoute ou retranche des lettres de l'alphabet. L'alphabet des Touaregs, comme leur grammaire, leur orthographe et leur langue, est peu fixé.

Le dialecte touareg parlé par les habitants du Hoggar est appelé par eux *tamahaq.*

Le tamahaq s'écrit tantôt de droite à gauche, tantôt de gauche à droite, tantôt autrement. La plupart du temps on l'écrit de droite à gauche ; nous l'écrirons ainsi.

Le mode de transcription adopté est le suivant : • *a, e, i, ou*; ⊟ *b*; ⊡ *ch*; ∨ *d*; ∃ *dh*; ⋈ *f*; ⋈ *g*; Υ *g'*; ⦙ *h*; ≼ *i*; Ⲓ *j*; •: *k*; :: *kh*; ‖ *l*; ⊐ *m*; ∣ *n*;

⁚ *ou*; ⋯ *k'*; O *r*; ⁚ *r'*; ⊙ *s*; + *t*; ⊐ *l'*; X *z*; # *z'*. Dans les mots touaregs écrits en caractères français, le *g* a toujours le même son : celui qu'il a dans le mot « garder », jamais celui qu'il a dans le mot « large ». Les Touaregs ont un son nasal qu'ils ne rendent pas dans l'écriture et qui se rapproche de notre « gn » dans le mot « agneau » ; nous l'indiquerons par le signe ~ placé sur le *n* (ex : *aña*, frère, se prononce à peu près *« agna »*).

N. B. 1° Le ⁚ redoublé devient d'ordinaire X ou ⊐ (*azzal*, « course », pour *ahhal* ; *ichchad*, « il est mauvais », pour *ihhad*).

Le ⊐ redoublé devient d'ordinaire ⊐ (*iet'l'in*, « il est compté », pour *iedhdhin*).

Le ⁚ redoublé devient d'ordinaire ⋯ (*ek'k'al*, « revenir », pour *er'r'al*).

Le ⁚ redoublé devient d'ordinaire ⋈ (*egget*, « battre », pour *ououet*).

2° Le ⊐ suivi du + devient d'ordinaire ⊐

⁞	—	+	—	—	⁚
⁞	—	+	—	—	⋯
⁞	—	⁚	—	—	⋯
⊐	—	⊙	—	quelquefois	⊐

On dit *edhes* et *et'es*, « rire » ; *edhes* et *et'es*, « dormir ».

Le ⊐ suivi du ⁚ devient quelquefois ⊐

On dit *edhkel* et *et'kel*, « lever » ; *adhkar* et *at'kar*, « remplir ».

3° Le X se change souvent en X

Le ⁚ se change quelquefois en X, ⊐, ⊓

Le ⊙ se change quelquefois en ⵝ, ⵞ (surtout dans les mots renfermant ⵊ, ⵝ, ⵞ).

Le ✛ se change quelquefois en Ǝ, ⧩ (surtout dans les mots renfermant des articulations fortes).

Le ✛ se change quelquefois en ⵥ (surtout à la fin des mots).

Le ⵊ se change quelquefois en ⴽ.

4° Le ⵏ et le ⵝ se mettent très souvent l'un pour l'autre. Beaucoup de Touaregs n'admettent pas le ⵏ dans l'alphabet et écrivent avec ⵝ tout ce que nous écrivons par ⵏ.

5° Le ⴸ précédé ou suivi de ✛ se change très souvent en ✛.

6° Dans la conjugaison des verbes, la particule *ad* du futur devient *at* devant *t* et *an* devant *n*.

7° Le O de la négation *our* disparaît quelquefois ; quelquefois il se change en ✛ ou en Ⅱ.

8° Souvent on supprime le ⴸ de la particule *ad* du futur, surtout quand un pronom régime se place entre elle et le verbe ; *ad* devient ainsi *a*. Les pronoms *ennek*, *ennem*, *ennit* deviennent ordinairement *nek*, *nem*, *nit*, quand ils suivent un mot terminé par *n*.

9° On introduit souvent la lettre ⵊ sans autre cause que l'euphonie ou une prononciation locale.

10° La lettre ⵯ se prononce diversement selon les personnes et les lieux ; on lui donne parfois le son du ⴽ, parfois celui de ⵏ, le plus souvent des sons intermédiaires.

11° Le son *a*, suivi de *t*, se change habituellement en *i* (*inr'i*, au lieu de *inr'a t*, « il a tué lui »).

12° Le son *i* se change souvent en *é*. Le son *a* se change souvent en *i*.

13° Très souvent, pour raison d'euphonie, quand les mots commencent par une consonne, on redouble cette consonne et on la fait précéder d'un son-voyelle quelconque *a*, *e*, *i*, rarement *ou*. Ce son-voyelle semble tout à fait variable et ne dépendre que du caprice ou de l'habitude de chaque individu, ou d'un usage local (« Vous avez suivi » *Telkemem*, se dit souvent *ettelkemem*, *attelkemem*, *ittelkemem*; « vous » *kouen*, se dit souvent *akkouen*, *ikkouen*, *ekkouen* ; « deux » *sin*, se dit souvent *essin*.

14° Très souvent, pour raison d'euphonie, quand les mots commencent par une voyelle, la consonne qui suit cette voyelle se redouble. Ce redoublement ne semble dépendre que du caprice de chacun ou parfois d'un usage local (« Il parle » *isaoual*, se dit souvent *issaoual* ; « à eux » *asen*, se dit souassen, *issen*, *essen* : facilement la voyelle initiale permute, l'*a*, l'*e*, l'*i* se mettant souvent indifféremment.

15° Parmi les lettres de l'alphabet, il en est sept qui ne se rencontrent presque jamais dans les racines touarègues; ce sont ⵝ, ⵜ, ⴾ, ⵗ, ⵊ, ⵯ, ⴴ. A peu d'exceptions près on ne trouve ces lettres que dans des racines d'origine étrangère ou bien dans des mots dérivés de racine touarègue en remplacement de certaines lettres de la racine, savoir : ⴾ en remplacement de ⁚ ; ⵝ en remplacement de ⁝ ou de ⊙ ; ⋯ en remplacement de ⁚ ; ⊟ en remplacement de Ǝ.

16° Lorsqu'un mot commençant par une voyelle en suit un autre qui est terminé par une voyelle, il y a d'ordinaire élision et on ne prononce qu'une des deux voyelles ; c'est d'ordinaire la voyelle du premier mot qui disparaît et celle du deuxième qui reste (*teh eñ*, elle est à l'abri, pour *teha eñ* ; *out till ar as te ncier' ezzeik'*, à peine t'ai-je vu, je t'ai reconnu, pour *out tilli ar* ; *tel ini*, elle a des couleurs, pour *tela ini*. Cependant, lorsque le premier mot est un monosyllabe, c'est sa voyelle qui reste et celle du deuxième qui disparaît (*Enn as i kli*, dis à lui à l'esclave, pour *i akli* ; *Our seller' i daouenni nnit fô*, je n'écouterai nullement ses paroles, pour *i idaouenni* ; *Eouaier' amekchi i mr'rar oua hin*, j'ai porté de la nourriture à mon père, pour *i amr'ar* ; *Oua hi len*, celui me possédant (surnom de Dieu) pour *hi ilen* ; *Alekkod i mis, tadeft i is, tebourit i rouri n oui our egrin*, la cravache pour le chameau, le mors pour le cheval, le bâton pour le dos de ceux qui n'ont pas de sens, pour *amis, ais, arouri*).

La langue touarègue n'a pas d'orthographe. Un de ses caractères est d'être peu fixée, soit dans la parole, soit dans l'écriture. Elle a divers dialectes : ceux du Hoggar, des Ifor'as, de l'Adhar', de l'Azger, de l'Ahir, des Aoulimiden qui, bien que compris indistinctement par tous les Touaregs, présentent entre eux des différences sensibles ; en outre, chaque individu a sa manière de prononcer, ses habitudes de langage, son orthographe, parfois certaines lettres de l'alphabet à lui. En résumé, la langue est peu fixée, chacun la parle et l'écrit à sa manière. Une grande latitude existe pour la prononciation, l'orthographe, l'alphabet et la grammaire. Il ne faut pas s'étonner si deux Touaregs traduisent la même phrase, écrivent le même mot de deux manières différentes ; les deux manières peuvent être bonnes, la langue étant si peu fixée.

LIVRE II

NOMS, PRONOMS, QUALIFICATION

I. — Noms.

*Deux genres, masculin et féminin. — Deux nombres,
singulier et pluriel.*

RÈGLES GÉNÉRALES. — 1° Le singulier des noms
masculins commence par un des sons *a, e, i, ou*.

2° Le pluriel des noms masculins commence
par *i*.

3° Les noms féminins commencent par *t* au singulier et au pluriel.

EXCEPTIONS A CES RÈGLES. — Il y en a peu. On
trouve pourtant celles-ci :

1° Un certain nombre de noms masculins, tant
au singulier qu'au pluriel, commencent par une consonne. Ex : *ti* « mon père » ; *midden* « hommes ».

2° Les noms masculins commençant par *ou* au
singulier conservent ordinairement ce son au pluriel. Ex : *oul* « cœur », plur. *oulaouen*.

3° Les noms masculins commençant par *é* conservent ordinairement ce son au pluriel. Ex: *ésou*
« bœuf », plur. *ésouan*.

4° Quelques noms masculin pluriel commencent
par *a*. Ex : *añaten* « frères ».

5° Quelques noms féminins singuliers ou pluriels ne commencent pas par *t*. Ex : *oult* « fille » ; *massa* « ma maîtresse ».

GENRES. — Les sons *a, e, i, ou* qui caractérisent ordinairement le masculin singulier sont brefs et ne s'expriment pas en général par l'écriture.

Le féminin singulier s'obtient en plaçant un *t* devant les noms masculins et un autre *t* à la fin. Ex : *amr'ar* « vieillard », fém. *tamr'art*.

Cependant beaucoup de noms féminins ne se terminent pas par *t*. Ex : *tir'si* « chèvre ».

Un certain nombre de noms masculins ont pour féminin des noms d'origine différente. Ex : *alcs* « hommes », fém. *tamet'* « femme ».

NOMBRES. — Outre les noms singuliers et pluriels il y a les noms collectifs. Dans les noms collectifs, l'idée d'unité s'exprime en formant le féminin du collectif. Ex : *aloum* « de la paille », *taloumt* « une paille ».

PLURIEL MASCULIN. — Ils se divisent en deux grandes classes : 1° Pluriel par *n* ajouté à la fin du singulier ; 2° pluriel par *a* placé, soit avant la dernière articulation, soit en remplacement du son-voyelle final du singulier. En outre, ces deux modes de formations se combinent et donnent naissance à des formes secondaires de pluriels où les deux signes du pluriel sont réunis.

RÈGLE GÉNÉRALE. — Les sons *a, e,* placés au commencement des noms masculins singuliers se changent en *i* au pluriel. Ce son est bref et ne s'indique pas dans l'écriture. (Nous avons vu plus haut les exceptions).

PLURIELS PAR *n*. — 1° La terminaison *n* devient, selon les besoins de l'euphonie, *an*, *en*, *in*. Ex : *aouétai* « année », plur. *ioutian*. 2° Un certain nombre de pluriels ont le pluriel en *aouen* (d'un singulier primitif en *aou*) ou en *ten*. Ex : *ag'enna* « ciel », plur. *ig'ennaouen* ; *ahou* « fumée », plur. *ahouten*.

PLURIELS PAR *a*. — 1° Le pluriel par *a* consiste : I. A changer en *a* la voyelle précédant la consonne finale de certains singuliers. Ex : *anhil* « autruche », plur. *inhal*. II. A remplacer par *a* la voyelle finale de certains singuliers. Ex : *aheng'ou* « ennemi », plur. *iheng'a*. REMARQUE. — Les sons *a* et *i* qui se rencontrent immédiatement avant la terminaison de certains singuliers se changent ordinairement en *ou*. Ex : *amahar'*, plur. *imouhar'*.

PLURIELS COMBINÉS. — 1° Quelques noms forment le pluriel en changeant en *a* la voyelle précédant la consonne finale du singulier et en prenant en même temps la terminaison *n*. Ex : *afous* « main », plur. *ifassen*. 2° Beaucoup de noms singuliers terminés par *i* changent cet *i* en *a* au pluriel et ajoutent l'*n*. Ex : *akli* « esclave », plur. *iklan*. 3° Certains noms singuliers interposent le son *ou* entre l'*a* et l'*n* du pluriel. Ex : *imi* « bouche », plur. *imaouen*.

PLURIEL FÉMININ ; RÈGLE GÉNÉRALE. — Le pluriel féminin se forme en plaçant un *t* devant le pluriel masculin et en changeant en *in* la terminaison *en* ou *n* quand elle s'y trouve. Ex : *imr'aren*

« vieillards », fém. plur. *timr'arin* ; *Imouhar'* « Touaregs », fém. plur. *Timouhar'*.

OBSERVATIONS. — 1° Beaucoup de pluriels masculins terminés en *an* changent au féminin cette terminaison en *atin*. Ex : *iklan* « esclaves », fém. plur. *tiklatin*.

2° Les féminins singuliers terminés en *a* ou *i* prennent en général la terminaison *ouin*, et quelquefois, mais rarement, celle de *oua*. Ex : *tag'ella* « pain », plur. *tig'ellouin*. 3° Quelques noms singuliers ont pour pluriel des noms d'origine différente. Ex : *tir'si* « chèvre », plur. *oulli*.

DÉPENDANCE DES NOMS. — Pas de déclinaison. Les rapports des noms entre eux et avec les verbes s'expriment par des prépositions.

Le cas du *génitif* s'exprime en plaçant devant le substantif gouverné la préposition *n* « de », qui, selon les besoins de l'euphonie, devient *en* ou *ne*. Ex : *amr'ar n ar'rem* « le chef du village ». — N. B. 1° Notre idée : « Ce cheval est à mon père » s'exprime par le génitif et non par le datif (*ais ouarer' n abba*, « ce cheval est de mon père »). 2° Nos expressions : « l'homme à la chèvre », etc. se rendent aussi par le *n* du génitif précédé ou non des pronoms démonstratifs (*ales en tir'si*, « l'homme de la chèvre » ; *ales oua n tir'si*, « l'homme celui de la chèvre »).

Le cas du datif s'exprime par la préposition *i* « à » placée devant le nom. Dans l'écriture on ne tient pas compte de cet *i* qui est bref ; cependant, quand le nom régi commence par une voyelle, on indique

par ⵣ la préposition *i* suivie de ce son (*isall i ales*,
⊙ll ⵣ ll⊙).

Le cas de l'ablatif s'exprime par la préposition
s « de » (*ex* « latin ») et quelquefois par *dar'* « dans »
ou *r'our* « chez ».

Le vocatif s'indique quelquefois en plaçant *hei*
« hé ! » après le nom (*ales hei !* « hé l'homme ! »).

DÉTERMINATION DES NOMS. — Il n'y a pas d'article. Quand on veut déterminer un nom d'une
manière précise on le fait suivre du pronom
démonstratif et relatif. *Oua* « celui, lequel » ; *ta*
« celle, laquelle » ; *oui* « ceux, lesquels » ; *ti* « celles,
lesquelles ». (On peut dire : *tidhidhin n Ahaggar*
« les femmes du Hoggar » ; mais on détermine
avec plus de précision en disant : *tidhidhin ti
n Ahaggar* « les femmes celles du Hoggar »).

DIMINUTIF. — Le diminutif des noms masculins
se forme comme le féminin de ces noms au singulier et au pluriel. Les noms féminins n'ont pas
de diminutifs.

NOMS PROPRES. — Chez les Touaregs certains
noms propres sont d'origine arabe (*Mousa*). Beaucoup ne le sont pas (*Tehit*).

II. — Pronoms.

Ils se divisent en trois : 1º Pronoms personnels ;
2º Pronoms démonstratifs et relatifs ; 3º Pronoms
ndéfinis.

1° Pronoms personnels.

Ils se divisent en deux : 1° Pronoms personnels sujets (isolés) ; 2° Pronoms personnels régimes (affixes).

1° *Pronoms personnels sujets (isolés).*

Sing.	Moi	*Nek, nekkou, nekkounan.*
	Toi M....	*Kai, kaiou, kaiounan.*
	Toi F....	*Kem, kemmou, kemmounan.*
	Lui, elle..	*Enta.*
Plur.	Nous M..	*Nekkenidh*
	Nous F ..	*Nekkenetidh.*
	Vous M..	*Kouanidh, egganidh.*
	Vous F ..	*Kametidh, eggametidh.*
	Eux	*Entanidh.*
	Elles	*Entanetidh.*

2° *Pronoms personnels régimes (affixes).*

Ils se divisent en trois : I. Pronoms affixes dépendant des noms ; II. Pronoms affixes dépendant des verbes ; III. Pronoms affixes dependant des particules.

I. Pronoms affixes dépendant des noms et exprimant la possession. (Il n'y a pas de pronoms ou adjectifs possessifs, les pronoms personnels les remplacent. Ex : « Mon cheval », *ais in* « le cheval de moi »).

Sing.	De moi	*I, in, hin, ni.*
	De toi M...	*K, ek, ik, ak, ennek.*
	De toi F ...	*M, em, im, am, ennem.*
	de lui, d'elle.	*S, es, is, as, ennit, ennes.*

Plur.
De nous . . .	*Ner', enner', nener'*
De vous M .	*Nouen, ennouen, naouen, ennaouen.*
De vous F. .	*Enkemet.*
D'eux.	*Nesen* (quelquefois *sen*).
D'elles.	*Nesenet* (quelquefois *senet*).

REMARQUES. — 1° Cet affixe s'emploie avec les mots *oua* « celui », *oui* « ceux », *ta* « celle », *ti* « celles ». Il signifie alors « celui de moi, etc. » et équivaut à notre adjectif possessif « le mien », etc. (« Le cheval de toi étant bon, le mien est meilleur », *ais ennek ioular'en oua hin iouf*) ; 2° Avec les mots *i ti* « celui, ceux, celle, celles », pour *oua, oui, ta*, l'affixe s'emploie ainsi :

Singulier :

Ce qui de moi . . Ce qui à moi . . .	*I nnou, ti nnou.*
Ce qui de toi **M.** Ce qui à toi **M.**	*I nnek, ti nnek.*
Ce qui de toi **F.** Ce qui à toi **F.**	*I nnem, ti nnem.*
Ce qui de lui . . . Ce qui d'elle . . . Ce qui à lui . . . . Ce qui à elle . . .	*I nnit, i nnes, ti nnit, ti nnes.*

Pluriel :

Ce qui de nous . Ce qui à nous . .	*I nnener', ti nnener'.*
Ce qui de vous **M.** Ce qui à vous **M.**	*I nnouen, i nnaouen, ti nnouen, ti nnaouen.*

Ce qui de vous F. Ce qui à vous F.	*I nnekemet, ti nnekemet.*
Ce qui d'eux … Ce qui à eux …	*I nnesen, ti nnesen.*
Ce qui d'elles… Ce qui à elles ..	*I nnesenet, ti nnesenet.*

Ex : « Ce cheval est à moi, celui-là est à lui », *ais ouarer' i nnou, ouader' i nnit* « ce cheval ce qui à moi, celui-là ce qui à lui ». N.B. Dans plusieurs dialectes berbères la première personne des pronoms affixes est non en *i* comme en tamahaq, mais en *ou* ; de là vient *i nnou, ti nnou* « celui, ceux, celle, celles de moi ».

II. Pronoms affixes régimes des verbes. — Ils se divisent en deux : 1° Pronoms affixes régimes directs des verbes ; 2° Pronoms affixes régimes indirects.

1° Pronoms affixes régimes directs des verbes.

Sing.	Moi … … …	*I, ahi.*
	Toi M … .	*K, kai, akkai.*
	Toi F … .	*M, kem.*
	Lui… … …	*T, it, et, at.*
	Elle … …	*Tet.*
Plur.	Nous … …	*Ner'.*
	Vous M…	*Kouen, kaouen, akkaou, ouen, aouen.*
	Vous F…	*Kemet.*
	Eux … …	*Ten.*
	Elles … …	*Tenet.*

2º Pronoms affixes régimes indirects des verbes.

Sing.	A moi	*I, hi, ahi.*
	A toi M . . .	*K, ek, ak, hak.*
	A toi F . . .	*M, am, ham.*
	A lui, à elle.	*S, as, has.*
Plur.	A nous . . .	*Ner', aner', haner'.*
	A vous M.	*Aouen, haouen, ouen.*
	A vous F.	*Akemet, hakemet.*
	A eux	*Sen, asen, esen, isen, hasen.*
	A elles . . .	*Asenet, hasenet, esenet.*

On interpose quelquefois la préposition *i* du datif entre le verbe et l'affixe quand celui-ci le suit (parfois l'affixe précède) mais c'est très rare, d'ordinaire on ne la met pas. On place généralement l'aspiration ⋮ *h* entre l'affixe et le verbe quand celui-ci est terminé par le son *a*. Le pronom affixe s'emploie souvent d'une manière explétive devant le nom auquel il se rapporte quand celui-ci est au génitif ou au datif. Ex : *Inna has i ti s n abaradh* « il a dit à lui, au père de lui, du jeune homme ». Quelques substantifs ne s'emploient jamais sans être accompagnés d'un pronom affixe ; ce sont les cinq suivants : *rour* « fils », *meddan* « fils » (plur.), *mess* « maître », *messaou* « maîtres », *messaouat* « maîtresses ». Il faut toujours dire, *rour i, rour ik, rour is*, etc... *Rour is en Mousa* « le fils de lui de Mousa ». Cinq autres substantifs : *ti, ma, aña, ili, messa*, ont à la fois le sens de « père, mère, frère, fille, maîtresse » et celui de « mon père, ma mère, mon frère, ma fille, ma maîtresse ». Lorsqu'ils signifient « mon père, ma mère, mon

frère, ma fille, ma maîtresse », on les emploie
sans pronom affixe ; lorsqu'on leur donne le sens
de « père, mère, frère, fille, maîtresse », ils ne
s'emploient jamais sans pronom affixe comme les
cinq substantifs précédents *(Ma s en Mousa* « la
mère de lui de Mousa ».

III. Pronoms affixes dépendant des particules. — Ce sont les mêmes que les pronoms affixes
régimes indirects des verbes.

2° Pronoms démonstratifs et relatifs. — Il
y en a cinq sortes :

1°	Celui, qui, que....... Lequel............. Celui qui, celui que .	*Oua, a, i.*
	Celle, qui, que....... Laquelle.. .... Celle qui, celle que...	*Ta, ti.*
	Ceux qui, que........ Lesquels........... Ceux qui, ceux que...	*Oui, i.*
	Celles qui, que....... Lesquelles .... Celles qui, celles que.	*Ti.*
	Ceci, ce qui, ce que... Lequel	*Oua, a.*
	Cela.................	*Aouin.*
2°	Celui-ci, ce, cet.......	*Arer', ouarer', ouader'*
	Celle-ci, cette.........	*Tarer', tader'.*
	Ceux-ci, ces..........	*Ouirer', ouider'.*
	Celles-ci, ces	*Tirer', tider'.*
	Ceci.................	*Ouaider', aider'.*

3°
- Celui-là, ceux-là, ce, ces. *Ouinder'.*
- Celle-là, celles-là.... } *Tinder'.*
- Cette, ces.......... }
- Cela (avec idée d'éloignement).......... *Aouinder'.*

4°
- Celui-ci.............. *Oua di.*
- Celle-ci.............. *Ta di.*
- Ceux-ci.............. *Oui di.*
- Celles-ci............ *Ti di.*

5°
- Celui-là.............. *Oua din, ouan din.*
- Celle-là.............. *Ta din, tan din.*
- Ceux-là.............. *Oui din, ouin din.*
- Celles-là............. *Ti din, tin din.*

REMARQUES. — 1° Quand *oua, ta, ouarer'*, etc... s'emploient comme démonstratifs, ils se placent d'ordinaire après le nom. Ex : « Cet homme est bon », *ales ouarer' ioular'en* ; 2° Quand *oua, ta*, etc., employés comme relatifs, sont sous l'influence d'une préposition, on met celle-ci après eux. Ex : « L'homme chez qui j'ai couché », *ales oua r'our ensir'* ; 3° A qui, auquel, celui à qui, etc. s'expriment par *oua, ta*, etc., mais on emploie, de concert avec eux, le pronom personnel régime indirect du verbe, non toujours, mais souvent. Ex : « Ceux à qui j'ai dit cela », *oui asen ennir' aouin* ; 4° Pour indiquer l'éloignement (dans l'espace ou le temps), on fait suivre le nom de la particule *dinder'* qui est invariable et signifie « là ». Ex : *Dar' akal dinder'*, « dans ce pays là » ; 5° On dit quelquefois *ouan an*, à la place de *oua* ; *ouin*, à la place de *oui* ; *tan, tin*, à la place de *ta* ; *tin*, à la place de *ti* ; 6° *I, ti* « celui, ceux, celle, celles » pour *oua, oui, ta)*, se placent devant les pronoms affixes dépendant des noms et devant les substantifs précédés de la particule *n* du génitif pour exprimer la possession : *Amis ouarer' i nnou* « ce chameau celui de moi, ce chameau est à moi » ; *amis ouarer' i n Mousa* « ce chameau, celui de Mousa, ce chameau est à Mousa ; *takerbast tarer' ti n mandam.* « cette gandoura, celle d'un tel, est à un tel ».

3° Pronoms indéfinis. — 1° « Quoi » (non interrogatif) *oua imous, a imous,* « ce que c'est » (« Il lui a dit quelque chose, je ne sais quoi », *inna has haret, our essiner' a imous)*.

2° « Quoi que » (quelque chose que) : *aoua* (« quoi que tu lui dises », *aoua s tennid)*.

3° « Ce qui, ce que, de quoi » : *aoua, a* (« je sais ce qu'il a dit », *essaner' aoua inna)*.

4° « Quiconque » : *iri* (suivi du participe), (« quiconque t'aime, fût-ce un chien, aime-le aussi », *iri kai iran, ennir' imous abaikor, at terid aked kai)*.

5° « Quelconque » : *Oua illan* « lequel étant » ; *ta tellat* « laquelle étant » (« une chose quelconque nous suffit », *haret oua illan igdah aner')*.

6° « Chaque » : *Ak* (« chaque jour », *ak ahel)*.

7° « Chacun, chacune » : *Ak ien, ak iet* (« chacun d'eux portait une épée », *ak ien d esen kelad iet'kel takouba)*.

8° « Tout, toute, tous, toutes » : On emploie le verbe *emdou* « être fini » et quelquefois *eket* « totalité », suivi des affixes régimes des noms. (« Ils sont tous venus » *ousen d emdan'*, ou bien *ousen d eket nesen*).

9° « Tout » *ak haret*, « chaque chose » (« tout est fini » *ak haret imda*).

10° « Quelqu'un » se rend par *ien* « un », *iet* « une » (« Il est venu quelqu'un te demander », *iousa d ien isesten foull ak*).

11° « Quelques-uns, quelques » : Masc. *ouiodh, ouiedh* ; fém. *tiodh, tiedh*. (« Ils envoyèrent quelques-uns d'entre eux au Touat », *essouken ouiodh desen s Taouat*).

12° « Personne, aucun, nul, pas un, pas un seul» : Masc. *oul ien* ; fém. *oul iet*. (« Il n'est venu aucun d'eux », *our d iousi oul ien d esen*).

13° « Une personne » s'exprime par *ien ales, iet tamet* ou par *ien, iet*. (« Une personne que j'ai connue m'a dit », *ien oua ezzaier' inna hi*).

14° « L'autre » : Masc. *oua hadhen, oua ahdhen* ; fém. *ta hadhet, ta adhet*. « Les autres », *oui hadhenin, oui ihdhenin ; ti hadhenin, ti hidhenin*. « Un autre » ; Masc. *ien, oua hadhen, ien hadhen* ; fém. *iet ta hadhet, iet hadhet* ; plur. masc. *oui hadhenin, ouiodh hadhenin* ; plur. fém. *ti hadhenin, tiodh hadhenin*.

15° « L'un et l'autre » : Masc. *essin esen* « deux eux » ; fém. *senatet esenet* ; plur. masc. *eket nesen* « totalité d'eux » ; plur. fém. *eket nesenet*. (« Il a trouvé l'un et l'autre », *ig'raou ten essin esen*).

16° « L'un l'autre, l'une l'autre, les uns les autres » se rendent par la forme de réciprocité du verbe qu'on fait suivre ordinairement de la préposition *g'er* « entre » avec les affixes. (« Ils se saluèrent l'un l'autre », *enseslamen g'er asen*).

17ᵉ « Ni l'un ni l'autre, ni les uns ni les autres »: Masc. *oul ien* ; fém. *oul iet*. (« Je n'ai vu ni l'un ni l'autre, *our encier' oul ien d esen*).

18° « Rien » se rend par *haret* « chose » ou par *aoua, a* « ce que ». (« Il ne possède rien » *our ili haret ;* « Tu n'as rien à me donner » *our illi r'our ek a hi tekfed*).

19° « On » se rend par la troisième personne du pluriel des verbes.

20° « Un tel »: Masc. *mandam ;* fém. *tamandan ;* masc. plur. *ed mandam ;* fém. plur. *et tamandam.*

21° « La plupart », *eg'g'out* « grand nombre ». (« La plupart de nous sont vos amis », *eg'g'out nener' imidiouen naouen*).

22° « Moi–même, toi-même, lui-même, etc... », *nekkou iman in, kaiou iman nek, enta iman nit, nekkanidh iman nener'*, etc... *(iman* signifie « àme, personne »).

23° « De moi-même, de toi-même, etc. », *nekkou s iman in, kaiou s iman nek, enta s iman nit,* etc.

24° « Moi seul, toi seul, etc. », *nekkou r'as, kaiou r'as, kemmou r'as, enta r'as,* etc. *(r'as* est une particule invariable signifiant « seulement »).

25° « Voici, voilà » se rend ordinairement par les pronoms personnels isolés suivi des particules *da* pour les objets proches et *din* pour les lointains. « Me voici » *nekkou da,* « moi ici »; « le voilà » *entadin* « lui là ». « Voici » se rend aussi par la particule invariable *ner'* suivi des pronoms démonstratifs et relatifs. *(Ner' oua* « le voici »).

26° DE L'INTERROGATION : « qui », interrogatif se rapportant à une personne non déterminée ; « qui, quoi », interrogatifs se rapportant à une chose ; « quel, quelle, quels, quelles, lequel, laquelle, lesquels, lesquelles » se rendent invariablement par *ma* (« Qui est venu ? » *ma d iousan*, « Qui étant venu ? »).

REMARQUES. — 1° Dans les propositions interrogatives, on emploie le participe tamahaq quand en français le verbe interrogatif est suivi d'un complément (« Qui t'a dit cela ? » *ma hak innan aouin ?*) ;

2° On se sert du verbe tamahaq quand, en français, le verbe interrogatif est sans complément « Que veux-tu ? » *ma terid ?*

3° *Ma* s'emploie avec les substantifs qui prennent alors la particule *n* du génitif « Comment vas-tu ? » *ma n éouen nek ?* Quoi de l'état de toi ?). « Combien » *ma n eket ?* Quoi de la mesure ?

4° *Ma* s'emploie aussi avec les particules et se met alors avant elles « Chez qui a-t-il couché hier ? » *ma r'our insa endh ehadh ?*

5° « A qui » (interrogatif) se rend par *mi* ou *mi s* « A qui as-tu donné la lettre ? *mi tekfid tiraout ?*

6° « A qui » (interrogatif et renfermant une idée de possession) se rend par *ma* suivi du participe présent *ilan* « possédant » « A qui est ce cheval ? » *ma ilan ais ouarer' ?* (Qui possédant ce cheval ?) Quelquefois, on énonce d'abord l'objet possédé et alors on place l'affixe régime direct entre *ma* et *ilan : ais ouarer' ma t ilan ?* « à qui est ce cheval ? » Cette dernière locution s'applique aussi aux personnes sur lesquelles d'autres peuvent avoir des droits de possession, comme un enfant, une femme, un esclave. *(Ma kem ilan ?* « qui te possédant ?», dit à une femme, signifie : « Quel est ton mari ? » ; dit à un enfant : « Quels sont tes parents ? »

III. — Qualification et Degrés de Comparaison.

1° QUALIFICATION. — Il y a très peu d'adjectifs. Les adjectifs suivent, pour la formation du féminin et du pluriel, les mêmes règles que les substantifs, ils s'accordent en genre et en nombre avec les noms qu'ils qualifient *(achek ahousi,* « un bel arbre » ; *tabarat' tandheret,* « une petite fille »). L'idée qualificative s'exprime la plupart du temps par l'aoriste ou le participe des verbes d'état.

Le plus souvent c'est par l'aoriste d'un verbe d'état qu'on exprime la qualification en employant la tournure suivante : « J'ai un burnous, il est neuf », *illa r'ouri abernouh iainai ;* « J'ai une tunique, elle est neuve », *illa r'ouri takerbast tainai,* pour signifier j'ai un burnous neuf, j'ai une tunique neuve, etc...

N. B. — Généralement, dans les verbes paraissant être des verbes d'état, l'*i* initial de la troisième personne masc. sing. disparaît *(karroz',* « il est étroit »).

Souvent aussi on exprime l'idée qualificative par des participes. Les participes se placent immédiatement après le nom qu'on veut qualifier et s'accordent avec lui en genre et en nombre. « J'ai un bon cheval », *illa r'ouri ais ioular'en ;* « Mousa est un homme bon », *Mousa ales ioula-r'en.*

Les verbes d'état servent à rendre une foule d'idées pour lesquelles nous employons les qualificatifs. « Tu es méchant », *techchadhed.*

Quand le qualificatif est déterminé, on se sert du participe en le faisant précéder par le pronom démonstratif *oua, ta,* etc... Si deux ou plusieurs qualificatifs se suivent, on ne met le pronom démonstratif que devant le premier. « J'ai acheté le cheval noir », *ziñher'ed ais oua ikaouelen ;* « J'ai vu ses grands chameaux rouges », *eneier' imnas ennit oua iheg'erenin ihaggarenin).*

2° DEGRÉS DE COMPARAISON. — On peut les diviser en cinq classes :

1° *Comparatif de supériorité.* — Il s'exprime ordinairement en faisant suivre le verbe d'état ou le participe servant de qualificatif d'une des propositions *foull,* « sur », ou *daou,* « sous », selon le sens de la phrase. (« Il n'y a pas d'homme plus grand que toi », *our illi aou adem iheg'eren foull ak).* On rend la même idée par le verbe *oug'er,* « surpasser, être supérieur à » : « Il est plus malade aujourd'hui qu'hier », *ahel ouarer' irin ioug'er en d ahel).* L'idée de « mieux, meilleur que » se rend par le verbe *ouf,* « valoir mieux, être meilleur » : « Quel est le meilleur d'entre eux ? », *ma ioufen d esen ?.*

2° *Comparatif d'égalité.* — Il s'exprime ordinairement par la préposition *hound,* « comme ». « Il est aussi vieux que moi », *enta iouchcheren hound nekkou.* La même idée se rend aussi par les verbes « être égal, être semblable », suivis de noms abstraits de qualités. (« Il est aussi vieux que moi », *nek ed as nougda s touhari).*

3° *Comparatif d'infériorité.* — Lorsque l'expression « moins », signe de comparatif d'infériorité, ne s'applique pas à des qualités, elle se rend par *daou,* « sous, au-dessous ». « Il a moins de troupeaux que moi », *ila ihiri daou i.* Quand le comparatif s'applique à des qualités (« moins grand, moins gros », etc...), il faut tourner la phrase et dire « pas aussi grand », ou bien prendre l'idée inverse et dire « plus petit ». « Il est moins grand que moi », *enta ourg'er' iheg'eren hound nek,* ou bien : *enta ig'ezzoulen daou i).*

4° *Superlatif absolu.* — Notre superlatif « très fort, beaucoup » se rend par la particule *houllan,* placée après le verbe d'état ou le qualificatif. « Je suis très malade, *eriner' houllan.*

5° *Superlatif relatif.* — Le superlatif relatif « le plus » se rend en plaçant les pronoms démonstratifs *oua, ta,* etc., devant le qualificatif. « Ce puits est le plus profond du pays », *anou ouarer' enta oua iheg'eren dar' akal).*

LIVRE III

VERBE ET NOMS DÉRIVÉS DU VERBE

I. — Verbe.

Les verbes tamahaq n'ont que la voix active.

Ils ont deux nombres, singulier et pluriel ; deux genres, masculin et féminin ; trois personnes au singulier et trois au pluriel.

Au singulier, on distingue les genres à la troisième personne seulement ; au pluriel, on les distingue à la deuxième et à la troisième.

On emploie la deuxième personne du singulier quand on ne parle qu'à une personne.

1° CONJUGAISON DU VERBE. — Il n'y a qu'une conjugaison. Cette conjugaison n'a qu'un mode, que nous appellerons « aoriste ». Cet aoriste exprime généralement l'idée du passé, souvent celle du présent, quelquefois celle du futur. Les modifications du temps s'indiquent au moyen de quelques particules placées en avant du mode unique ou par l'introduction du son *a* avant la dernière articulation de ce mode.

La conjugaison a pour base un *radical* qui sert en même temps *d'impératif à la deuxième personne du singulier*. C'est par ce radical que nous énoncerons ordinairement les verbes, tout en nous servant, en français, de l'infinitif pour le même usage.

1° *Impératif :*

Singulier :
2ᵉ pers. M et F.   radical   *elkem* . . . . Suis !
Pluriel :
2ᵉ pers. M. . . .   .*t*   *elkemet*. . . Suivez !
2ᵉ — F. . . .   .*mt*   *elkememet.* Suivez !

2° *Aoriste* (mode unique) :

Singulier :
1ʳᵉ pers. M et F.   . . . .*r'*   *elkemer'* . . J'ai suivi
2ᵉ — M et F. *t* . . . . . .*d*   *telkemed* . . Tu as suivi
3ᵉ — M. . . . *i* . . . . . .   *ielkem* . . . .   etc...
3ᵉ — F . . . . *t* . . . . . .   *telkem* . . . .

Pluriel :
1ʳᵉ pers. M et F. *n* . . . . . .   *nelkem* . . .
2ᵉ — M. . . . *t* . . . . . .*m*   *telkemem* . .
2ᵉ — F. . . . *t* . . . . . .*mt*   *telkememt.*
3ᵉ — M. . . .   .*n*   *elkemen* . .
3ᵉ — F . . . .*nt*   *elkemenet.*

3° *Participe passé :*

Singulier :
M . . . . *i* . . . . . .*en*   *ielkemen* . . Ayant suivi
F . . . . *t* . . . . . .*et*   *telkemet* . .   —

Pluriel :
M et F . . . . . . *i* . . . . . .*enin*   *ielkemenin*   —

4° *Présent.* — L'aoriste exprime souvent le présent, mais c'est ordinairement le présent absolu. Pour indiquer le présent actuel, il suffit, dans certains verbes, d'introduire le son *a* de la forme habituelle avant la dernière articulation. (*Eikemer'*, « j'ai suivi » ; *elkamer'*, « je suis »). L'usage seul fait connaître quels verbes peuvent former, d'après cette règle, un présent actuel ; mais on remarque que ce sont généralement les verbes qui ont au radical trois consonnes ou davantage. Dans d'autres verbes, on exprime le présent actuel en se servant d'une forme dérivée que nous désignerons aussi plus loin sous le nom de *forme d'habitude.* (*Elsir'*, « je me suis habillé » ; *lasser'*, « je m'habille »). Enfin, souvent, on se sert simplement de l'aoriste pour indiquer et le présent absolu et le présent actuel.

5° *Imparfait.* — La plupart du temps il s'exprime simplement par l'aoriste. Quand on veut préciser davantage, on emploie le présent actuel et on le fait précéder de la particule *kelad.* (« Je dormais quand il est parti », *kelad el't'aser' as igla*).

6° *Plus-que-parfait.* — La plupart du temps, il se rend simplement par l'aoriste. Quand on veut préciser davantage on se sert de l'aoriste précédé de *kelad.* (« J'avais dormi quand il est parti », *kelad at't'aser' as igla*).

7° *Futur.* — Pour exprimer l'idée du futur, on se sert souvent simplement de l'aoriste. Quand on veut préciser davantage : 1° Lorsque le verbe est négatif, on se sert de la forme d'habitude (voir ci-après). 2º Lorsque le verbe n'est pas négatif, on fait précéder le mode unique, à toutes les personnes, de la particule *ad* qui, selon les lois générales de l'euphonie, devient *at* devant *t* et *an* devant *n*. *Ad elkemer'*, « je suivrai » ; *at telkemed, ad ielkem, at telkem, an nelkem, at telkemem, at telkemememt, ad elkemen, ad elkemenet*. 3º On donne encore au verbe le sens du futur en plaçant devant lui les particules *ha* et *r'a*.

REMARQUES : 1º La particule *ad* du futur se prononce souvent *id, a, i* ; 2º *Akkaouen, ikkaouen, aten, iten*, etc., placés devant les verbes, sont très souvent pour *ad kaouen, id kaouen a ten, i ten* (*ad, id, a, i* étant la particule du futur) ; 3º Lorsqu'un verbe au futur est précédé d'un pronom affixe commençant par *h*, on ne met ordinairement pas la particule *ad* devant le verbe, le *h* du pronom en tenant lieu ; 4º La particule *ad* est bien ce qui donne au verbe l'idée du futur, car, lors même qu'elle n'est pas exprimée et qu'on traduit le futur par l'aoriste, elle reste sous-entendue et les pronoms affixes régimes du verbe se placent par rapport au verbe comme si la particule *ad* était présente.

8º *Participes passé, présent et futur.* — Il y a trois participes correspondant à nos participes passé, présent et futur. Ces participes prennent les genres et les nombres. Le *masculin singulier* s'obtient en ajoutant *n* à la troisième personne masculin singulier de l'aoriste pour le participe passé, du présent pour le participe présent, du futur par *ha* ou *r'a* pour le participe futur : *Ielkemen*,

« ayant suivi » ; *ielkamen*, « suivant » ; *ha ielkemen*, « devant suivre ». Le *féminin singulier* s'obtient en ajoutant *t* à la troisième personne du féminin singulier de l'aoriste, du présent et du futur *(telkemet, telkamet, ha telkemet)*. Le *pluriel des deux genres* s'obtient en ajoutant au masculin singulier la terminaison du pluriel, comme pour les substantifs *(ielkemenin, ielkamenin, ha ielkemenin)*.

REMARQUE : Quelquefois, le *r'a* du participe futur attire l'*n* du participe, *r'a ilkemen*, devient parfois *r'a n elkem*.

2° FORMES DÉRIVÉES DU VERBE. — L'idée du verbe primitif peut subir diverses modifications par l'addition de sons qui lui donnent un sens factitif, passif, réciproque, d'habitude, fréquentatif ou intensif.

La conjugaison des diverses formes dérivées ne diffère en rien de celle des verbes primitifs, et les participes se forment de la même manière.

Il y a en berbère dix principales formes dérivées, savoir :

1. *s* préfixe.................	{	Faire faire, forme factitive.
2. *m* —	{	Passif, neutre, réciprocité.
2bis *nm* —		Réciprocité.
3. *tou* —		Passif.
5[(1)] *t* —		Habitude.
6. Redoublement de la 1re ou de la 2° articulation.........		—

1. La 4° forme kabyle manque en Touareg.

7. Introduction du son *a* avant la dernière articulation.......... Habitude.

8. Introduction du son *ou* avant la dernière articulation........ . —

9. Addition à la fin du radical du son *a* .... —

10. Addition à la fin du radical des sons *i, ou* .... —

Ces dix principales formes dérivées peuvent se réunir dans certaines conditions et donner naissance à des formes dérivées secondaires dont voici les plus usitées :

Réunion des formes	2 et	1.		Passif de factitif.
—	—	1	2 *bis*	Factitif de réciprocité.
—	—	2	1.	Réciprocité de factitif.
—	—	6	1.	Habitude de factitif.
—	—	7	1.	— —
—	—	8	1.	— —
—	—	7	2.	— passif.
—	—	5	3.	— —
—	—	5	2 *bis*	Habitude de réciprocité

Signification des formes dérivées. — 1° *Idée factitive :* 1re forme *(s* préfixe). Cette forme, très fréquente, indique l'idée de « faire faire », « faire devenir » *abouis,* « être blessé » ; *sbaias,* « blesser ». N. B. — 1° La plupart des verbes primitifs dont le radical commence par *a* caractéristique changent ce son en *i* à la première forme, mais le son *a* ou *ou* reparaît souvent à l'aoriste *(ahel,* « courir » ; *zihel,* « faire courir »).

2ᵉ forme *(m* préfixe). Cette forme donne au verbe le sens passif ou neutre et quelquefois exprime l'idée de réciprocité : *Ekf* « donner », *imekfa* « il a été donné » ; *erz'* « casser », *imerz'a* « il a été cassé » ; *set'es* « faire rire », *mez'edhez'en* « ils se sont fait rire réciproquement »). — N. B. 1° L'*a* ou l'*ou*, placés au commencement du radical de certains verbes, se changent ordinairement en *i* à la 3ᵉ forme : *Ouker* « voler »; *miker*, « être volé » ; 2° L'*m*, préfixe seul, ne s'emploie guère comme indice de réciprocité que devant les verbes de la forme factitive.

2° *bis Idée de réciprocité :* forme 2 ᵇⁱˢ *(nm* préfixe). Cette forme indique exclusivement l'idée de réciprocité. Un son *i* euphonique se place souvent entre l'*n* et l'*m. (Ilal,* « aider » ; *enîmalen,* « ils se sont aidés réciproquement »).

3° *Idée passive, neutre et réciproque :* 3ᵉ forme *(tou* préfixe). Elle exprime l'idée passive exclusivement : *ari,* « écrire » ; *touari,* « être écrit ».

5° *Idée d'habitude, fréquence, persévérance, intensité.* Cette idée, représentée par les formes 5, 6, 7, 8, 9, 10, est celle dont il est fait le plus fréquent usage en Tamahaq. Tous les verbes, primitifs ou dérivés, dont le sens peut admettre l'idée d'habitude, ont une forme pour l'indiquer. On emploie les formes d'habitude : 1° Toutes les fois que, en français, le sens de la phrase indique une idée d'habitude, de persévérance, de fréquence, d'intensité. (J'écris [habituellement] toute la journée ; il pleut [habituellement] beaucoup dans ce pays) ; 2° La forme d'habitude de certains verbes sert à indiquer le présent d'actualité *(lasser'*, « je m'habille » ; *dhaz'z'er'*, « je ris ») ; 3° L'aoriste des verbes d'habitude est toujours employé pour exprimer le futur dans les propositions négatives. *(Ad elsir'*, « je m'habillerai » ; *our lasser'*, « je ne m'habillerai pas »).

5e forme *(t* préfixe). Cette forme est une des plus usitées. Elle s'applique à des verbes de toute sorte. Presque tous les verbes dont le radical a plus de trois consonnes et ceux dont l'une des deux articulations est redoublée, la prennent. Elle se combine avec la forme 4, 5, 4 : *As*, « aller » ; *tas*, « aller habituellement » ; *ag'*, « faire » ; *tag'*, « faire habituellement ».

6e forme (redoublement de la 1re ou de la 2e articulation). Cette forme est d'un emploi très fréquent ; elle s'applique à des radicaux de toute sorte, surtout à ceux de deux ou trois consonnes. On la trouve tantôt seule, tantôt combinée ; le redoublement de la 1re articulation s'applique surtout aux verbes de deux consonnes ; celui de la 2e articulation aux verbes de trois consonnes. *Ek'k'or*, « être sec habituellement » ; *eggar*, « être habituellement sur » ; *lass*, « s'habiller habituellement » ; *sall*, « entendre habituellement ».

7e et 8e formes (introduction des sons *a* et *ou* avant la dernière articulation). Ces deux formes s'appliquent, en général, aux verbes de la forme factitive et de la forme passive : *Seg'emedh*, « faire sortir » ; *sag'madh*, « faire sortir habituellement » ;

zoug'eh, « faire entrer » ; *zoug'ouh*, « faire entrer habituellement »).

9e et 10e formes (addition à la fin du radical des sons *a, i, ou*). Cette forme s'applique aux combinaisons des formes 1, 2, 3 et à quelques verbes de la forme 1. Elle est d'un emploi très rare : *Sesou*, « faire boire » ; *isesoua*, « faire boire habituellement ».

Remarque : On rencontre encore des formes d'habitude qui paraissent isolées et ne peuvent se classer dans aucune autre : *Tatt*, « manger habituellement », de *ckch*, « manger » ; *sass*, « boire habituellement », de *esou*, « boire » ; *g'anna*, « dire habituellement », de *en*, « dire ».

3º REMARQUES SUR LES VERBES. — 1º *Particularités euphoniques du verbe :* En se conjuguant, le radical du verbe est soumis à diverses modifications des sons-voyelles qu'il renferme, quand il n'est pas précédé des particules *ad, ha, r'a* du futur, lesquelles semblent le préserver de toute irrégularité. Ces modifications des sons-voyelles sont les suivantes : 1º Les verbes d'une ou deux consonnes au radical qui commencent par *a* caractéristique (et non par *a* ou *e* simplement euphoniques), changent ordinairement ce son en *ou* à toutes les personnes de l'aoriste : *ar*, « ouvrir », *ourir', ioura ; ari*, « écrire », *ourier', iouri ; as*, « aller », *iousir', iousa ;* 2º Un très grand nombre de verbes, ayant tous une ou deux consonnes au radical, font suivre ce radical du son *i* à la première et à la deuxième personne du singulier et du son *a* à toutes les autres : *enr'* « tuer », *enrir'*, *tenr'id*, *in'ra*, *tenr'a*, *nenr'a*, *tenr'am*, *tenr'amt*, *enr'an*, *enr'anet*. Les verbes suivants se conjuguent de cette manière :

as	aller	*ousir'*	*iousa*
ei	laisser	*oiier*	*ioiia*
el	posséder	*elir'*	*ila*
ekch	manger	*ekchir'*	*ikcha*
ekf	donner	*ekfir'*	*ikfa*
egel	partir	*eglir'*	*igla*
r'em	teindre	*ar'emir'*	*ir'ma*
ar	ouvrir	*ourir'*	*ioura*
ag'	faire	*eg'ir'*	*ig'a*
ili	exister	*ellir'*	*illa*
sel	entendre	*eslir'*	*isla*
ens	être couché	*ensir'*	*insa*
erz'	casser	*erz'ir'*	*irz'a*
esou	boire	*esouir'*	*isoua*
ouf	avoir le temps de	*oufir'*	*ioufa*
ek	aller	*ekkir'*	*ikka*
en	dire	*ennir'*	*inna*
els	se vêtir	*elsir'*	*ilsa*
ekel	passer la méridienne	*eklir'*	*ikla*
et'es	rire	*et'sir'*	*it'sa*
eh	être dans	*ehir'*	*iha*

Dans ces verbes, les Touaregs remplacent souvent le son *a* par *i*, sans qu'il en résulte de changement dans le sens. Il ne faut pas oublier que la langue touarègue est peu fixée et que les règles données laissent beaucoup de latitude ; souvent on ne les suit que vaguement, sans s'y astreindre avec rigueur ; 3° Quand les verbes terminés par *a* ont pour régimes directs les affixes de la troisième personne du singulier, le son *at* se contracte d'ordinaire en *i*. Il en est souvent de même quand le verbe terminé par *a* a pour régime direct les affixes de la troisième personne du pluriel (*inr' i*, à la place de *inr'a t* ; *inr'i et*, à la place de *inr'a tet*) ; 4° Les sons *a*, *e*, qui sont dans l'intérieur de quelques radicaux dont une des consonnes est redoublée, se changent quelquefois en *ou* (*ellaz'*, « avoir faim », *ellouz'er'*, *illouz'* ; *effad*, « avoir soif », *effouder'*, *iffoud*) ; 5° Dans les verbes employés avec la négation, la dernière voyelle (qu'elle soit à la fin du mot ou qu'elle précède une consonne finale) se change ordinairement en *i* (*inr'a*, « il a tué » ; *our inr'i*, « il n'a pas tué » ; *issan*, « il sait » ; *our issin*, « il ne sait pas » ; *ig'raou*, « il a trouvé » ; *our ig'riou*, « il n'a pas trouvé »).

2° Emploi des participes. — 1° Les participes des verbes d'état sont de véritables adjectifs servant de qualificatifs ; 2° On emploie en tamahaq le participe, quand, en français, le verbe est sous l'influence d'un pronom ou d'un adjectif relatif ou interrogatif. « Celui qui a dormi », *oua it't'sen* ; « qui t'a dit cela », *ma hak innan aouin* ; 3° On emploie l'aoriste en tamahaq quand, en français, le verbe ou le participe est sous l'influence d'un autre verbe ou d'un substantif. « Je l'ai trouvé

dormant », *eg'raouek' it't'as* ; « je l'ai vu habillé de
de noir », *eneiek' ilsa iselsa ouin ikaouelnin*) ;
4° Quand le participe est employé avec la négation
our, celle-ci attire souvent à elle l'*n* final du participe : « Quoi étant ? quoi n'étant pas », *ma illa ?
ma our n elli ? our n elli* est pour *our illin*.

3° *Manière de rendre l'idée passive.* — L'idée
passive se rend : 1° par une des formes dérivées
2 ou 3 ; 2° Souvent par le verbe primitif au
présent : « Cette tente est balayée », *ehen 'ouarer'
ifradh* ; 3° La plupart du temps on tourne la
phrase : « Cet homme a été tué hier », *ales ouarer'
eur'en t endh ahel*, « cet homme, ils ont tué lui
hier ».

4° *Manière de rendre l'idée représentée par notre
verbe réfléchi.* — Lorsque l'action retombe vraiment sur une personne, on place, après le verbe,
le mot *iman*, « âme », suivi des pronoms personn-
nels affixes du nom : « Je me suis frappé moi-
même », *ouoter' iman in*.

5° *Manière de rendre notre verbe Être.* —
1° Quand le verbe « être » exprime d'une manière
absolue l'idée d'existence, on le rend par le verbe
ili. Ce verbe étant très souvent employé, nous en
donnons la conjugaison :

Impératif :

Sing.:	2° pers. M et F.	*ili..*	...	Sois
Plur. ⎰	2° — M.....	*ilit.....*		Soyez
⎱	2° — F......	*ilimet...*		—

Participes :

Présent et passé......	*illan* ...	
Futur...............	*ha ilin*..	
Nom verbal « existence »	*tilaout* ..	

Aoriste :

Sing.	1re pers.	M et F.	*ellir'* ...	Je suis
	2e —	M et F.	*tellid* ...	Tu es
	3e —	M.....	*illa*.....	Il est
	3e —	F	*tella*	etc...
Plur.	1re pers.	M et F.	*nella* ...	
	2e —	M....	*tellam* ..	
	2e —	F	*tellamet* .	
	3e —	M.....	*ellan* ...	
	3e —	F	*ellanet* ..	

2° Si le verbe « Être » exprime une idée d'état, de position, de condition, on le rend par le verbe *emous*, qui se conjuge régulièrement : « Quel est cet homme ? » *ma imous ales ouarer'* ? ; « qui es-tu ? » *ma temoused ?* 3° L'idée de notre verbe « être » se trouve aussi dans les deux verbes *eh*, « être dans » ; *ehir'*, « je suis dans », et *ouar*, « être sur » ; *iouar achek*, « il est sur un arbre ».

6° *Manière de rendre l'idée de possession.* — Elle se rend de deux manières : 1° Par le verbe *ili*, « être » et la particule *r'our*, « chez », suivie des pronoms personnels affixes ; 2° par le verbe *el*, « posséder ». 1° Pour exprimer le présent et le futur de notre verbe « avoir », on prend la tournure « est chez, sera chez » avec le verbe *ili*,

« être » : « J'ai un cheval », *illa r'ouri ais*. Pour exprimer le passé, on se sert de l'aoriste du verbe *ili*, « être », qu'on fait précéder de la particule *kelad* : « J'ai eu, j'avais eu un cheval », *kelad illa r'ouri ais*. Le verbe *ili* a, on le voit, pour sujet la chose possédée et s'accorde avec lui. Quelquefois on supprime le verbe *ili*, et on dit simplement *r'ouri, r'ourek*, etc. ; 2° Le verbe *el*, « posséder », correspond à notre verbe « posséder » et s'emploie comme lui. En voici la conjugaison :

Impératif :

Sing.:	2ᵉ pers.	M et F.	*el*	Aie
Plur.	2ᵉ —	M	*elet*	Ayez
	2ᵉ —	F	*elemet* ..	—

Participes :

Présent et passé	*ilan*	
Futur	*ha ilin* ..	

Aoriste :

Sing.	1ʳᵉ pers.	M et F.	*elir'*	J'ai
	2ᵉ —	M et F.	*telid*	Tu as
	3ᵉ —	M	*ila*	Il a
	3ᵉ —	F	*tela*	Elle a
Plur.	1ʳᵉ pers.	M et F.	*nela*	etc...
	2ᵉ —	M	*telam* . . .	
	2ᵉ —	F	*telamet* ..	
	3ᵉ —	M	*elen*	
	3ᵉ —	F	*elanet* ...	

7° *De l'interrogation.* — L'interrogation avec les verbes s'exprime en mettant après le verbe la particule *mir'* ; mais cette particule ne suit pas toujours immédiatement le verbe, elle est souvent séparée par d'autres mots : « Sais-tu ? », *tessaned mir'*. Le plus souvent, on supprime *mir'* dans le discours, l'intonation seule indique l'interrogation : « Sais-tu ? », *tessaned ?* Quand la phrase renferme déjà une locution interrogative, *mir'* se supprime toujours : « Que sais-tu ? », *ma tessaned ?*

8° *De la négation.* — La négation s'exprime en mettant la particule *our* (qui s'écrit quelquefois *ou*) devant le verbe : « Tu n'as pas vu », *ou tenied.*

Remarques : 1° En faisant suivre le verbe du mot *haret*, « chose », on donne à la proposition le sens d'une négation absolue comme nous le faisons par les mots « rien, rien du tout » : « Tu n'as rien vu du tout », *our tenied haret* ; 2° On a déjà vu que l'aoriste des formes d'habitude est toujours employé pour exprimer le futur dans les propositions négatives : « Il ne saura rien », *our itessin* ; 3° Le son *a*, qui se rencontre à la dernière syllabe de certains verbes, soit par suite d'euphonie, soit par suite du formatif du présent actuel, soit de toute autre manière, se change ordinairement en *i* quand le verbe est employé avec la négation. Parfois, cependant, on prononce indifféremment *a* ou *i* : on se rappelle ce qui a été dit du peu de fixité de la langue : on dit ordinairement « il sait », *issan* ; « il ne sait pas », *our*

issin ; « il a mangé », *ikcha ;* « il n'a pas mangé »,
our ikchi ; 4° On a déjà remarqué que la particule *our* attire quelquefois à elle l'*n* du participe :
illan, « étant » ; « n'étant pas », *our n elli.*
Cette propriété attractive de *our* s'exerce aussi
sur les pronoms affixes régimes du verbe et sur
le *d* et *in* séparables, dont nous parlerons plus loin.

9° *Concordance entre le verbe tamahay et le
verbe français.* — Il ne faut pas chercher dans le
verbe touareg une concordance exacte avec les
temps de notre verbe : 1° L'aoriste (mode unique)
équivaut à tous les temps suivants : présent,
imparfait de l'indicatif, passé indéfini, passé
défini, passé antérieur, conditionnel passé, futur
passé, subjonctif passé, subjonctif plus que parfait ; 2° L'aoriste, précédé de *ad*, équivaut aux
temps suivants : futur présent, conditionnel présent, subjonctif présent, subjonctif imparfait,
impératif, infinitif.

REMARQUES : 1° *Futur antérieur* : On rend
rarement cette idée, trop compliquée pour le
tamahaq ; cependant, quand on veut la rendre,
on se sert de l'aoriste qu'on fait précéder du verbe
emous, « être » : « J'aurai écrit quand il viendra », *ad emouser' ektaber' as ad d ias*, « je
serai j'ai écrit quand il viendra » ; 2° *Impératif* :
Il n'a que les secondes personnes ; si on veut
exprimer un ordre à d'autres personnes, on
se sert du futur (*an nemous*, « soyons »). Si
l'impératif est accompagné d'une négation, on
emploie l'impératif de la forme d'habitude : « Ne

fais pas cela, *our tag' aouin* ; 3° *Subjonctif* : Il s'exprime simplement par le futur ou l'aoriste sans participe. (Notre conjonction « que » n'a pas d'équivalent en tamahaq « Je veux qu'il vienne », *erir' ad d ias*) ; 4° *Optatif* : L'idée de notre optatif s'exprime par l'aoriste sans particule (« Dieu te fasse le bien ! » *Ig'a k Ialla elkhir !*) ; 5° *Infinitif* : Il se rend généralement par le futur (« J'ai l'intention de partir demain », *abouker' adegler' toufat*). Souvent aussi, l'infinitif se rend par le nom d'action ou d'état : « Il ne sait pas écrire », *our issin tiraout*, et cela se fait toujours quand l'infinitif a le sens d'un nom abstrait d'action ou d'état : « Tuer les femmes est une mauvaise action », *tinr'i n tidhidhin timeg'g'et techchadet*. Quand l'infinitif suit l'impératif, on l'exprime soit par le futur, soit par l'impératif : « Va dire à ton frère de venir », *egel at tennid i añak ad d ias*; 6° *Idée conditionnelle* : Toute expression conditionnelle se compose en général de deux termes, la condition et la conséquence ; celle-ci peut quelquefois être sous-entendue. En tamahaq, la condition précède toujours la conséquence (on construira toujours : « Si vous écrivez, il viendra » ; jamais, « il viendra si vous écrivez ». La particule *ennïr*, « si », suivie du futur ou de l'aoriste, indique la condition. La conséquence est précédée quelquefois de la même particule *ennir*, servant en quelque sorte à corroborer la conséquence. On peut indiquer aussi la condition par la particule *kou*, « si », qui ne se répète jamais devant la conséquence : « Si tu lui écris, il viendra ; si tu lui écrivais, il viendrait », *ennir has taried ad d ias, kou has taried ad d ias ;* « si tu lui avais écrit, il serait venu », *kou has touried iousa d, ennir has touried iousa d.* La construction de la condition est donc fort simple et se borne à l'emploi du futur pour le temps absolument futur et de l'aoriste pour le passé.

10° *Pronoms affixes employés comme régimes directs et indirects des verbes.* — Ces pronoms se placent tantôt avant, tantôt après les verbes qui les régissent d'après les lois suivantes :

PREMIÈRE LOI : Quand un verbe n'est influencé par aucune particule, les pronoms affixes se placent après lui.

DEUXIÈME LOI : Quand une particule quelconque agit sur le verbe, elle prend à sa suite les pronoms affixes, qui se placent ainsi entre elles et le verbe.

REMARQUES : 1° Quand un verbe gouverne deux pronoms, dont un régime direct et un régime indirect, le régime indirect se place toujours le premier : « Laisse-les », *ei ten* ; « laissez-moi », *eiet i* ; « dis-le lui », *en as t* ; « il me verra », *ad i inei* (ou bien *a i inei*, car on supprime souvent le *d* de *ad* quand le pronom régime se place entre lui et le verbe) ; « ils le tueront, *a t enr'en* ; « je le lui dirai », *a has enner'* ; 2° Quand les pronoms affixes régimes directs et indirects peuvent se sous-entendre sans que la phrase devienne confuse, on les sous-entend très souvent ; 3° Avec les verbes au futur, qu'ils soient ou non précédés de *ad*, les pronoms affixes régimes, s'il y en a, sont d'ordinaire avant le verbe (en vertu de *ad* exprimé ou sous-entendu) ; avec les verbes au passé, s'il n'y a pas de particule motivant la présence des pronoms affixes régimes devant le verbe, ceux-ci sont ordinairement après ; 4° Comme on l'a vu plus haut, *akkaouen, ikkaouen, aten, iten*, etc..., placés devant les verbes, sont ordinairement pour *ad kaouen, id kaouen, a ten, i ten* (*ad, id, a, i* étant la particule du futur).

11° *Du D et du IN séparables.* — On emploie souvent avec les verbes un *d* ou un *in* séparables ; le *d* est précédé, d'ordinaire d'une voyelle euphonique *e* ou *i* devient *ed* ou *id*. *D* indique le rapprochement et l'idée de venir jusqu'au lieu où on est ; *in* indique l'éloignement et l'idée d'aller jusqu'à un autre lieu. *D* et *in* peuvent s'ajouter à la plupart des verbes, surtout à ceux signifiant le mouvement. Certains verbes prennent tantôt *d* tantôt *in*, d'autres ne s'emploient presque jamais sans *d*, d'autres ne s'emploient jamais sans *in* : *Ek'k'al ed*, « reviens ici », *ek'k'al in*, « retourne là-bas » ; *egl ed*, « viens ici », *egl in*, « va-t-en là-bas » ; *as ed*, « viens ici », *as in*, « va-t-en là-bas » ; *aoui d*, « apporte ici », *aoui in*, « emporte là-bas » ; *sis ed*, « amène ici », *sis in*, « emmène là-bas » ; *ziñh ed*, « achète », *ziñh in*, « vends » ; *eg'mien d*, « ils sont venus, chercher ici », *eg'mien in*, « ils sont allés, chercher là-bas ». En résumé, *d* donne au verbe le sens de « j'ai »

venant jusqu'au lieu où on est ; *in* lui donne le sens
de « *machi* », s'en allant jusqu'à un autre lieu.
  Exemple de conjugaison avec *d* et *in* :

ektir'	*ed*......	Je me suis souvenu.
tektid	*d*......	etc...
iekt	*ed*......	
tekt	*ed*......	
nekt	*ed*......	
tektam	*ed*......	
tektamed	*d*......	
ekten	*d*......	
ektaned	*d*......	
at'keler'	*in*......	J'ai porté jusque là-bas.
tat'keled	*in*......	etc...
iat'kel	*in*......	
tat'kel	*in*......	
nat'kel	*in*......	
tat'kelem	*in*......	
tat'kelemei	*in*......	
at'kelen	*in*......	
at'kelenet	*in*......	

  D et *in* se placent à la fin du verbe quand celui-
ci n'est précédé d'aucune particule. Si le verbe
sans particule régit une ou plusieurs personnes *d*
et *in* se mettent à la suite des pronoms (« apporte
ici », *aoui d* ; « porte jusqu'ici », *at'kel ed* ; « apporte-
les lui », *aoui ten id* ; « porte-les jusque là-bas »,
at'kel ten in ; « apporte-les lui ici », *aoui as ten id* ;
« porte-les lui là-bas », *at'kel as ten in*. Si le
verbe est suivi d'une particule quelconque non

suivie de pronoms, *d* et *in* se placent après la particule. Si des pronoms viennent après la particule, *d* et *in* ne se mettent qu'après les pronoms « Il n'a pas apporté ici », *our d iououi* ; « il n'a pas porté jusque là-bas », *our hin iat'kel* ; « il ne les a pas apportés ici », *our ten d iououi* ; « il ne les a pas portés jusque là-bas », *our ten in iat'kel* ; « il ne les lui a pas apportés ici », *our as ten d iououi* ; « il ne les lui a pas portés jusque là-bas », *ou has ten in iat'kel*.

12° *Du T affixe*. — Certains verbes prennent à tous les temps un *t* à la suite du radical. Aux 1re et 2e personnes du singulier et 2e et 3e personnes masculin pluriel de l'aoriste et masculin singulier et au féminin singulier du participe, le *t* affixe se contracte avec le son-voyelle de la terminaison qui devient *i* (on sait que le *t* se change souvent en *i*) ; à toutes les autres personnes, le *t* se trouve à la fin du radical avant la terminaison lorsqu'il y en a une. Exemple de conjugaison avec *t* affixe : *Berouber*, « couvrir » :

Impératif :

Sing.: 2e pers. M et F. *berouberet*
Plur. 2e — M..... *berouberetet*
   2e — F..... *berouberetmet*

Participes :

Sing. M .... *iberaberin*
  F .... *taberaberit*
Plur.: M et F....... *iberaberetnin*

Aoriste :

Sing.	1re pers.	M et F.	*berouberir'*
	2e —	M et F.	*teberaberid*
	3e —	M	*iberaberet*
	3e —	F	*teberaberet*
Plur.	1re pers.	M et F.	*neberaberet*
	2e —	M	*teberaberin*
	2e —	F	*teberaberetmet*
	3e —	M	*beraberin*
	3e —	F	*beraberetnet*

Les verbes prenant le *T* affixe ne peuvent être connus que par l'usage ; beaucoup sont des verbes d'état. Dans ces verbes, le *t* affixe se trouve la plupart du temps à tous les mots dérivés de la racine, verbes, substantifs et adjectifs.

13° *De l'i initial de la 3e personne masculin singulier de l'aoriste et du participe masculin.* — Quelques verbes perdent ordinairement l'*i* initial à la 3e personne masculin singulier de l'aoriste et au participe masculin (sing. et plur.) : « Cet homme est triste », *ales ouarer' karroz'* ; « le lait est frais », *akh hefaien.* Ces verbes sont la plupart des verbes d'état d'un usage très fréquent.

14° *Place du sujet.* — Le sujet se place soit avant, soit après le verbe ; lorsqu'il se place après le verbe et que celui-ci est suivi aussi d'un régime direct, le sujet se place avant le régime : *ag' amis ioukai adhar tait,* « fais le chameau que dépasse son pied de derrière son pied de devant » (fais que le pied de derrière du chameau dépasse son pied de devant, fais trotter le chameau).

II. — Noms dérivés du Verbe.

1° Nom verbal ou d'action. — Le principe de la formation des noms d'action du verbe est le changement en substantif du radical du verbe, par l'addition des signes du nom masculin et féminin. Voici les formes les plus usitées, qui peuvent se résoudre à six :

1° *a* préfixe............ *aselmed* enseignement.
2° *a* préfixe et introduc-
tion du son *a* entre les
articulations du radical. *akanas* dispute.
3° *a* préfixe et introduc-
tion du son *ou* avant la
dernière articulation.. *anbouï* enterrement.
4° *t* préfixe et *t* affixe... *tederr'elt* cécité.
5° *t* — *aout*..... *tilaout* existence.
6° *t* — *i*........ *tinr'i* meurtre.

La *1re forme* consiste simplement à donner au radical la forme du substantif masculin. Elle s'applique en général à des verbes de la forme factitive et à quelques verbes des formes passives et réciproques.

La *2° forme* ne diffère de la 1re que par l'introduction du son *a* entre les articulations du radical. Elle appartient aux radicaux de trois consonnes.

La *3e forme* n'est qu'une modification de la précédente et appartient aux mêmes verbes.

La *4ᵉ forme* consiste à donner au radical les indices caractéristiques du substantif féminin.

La *5ᵉ forme* n'est que la précédente légèrement modifiée. Elle appartient aux radicaux d'une ou deux consonnes.

La *6ᵉ forme* est la plus usitée de toutes. Un son *i* euphonique suit d'ordinaire le *t* initial. (N.-B. Les verbes qui commencent par *a* caractéristique changent l'*a* en *ou* à cette forme du nom verbal).

2º NOM D'AGENT, DE MÉTIER, D'HABITUDE. — Les verbes touaregs donnent naissance à beaucoup de substantifs désignant celui qui fait une action ou subit un état. Les formes qui caractérisent ces noms sont au nombre de deux :

1º *a* préfixe et introduction du son *a* avant la dernière articulation (*aderr'al*, aveugle).

2º *am* ou *an* préfixe et souvent introduction du son *a* avant la dernière articulation (*amerg'ah*, marcheur).

LIVRE IV

PARTICULES, LOCUTIONS PRÉPOSITIVES, CONJONCTIVES ET ADVERBIALES

I. — Liste des Particules principales.

d (*ed, id, dé, di*)... ici (particule exprimant le le non-mouvement ou le rapprochement ; opposée à *s*, signifiant le mouvement, et à *in*, signifiant l'éloignement).

ad.............. jusqu'à ce que.

d (*ed*)............. et, avec (*d* signifie par extension « d'avec ». *Ien d esen* « un d'avec eux », un d'avec eux, un d'entr'eux).

ad (*a, i, id, ed, d*).. (particule donnant aux verbes le sens du futur),

direr' .... ici (particule indiquant la proximité).

di (*der'*)........... ici, là (s'emploie indifféremment pour ce qui est près ou loin).

din (*der'*).......... là, là-bas (particule indiquant l'éloignement).

dar' .... dans (*dar'* signifie par extension « de dans ». *Ig'emedh dar' akal,* « il sort de dans la ville », il sort de la ville).

daou (dag) .... sous.

dât .... devant, avant.

adi .... alors (dans le sens de « par conséquent, dans ce cas-ci »).

didi .... alors, ensuite, puis.

idit .... puisque (et par extension : « car, parce que »).

dheffer .... après, derrière.

foull (fell, afoul) . sur (*foull* signifie par extension « pour, parce que, contre »).

g'er (g'ir) .... entre.

ha (h) .... (particule donnant aux verbes le sens du futur).

hik .... vite (*hik* signifie par extension « bientôt »).

i .... à (préposition du datif).

kala .... non ! (négation).

kou (koud, koudit) . si (exprimant la condition).

ma .... quoi ? (interrogatif).

mami (manik) .... où ? (interrogatif). (« Où vas-tu ? », *mani s tekkid ?*)

mir' .... est-ce que ? (interrogatif), ou, ou bien.

in (hin) .... là-bas (particule indiquant l'éloignement, opposée à *d*, signifiant le rapprochement).

n .... de (préposition du génitif).

enner (ennir).... si (exprimant la condition).

innin .... qui, parce que, pour que.

our (ou)........ ne pas (négation).

ar .... jusqu'à (*ar* signifie par extension « si ce n'est, excepté »).

r'as............ seulement.

r'our........... chez (*r'our* signifie par extension « de chez ». *Nermes r'our Mess inar' elkhir*, « nous recevons de chez Dieu (de Dieu) le bien »).

s (es, as, si, sé).. de (latin : « ex »). Particule indiquant le mouvement opposée à *d*, « ici », indiquant le non-mouvement. Le sens propre de *s* est « de » (« ex »); par extension, il signifie : « par, au moyen de, pendant, à, vers ».

as (a, s)......... que (*as* signifie par extension : « afin que, lorsque, depuis que, pour que, selon que, dès que »).

sel, (selid, selir)... si ce n'est, excepté « *r'ir* ».

ser.............. vers (*ser* signifie par extension « de vers » : *Etter ser Mess inar'*, demande devers Dieu, « demande à Dieu ».

Les particules *d*, « ici » (indiquant le non-mouvement), et *s*, « de » (indiquant le mouvement) sont souvent jointes aux pronoms démonstratifs et relatifs pour former diverses locutions :

1° *aoua d, oua d, a d, d,* « où » (sans interrogation et sans mouvement), « comment » (sans interrogation).

aoua s, oua s, a s, s as, s, « où » (sans interrogation et avec mouvement), « comment » (sans interrogation).

2° *mani d,* « où ? » (avec interrogation et sans mouvement).

mani s, ma s, s, « où ? » (avec interrogation et avec mouvement).

3° *di (dih),* « là, par là » (sans mouvement).

si (sih), « par là, par là-bas » (avec mouvement).

4° *mani di, mani dih,* « d'où ? dans quelle direction ? » (avec interrogation et sans mouvement).

mani si, mani sih, « d'où ? dans quelle direction ? » (avec interrogation et avec mouvement).

5° *d eider' (d ider'),* « là, ici » (sans mouvement).

s eider', « là, ici » (avec mouvement).

II. — Locutions françaises traduites en Tamahaq.

A....................	*i* (préposition du datif) ; *dar'* « dans » ; *n* « de » (préposition du génitif exprimant la possession) ; *s* « de » (ex), signifiant aussi « pendant, vers ».
Absolument........	*fô*. (*Fô* s'emploie pour renforcer beaucoup une affirmation ou une négation ; c'est l'équivalant de l'arabe « *ga* »).
Afin que...........	*fouli* « sur », *as* « que ».
Ailleurs	*dar' edeg ien hadhen.*
Ainsi.............	*aouinder'.*
Alors (ensuite)	*didi.*
Alors (dans ce cas)..	*adi.*
Alternativement	*stamelilt* (« par tour »).
Après.......... ..	*dheffer* (d'après, *as* « que »).
Après que	*dheffer as.*
Assez.............	*igedah* (« il suffit »).
Assurément........	*itebat* (« c'est certain »).
Aujourd'hui........	*ahel ouarer'.*
Auparavant	*eng'oum* (« jadis, naguère ») ; *s a izzaren ; es dât.*
Aussi	*aked.*
Autant que........	*hound* (« comme »).
Autour de..........	*ir'lai* (« il est autour », 3e pers. masc. sing. de l'aoriste de *er'lai*).

d'Avance .... *s tezzar.*

Avant.............. *dât.*

Avant que .... *eket di our* (« moment-là
pas » ; *animir our* (« en-
core pas »).

Avec.............. (en compagnie de) *d* « et » ;
(au moyen de) *s* « de (ex) ».

en Bas .... *daou (dag).*

Beaucoup. .... (en grand nombre) *ig'g'in,
a ig'g'in* ; (fortement)
houllan.

Bien .... *a ioular'en* (« ce qui étant
bon ») (« tu as bien fait »,
teg'ed a ioular'en).

Bien ! C'est bien ! Soit !
Volontiers !....... *ikna* (« c'est bien fait ») ;
houllan (« beaucoup »).

Bientôt............ *deror'*

Bravo !............ On se sert du verbe *enh* « féliciter » (dans le sens de
« louer »). (*Enhir' ak*, « je
te loue » ; *enhir' aouen*,
« je vous loue »).

en Cachette........ *dar' oufour ; s oufour.*

Car............... *idit* (« puisque »).

à Cause de......... *foull* (« sur »).

Certainement....... (« oui ! ») *éoualla ; tidet*
(« assurément ») ; *itebat*
(« c'est certain »).

Chez.............. *r'our.*

Combien........... *ma* (« Quoi ? ») ; *ma n eket*
(« quoi de la mesure ? »).

Comme. . . . . *hound.*

Comment (non inter-
   rogatif). . . . . *aoua, a, a s, a d.*

Comment ? (interro-
   gatif) . . . . *ma, ma s, manik a oua.*

Contre . . . . *foull* (« sur »).

à Côté de, auprès de. *idis* (« côté »).

Dans. . . . . *dar'.*

De (préposition du gé-
   nitif). . . . . *n (en, ne).*

De (préposition de l'a-
   blatif). . . . . *s* (latin « ex »).

De (d'entre, hors de,
   provenant de). . . . *d* « et, avec » (signifiant
      aussi « d'avec », *ien d esen*
      « un d'avec eux, un d'eux »;
      dar' « dans » (signifiant
      aussi « de dans », *ig'emedh*
      dar' akal, « il sort de dans
      la ville, il sort de la ville »);
      r'our « chez » (signifiant
      aussi « de chez ». *Nermes*
      r'our Mess inar' elkhir,
      « nous recevons de chez
      Dieu [de Dieu] le bien »).

en Deça . . . . *illa d* (opposé à *illa hin,*
      « au-delà »).

Dehors . . . . *dar' tiniri* («dans la plaine»);
      illi hin (« au-delà »; *r'im*
      illi hin i taflout, « reste en
      dehors de la porte »).

au-Delà . . . . *illi hin* (opposé à *illa d* « en deçà) ; *illi hin n ar'rem, illi hin i ar'rem,* « au-delà du village »).

Demain . . . . *toufat.*

après-Demain . . . . . . *ahel in sel toufat.*

Depuis . . . . *ouan (ouan dimarder',* « depuis maintenant » ; *ouan direr',* « depuis ici »).

Depuis que. . . . . *oua foull (oua foull ioua,* « depuis qu'il est né »).

Dès que . . . . *as, emir oua.*

Dessous, sous. . . . . . *daou (dag).*

par Dessous, en dessous . . . . *es daou.*

Dessus, sur. . . . . *foull.*

au-Dessus de. . . . . . . *denneg',*

Devant, en avant, par devant. . . . . *dât.*

Dorénavant, désormais . . . . *ouan dimarder'.*

Doucement. . . . . *soullan.*

Encore (idée de répétition, d'augmentation). . . . . se rend par le verbe *sit,* « ajouter ». (« Donne-moi encore de l'eau », *sit i d aman).*

Encore (idée de durée). . . . . *animir. (Animir* a le sens de *« ma zal »*. « Il vit en-encore », *animir iddar).*

pas Encore.......... *animir* suivi d'une négation : « Elles ne sont pas
encore revenues », *animir
our d ek'k'elenet* ; « ils ne
sont pas encore venus du
Touat », *ou d efilen Taouat
animir*).

Ensemble............ on tourne, soit en employant
deux pronoms (par ex :
moi et toi, *nek ed kai*) ;
soit en employant le verbe
eddiou, « faire compa-
gnie » : « Ils sont partis ensemble », *eglen eddiouen* ;
soit en disant : « dans un
seul lieu », *dar' edeg ien.*
« Ils campent ensemble »,
seg'enen dar' edeg ien).

Entièrement......... se rend par le verbe *emdou*,
« être fini », ou par *fô*.

Entre .... *g'er (g'ir)*,

d'Entre............. *d* « et, avec » ; (*d* signifie
aussi « d'avec ». *Ien d
esen*, un d'avec eux, un
d'entr'eux, un d'eux).

à l'Envers.......... *s tebreg'ouelt.*

Et................. *d.*

Excepté .... *ar* (« jusqu'à »).

Forcément, de force. *echchil* (avec les affixes),
echchil foull (avec les
affixes) : « Amène-les de
force », *aoui ten echchil
asen, aoui ten echchil
foull sen.*

Franchement, de
bonne foi......... *s tidet* ; verbe *eg'lai*, « être
          sincère ».

Gratis............. *bennân*.

Habituellement..... *s tar'ara, nnit*, forme d'ha-
          bitude des verbes.

à la Hâte.......... *s armoudh* (« avec hâte ») ;
          hik (« vite »).

en Haut........... *afella, s afclla*. -

de bonne Heure..... se rend soit par « vite » *hik*,
          soit par diverses tournu-
          res : « nous partirons de
          bonne heure», *ieng'ag' hik*,
          « nous chargerons vite » ;
          « il est encore de bonne
          heure », *ehodh animir our
          ig'a,* « la nuit ne vient pas
          encore » *animir our ieffou,*
          « il ne fait pas encore
          clair », etc.

tout à l'Heure....... *dimarder'* (« maintenant »).

Hier .... *endh ahel, endh ehadh.*

avant-Hier......... *ahel di sel endh ahel.*

Ici................. *d (ed, id)* ; *direr' (direk').*

d'Ici .... *direr'* « sors d'ici », *eg'medh
          direr'.*

d'Ici-là............. *direr' ar dinder'* « d'ici-là
          nous verrons », *direr' ar
          dinder' in nessen.*

Impossible .... *bôbô !* (*boubou !*) (« pas du
          tout », négation très éner-
          gique).

Inutilement . . . . *Bennân* (« en vain »).

Jadis, naguère. . . . . . *eng'oum.*

Jamais . . . . *abadah,* accompagné d'une négation ; (*abadah* signifie « toujours »).

Jusqu'à. . . . . *ar* (*ar* a, par exception, le sens de « excepté, si ce n'est »).

Là, là-bas . . . . *in* (*hin*) ; *din der'.*

Là-bas (très éloigné). *h in.*

Là-bas (s. mouvement) *d in.*

Là-bas (avec mouvement) . . . . *s in.*

par Là . . . . (sans mouvement) *di h,* (avec mouvement) *si h.*

Lendemain. . . . . *toufat, s toufat.*

au Lieu de. . . . . *dar' edeg'.*

Loin . . . . se rend par le verbe *ag'eg',* « être loin ».

de Loin. . . . . se rend par *s a ioug'eg'en* (« de ce qui étant loin ») ou par le verbe *ag'eg',* « être loin » (« je l'ai vu de loin », *neiek' ioug'eg',* « je l'ai vu, il est loin »).

dans le Lointain . . . . se rend par *dar' a ioug'eg'en* (« dans ce qui étant loin ») ou par le verbe *ag'eg',* « être loin ».

Lorsque . . . . *as* « que » ; *oua d ; oua s ; aoua d ; coua d ; aoua s ; emir oua.*

Maintenant..........	*dimarder'* (pour *d emir' der'* « en ce moment »).
Mieux............	se rend par le verbe *ouf,* « valoir mieux ».
au Moment que.....	*oua d, oua s.*
Ne pas...........	*our (ou, oul).*
Naguère..........	*eng'oum.*
Ni..............	*oul (oula)* : « Ils n'ont ni épées ni lances », *our elin tikoubaouin oula alla-r'en).*
Non.............	*kala, kala kala.*
Non pas, ce n'est pas.	*ourg'er' (ourg'ir').* (« Ils sont Imouhar' et non Arabes », *entanidh Imouhar' our-g'er' Araben).*
Où (sans interrogation et sans mouvement)	*d, aoua d, oua d, a d.* (« Je ne sais où il est », *our essiner' d illa).*
Où (sans interrogation et avec mouvement)	*s, s as, aoua s, oua s, a s :* « Vous savez où ils sont allés », *tessanem s ekkan.*
Où (avec interrogation et sans mouvement)	*mani, mani.* « Où étais-tu ? » *mani d tellid ?)*
Où (avec interrogation et avec mouvement)	*mani, mani s, ma s, s :* « Où vas-tu ? » *mani s tekkid ?*

d'Où ? Par où ? (avec
interrogation et
sans mouvement). *mani d, mani di h.*
d'Où ? Par où ? (sans
interrogation et
avec mouvement). *mani s, mani si h.*
Ou, ou bien........ *mir'* : « Sais-tu cela ou
non ? » *tessaned aouin
mir' kala ?*
Oui............... *éoualla.*
Parce que.......... *foul innin.*
Parfois. .... *imir imir.*
Parmi. .... *dar'* (« dans »), *r'our*
(« chez »).
de la Part de....... *r'our* « chez ». (*R'our* signifie aussi « de chez »,
nermes r'our Mess inar',
« nous recevons de chez
Dieu, de la part de Dieu,
de Dieu »).
Partout........... *dar' ak edeg,*
ne Pas............ *our (oul).*
Pas du tout........ *bôbô ! (boubou !),* (négation
très énergique).
Pendant........... *dar'* (« dans »), *s* (« de »),
(« ex »).
Peu............... *andherren, haret andherren.*
un Peu............ *haret, andherren.*
Peu à peu, petit à
petit .... *andherren andherren.*
un tout petit Peu... *andhoukken, ant'oukken.*

à Peu près, environ. . . . *s emkata* (« *ala elqias*, selon la mesure ») ; *tig'enin* (« *idmel*, cela fait »).

Peut-être, il se peut que. . . . . *ag'ender', imoukken.*

Plus (ne). . . . . *our mada* : « Je ne le ferai plus », *our mada tag'g'er aouin.*

Pour. . . . . *foull* (« sur »).

Pour que . . . . *as* (« que »).

Pourquoi (non inter-rogatif). . . . . *aoua foull, a foull.*

Pourquoi ?. . . . . *ma foull.*

c'est Pourquoi. . . . . . *foull arer'.*

Près . . . . se rend par le verbe *ahaz'*, « être près ».

Près de. . . . . *idis n* (« à côté de ») (« Près d'eux » *idis nesen*, « côté d'eux »).

Presque . . . . *deror'.*

Puisque . . . . *idit.*

Que. . . . . *as* (*a, s*) ; *innin.*

Quand (sans interro-gation). . . . . *a d ; a s.*

Quand ? (avec interro-gation). . . . . *ennes emir.*

depuis Quand ? (avec interrogation) . . . . *ennes emir as.*

Rien . . . . *haret* (« chose ») accompa-gné d'une négation.

Sans. . . . . *oul* (*oula*) (« sans sandales », *oula ir'atimen*).

Secrètement........ *dar' oufour.*
Selon que, suivant que *as (a, s) « que ».*
Séparément........ *s amezzi ; s ien ien ; ak ien*
        iman nit.
Seulement .... *r'as.*
Si (conditionnel).... *kou (koud, koudit, koudet).*
Si ce n'est........ *sel (selid) ; ar (« jusqu'à »).*
Soit, volontiers..... *houllan.*
Sous............. *daou (dag).*
Sur.............. *foull.*
en Sursaut........ *s tirmik'.*
Tantôt (répété)..... *emir ien* (répété).
il est Tard........ *ahel igla* (« le jour est parti »).
de Temps en temps. *iet s iet* (« de temps en
        temps, ils vont à **Tit** »,
        iet s iet takken Tit').
Toujours.......... *abadah.*
Tour à tour........ *s tamelilt.'*
Tout droit .... *dat* accompagné des pro-
        noms affixes: « Allez tout
        droit », *eglet dat aouen.*
Tout au plus....... on tourne par « si ce n'est ».
        (« J'en ai tout au plus dix » ;
        « je n'en ai pas si ce n'est
        dix », *our elir' selid me-*
        raou).
Tout de suite....... *dimarder'*, « maintenant ».
de Travers......... *s tekrikert.*
Très .... *houllan.*
Trop............. *s asiti.*
Vainement, en vain.. *bennan.*

Vers............... *berin* (« dans la direction
de ») ; *ser* ; *r'our* (« chez ») ;
s « de (ex) » qui signifie
aussi « à, vers »).
Violemment........ *s essahat* (« avec force »).
Vite.............. *hik.*
Vraiment, en vérité.. *s tidet.*

III. — Exclamations isolées.

Viens !............ *eó !* (impératif).
Venez ! .... *ciouet* (impératif plur. masc.)
eiakemet (impératif plur.
fém.)
Allons ensemble.... *annidaou* (« allons de com-
pagnie »).
Allez ensemble ..... *iddaouet* (« allez de compa-
gnie »).
Tais-toi !.......... *sousem.*
Taisez-vous !....... *sousemet.*
Arrête-toi! Fais halte ! *ebeded.*

LIVRE V

NUMÉRATION

I. — Nombres cardinaux.

Ils prennent les deux genres et s'accordent avec les substantifs qu'ils déterminent.

Masculin :		Féminin :	
1 *Ien*		*Iet*	
2 *Sin, essin*		*Senatet*	
3 *Keradh*		*Keradhet*	
4 *Okkoz'*		*Okkoz'et*	
5 *Semmous*		*Semmouset*	
6 *Sedis*		*Sediset*	
7 *Essaa*		*Essahat*	
8 *Ettam*		*Ettamet*	
9 *Tez'z'a*		*Tez'z'ahat*	
10 *Meraou*		*Meraout*	
11 *Meraou d ien*		*Meraout d iet*	
12 — *d sin*		— *d senatet*	
13 — *d keradh*		— *d keradhet*	
14 — *d okkoz'*		— *d okkoz'et*	
15 — *d semmous*		— *d semmouset*	
16 — *d sedis*		— *d sediset*	
17 — *d essaa*		— *essahat*	
18 — *d ettam*		— *ettamet*	
19 — *et tez'z'a*		— *et tez'z'ahat*	

	Masculin :	Féminin :
20	*Senatet temerouin*	*Senatet temerouin*
21	— — *d ien*	*Senatet temerouin d iet.*
22	— — *d sin*	Etc...
30	*Keradhet temerouin*	
40	*Okkoz'et temerouin*	
50	*Semmouset temerouin*	
60	*Sediset temerouin*	
70	*Essahat temerouin*	
80	*Ettamet temerouin*	
90	*Tez'z'ahat temerouin*	
100	*Timidhi*	
200	*Senatet temadh.*	
1000	*Ag'im*	
2000	*Sin ig'eman*	
10000	*Ifedh*	
20000	*Sin ifodhen*	

Les noms des dizaines, centaines, milliers, dizaines de milliers, prennent le pluriel et l'on dit : 2 dizaines, 3 centaines, 4 milliers, 2 dizaines de milliers, etc..., en séparant les diverses séries de nombres par la conjonction *d,* « et » : 125, *timidhi d senatet temerouin d semmous.*

Jusqu'à dix, les noms des objets énumérés se mettent au pluriel. Après dix, on procède ainsi :

11 chevaux, *meraou iisan d ien* (sous-entendu *ais).*

12 chevaux, *meraou iisan d essin* (sous-entendu *iisan).*

20 chevaux, *senatet temerouin n ais* (2 dizaines de cheval).

22 chevaux, *senatet temerouin n ais d essin.*

100 chevaux, *timidhi m ais.*

2,355 chevaux, *sin ig'eman n ais ed keradhet temadh ed semmouset temerouin ed semmous.*

II. — Numératifs ordinaux.

Ils se rendent de la manière suivante :

1er	M.	*ou izzaren......*	Plur.	*oui izzarenin.*
	F.	*ta tezzaret......*		*ti izzarenin.*
2e	M.	*oua n essin......*		*oui n essin.*
	F.	*ta n senatet......*		*ti n senatet.*
3e	M.	*oua n keradh....*		*oui n keradh.*
	F.	*ta n keradhet....*		*ti n keradhet.*

et ainsi de suite. C'est-à-dire qu'on obtient les numératifs ordinaux en faisant précéder les numéraux cardinaux correspondants des pronoms *oua, ta, oui, ti* avec la préposition *n* du génitif ou la particule *s* (car on dit *oua s keradh, ta s keradhet,* etc...).

III. — Fractions.

« Moitié » se rend par *ar'il.* Les autres fractions s'énoncent au moyen du mot *tafoult,* « partie », accompagné de numératifs ordinaux (le tiers, *tafoult ta n keradhet,* « la 3e partie » ; le quart, *tafoult ta n okkoz'et ;* les 9/10, *tez'z'ahat tefouf dar' meraout,* « 9 parties sur 10 ».

LEXIQUE

FRANÇAIS-TOUAREG

———

NOTE

—

I. — Le mode de transcription adopté est le suivant :

• *a, e, i, ou* ; ⴲ, ⴱ *b* ; ⴶ *ch* (ش) ; V, ⴳ *d* ; Ǝ *dh* (ض) ;][*f* ; ⵝ *g* ; ⵟ *g'* (doux) ; ⵂ *h* (ه) ; ⵥ *i* (ي) ; ⵉ *j* ; ⵗ *k* ; ⵘ *kh* (خ) ; ‖ *l* ; ⵎ *m* ; | *n* ; ⵄ *ou* (و) ; ••• *k'* (ق) ; ⵔ *r* ; ⵐ *r'* (غ) ; ⵙ *s* ; + *t* ; ⵟ *t'* (ط) ; ⵋ *z* ; # *z'* (emphatique).

Dans les mots touaregs écrits en français le *g* a toujours le même son, celui qu'il a dans le mot « garder », jamais celui qu'il a dans le mot « large ». Toutes les lettres se prononcent séparément, à l'exception de *ou*, *ch*, *kh*, qui sont les équivalents de l'*ouaou* (و), du *chin* (ش) et du *kha* (خ) arabes ; ainsi *ait* « fils de » se prononce comme s'il y avait *aït* ; *bechchan* « mais » se prononce comme s'il y avait *bechchâne* ; *bad* « commencer » se prononce comme s'il y avait *bâde* ; *abeden* « paralytique » se prononce comme s'il y avait *abedène*. Les Touaregs ont un son nasal qu'ils ne rendent pas dans l'écriture et qui se rapproche de notre « gn » dans le mot « agneau ». Nous l'indiquerons par le signe ~ placé sur le *n* (ex : *aña* « frère » se prononce à peu près « agna ».)

II. — Les verbes touaregs sont énoncés par la 2ᵉ personne singulier de l'impératif. Pour la plupart, on indique, entre parenthèses, la 1ʳᵉ et la 3ᵉ personne singulier de l'aoriste.

III. — Les 18 mots suivants ont leur article plus développé que les autres : on y trouvera la plupart des substantifs se rapportant à leur objet :

Animal.	Culture.	Pâturage.
Arme.	Guerre.	Temps.
Atmosphère.	Maison.	Tente.
Chameau.	Maladie.	Terrain.
Commerce.	Nom propre.	Ustensile.
Corps.	Nourriture.	Vêtement.

IV. — Les principales abréviations employées sont :

Art.	Article,	An.	Animal.
S.	Singulier.	Ch.	Chose.
Pl.	Pluriel.	Act.	Actif.
Coll.	Collectif.	N.	Neutre.
M.	Masculin.	Pass.	Passif.
F.	Féminin.	Imp.	Impératif.
Subst.	Substantif.	Aor.	Aoriste.
Adj.	Adjectif.	V.	Voyez.
Pron.	Pronom.	Hab.	Habituellement.
Af.	Affixe.	C.-à-d.	C'est-à-dire.
Ver.	Verbe.	Inv.	Invariable.
S. pr.	Sens propre.	S. et pl.	Singulier et pluriel.
Pr.	Propre.	S. sans pl.	Singulier sans pluriel.
Fig.	Figuré.		
(T a.)	(T affixe) c'est-à-dire que le verbe en question prend le T affixe.	Pl. sans s.	Pluriel sans singulier.
		En gén.	En général.
Poss.	Possession.	Syn.	Synonyme.
Part.	Participe.	Dat.	Datif.
Par.	particule.	Abl.	Ablatif.
Eq.	Equivalent.	Gén.	Génitif.
P.	Personne.	M. à m.	Mot à mot.
		F.	Forme.

Les mots marqués d'une astérisque sont empruntés à l'arabe.

A

A. (Prép. du dat.) *I* « à ». (Il dit à Mousa, *inna i Mousa*). — (Vers) *s* « par ». (Il alla au Touat, *igla s Taouat*). — (Dans) *dar'* « dans ». (Il habite à R'àt, *izzar' dar' R'at*). — (Signifiant la possession) *n* « de ». (Ce chameau est à mon père, *amis ouarer' en ti*). — (Signifiant le temps) *s* « par ». (Au coucher du soleil, *s almoz'*).

Abaisser (Faire descendre, mettre plus bas ; au pr. et au fig.) *Seres (sereser', iseres)* (act.) (de *eres*, « descendre »).

Abandonner. *Ei* (v. LAISSER).

Abattre. (Jeter à terre) *Endhou* (v. JETER). — (Détruire, démolir) *erz'* « casser ».

Abcès. *Touksi* (v. MALADIE).

Abîmer. (Gâter, ruiner, troubler, léser ; arabe : « fessed » ; au pr. et au fig. ; en parlant des p., des an. et des ch.) *R'ehad* (er'hader, ir'had)* (act.). Le verbe *r'ehad* a les sens ci-dessus et ceux de « être abîmé, être gâté, ruiné, troublé, lésé ».

Aboiement. *Touhout* (s. sans pl.) (f.) (de *touhou*, « aboyer »).

Abondamment. (En grand nombre, beaucoup) *a Ig'g'in* (m. à m. « ce qui étant nombreux ») (de *eg'* (T a.) « être nombreux »).

Abondance. (Grand nombre) *Eg'g'out* (m.) (de *eg'* (T a.) « être nombreux »).

Abondant. (Nombreux) *Eg'g'outen*, pl. *eg'g'outenin* (de *eg'* (T a.) « être nombreux »).

Abonder. *Eloua* (3ᵉ p. s. *iloua*, 3ᵉ p. pl. *elouan*) (n.). — Il y en a beaucoup, *iloua* ; ils abondent, *elouan*. *Eloua* se dit des pers. et des choses.

Abord (d'). *S tizar* (v. PREMIÈREMENT).

Aboyer. *Touhou* (3 p. s. *itouhou*) (n.).

Abréger. *Zeg'ehel* (v. RACCOURCIR).

Abreuver. (Faire boire, ar. « segi ») *Sesou (sesouir', isesoua)* (act.) (de *esou*, « boire »). *Sesou* se dit des pers., des anim. et des choses. — Fais boire les chameaux, *sesou imnas* ; arrose le jardin, *sesou afarag'* ; remplis les outres, *sesou ibiar'*.

Absent (être). On traduit par « il n'est pas là » *out tilli direr'*, ou « il est en voyage » *issoukal*, ou une autre phrase analogue.

Absolument. (Ar. « ga ») *Fô :* Je ne sais absolument pas, *our essiner' fô*. *Fô* s'emploie pour renforcer beaucoup une affirmation ou une négation.

Accepter. (Consentir, vouloir) *Er* « aimer, vouloir, ar. h'ebb ». — (Recevoir, prendre) *ermes* « saisir, prendre, ar. qebed ». — (Consentir, agréer, accueillir, ar. « gebel ») *r'ebel** (r'ebeler', ir'ebel)* (act). *R'ebel* a le même sens que *qebel*.

Accompagner. (Faire compagnie, être avec, être ensemble) *Eddiou (eddiour', iddiou)* (n.). Le régime du ver. *eddiou* est toujours précédé de *d* « et, avec » : Que Dieu t'accompagne, *Mess inar' iddiou d ek* « que Dieu fasse compagnie avec toi ».

Accord (être d'). On traduit par « être un » *emous ien*, ou une autre phrase analogue : Ils sont d'accord, *emousen ien* « ils sont un », ou bien *tanat' nesen iet* « leur décision est une ».

Accord. (Bonne intelligence). On traduit par
« amitié » *tammidoua*, ou par « paix » *elr'afit**,
ou par « amour » *tera*. — (Convention, traité)
*echcheret'** (v. CONVENTION).

Accoucher. *Arou* (v. ENFANTER).

Accrocher. *Sili* (v. SUSPENDRE).

Accroissement. (Augmentation) *Siti*, pl. *isititen*
(m.) (de *iot*, « s'accroître »).

Accroître (s'). (S'augmenter), *Iot* (*outir'*, *iôta*)
(n.).

Accroître. (Augmenter [act.] (ar. « zid ») *sit* (*assou-
ter'*, *issouta*) (act.) (de *iot*, « s'accroître »). *Sit* a
pour s. pr. « accroître (act.) » ; il est l'éq. de « zid » ;
comme lui, il est employé dans le sens d'« ajouter » : Donne-moi encore de l'eau, ajoute-moi de
l'eau, *sit i aman* ; encore ! *sit* « augmente ! »

Accueillir. (Recevoir, bien ou mal) *Ermes* « saisir ». — (Bien recevoir, recevoir avec honneur)
simr'ar « grandir (act.) ». — (Agréer, consentir,
recevoir) *r'ebel** « accepter ».

Acheter. *Ziñh* (*ziñher'*, *iziñh*) (act.) (de *eñh*,
« être vendu »). *Ziñh* signifie « acheter » et « vendre » ; si l'ensemble de la phrase n'indique pas
dans quel sens on l'emploie, on le fait suivre de
la par. *ed* pour lui donner le sens d'« acheter » et
de la par. *in* pour lui donner le sens de « vendre » :
J'ai acheté un chameau, *ziñher' amis*, ou bien
ziñher' ed amis ; j'ai vendu un chameau, *ziñher'
amis*, ou bien *ziñher' in amis*. Le s. pr. de *ziñh*
est « faire être vendu ».

Achever. *Semdou* (v. FINIR).

Acquérir. *Ekerah* (*ekeraher'*, *ikerah*) (act.).

Action. *Ig'i*, pl. *ig'iten* (m.) (de *ag'*, « faire »).

Adieu. *S elr'afit** « avec la paix ».

Admiration. (Etonnement, sujet d'admiration ou d'étonnement) *Tekount*, pl. *tikounin* (f.) (de *akoun*, « être étonné »). *Tekount* se dit de toute chose extraordinaire, soit en bien soit en mal ; il est employé aussi dans le sens de « miracle, prodige ».

Admirer. (Être étonné de, être émerveillé de) *Akoun* (*akouner'*, *iakoun*) (n.). *Akoun* se dit de toute chose extraordinaire, soit en bien soit en mal. On fait précéder son régime d'une des par. *dar'* ou *foull* : Il s'étonne de tout, *iakoun foull ak haret*.

Adolescent (subst.) (Jeune homme de 17 à 20 ans) *Amaouadh*, pl. *imaouadhen*. — (Jeune fille de 16 à 20 ans) *tamaouat'*, pl. *timaouadhin*.

Adoration. *Elr'ebada** (f.).

Adorer. (Faire un acte d'adoration, ar. *abed*) *Ar'bad**(*ar'bader'*, *iar'bad*) (n.) Il adore Dieu, *iar'bad i Mess inar'*. — Prier habit., prier sans cesse, *timouhoud** (*timouhouder'*, *itimouhoud*) (n.) (de *mouhoud**, « faire la prière »). *Timouhoud* ne s'emploie qu'en parlant de Dieu : Il adore Dieu sans cesse, *itimouhoud i Mess inar'*.

Adultère (subst.) *Tikra* « vol », pl. *tikraouin* (f.) (de *ouker*, « voler »). — (Commettre un adultère), on traduit par *ouker* « voler ».

Affaire. (Occupation) *Aouaz'lou* « occupation ».— (Chose) *haret* « chose ».

Affairé (être). *Aouz'el* (T a.) (v. OCCUPÉ).

Affliction. (Grave, grand chagrin) *R'ehad n oul* « déchirement du cœur » (ar. *r'ehad* « ruine », de *r'ehad* « abîmer »). — (Tristesse) *tekerz'i* « resserrement » (s. sans pl.) (f.) (de *ekrez'* « être étroit »).

Affliger (s'). (Avoir une affliction grave) *Ir'had oul in* « mon cœur est déchiré » (*r'chad** « être abîmé ». — (Etre triste) *karroz'en iman in* « mon âme est serrée » (*karroz'* « être étroit », forme habit., de *ekrez'* « être étroit »).

Affliger. (Gravement) *Ir'had oul in* « il déchire mon cœur » (ar. *r'chad* « abîmer »). — (Attrister) *iz'ekerez' ahi iman* « il me serre l'âme ». — (*z'ekrez'* « rétrécir »).

Affranchir (un esclave). *Sekherer** (*askhererer', ieskherrer*) (act.) (de *kherer*, « être affranchi ». — (Etre affranchi) *kherer** (*akhirerer', ikhirrer*) (n.).

Afin que. *Iś* « que ».

Agadez. *Ag'adeh* (v. Nom pr.).

Age. On se sert du mot « années » *ioutian* (pl. de *aouétai* « année ») : Quel âge as-tu ? « Combien les années de toi ? » *ma n eket ioutian nek.*

Agenouiller (s'). *Eg'en* (*eg'ener', ig'en*) (n.). *Eg'en* se dit des p. et des an. ; — (Faire s'agenouiller, *seg'en* (*seg'ener', iseg'en*) (act.) : Fais agenouiller le chameau, *seg'en amis.* — (S'agenouiller habit.) *eg'g'en* (*eg'g'ener', ig'g'en*) (n.). *Seg'en* est employé très souv. dans les sens de « camper, séjourner, ar. *h'ot't'* ».

Agitation. (Trouble, ar. « khlot' », mélange, discorde, au pr. et au fig.) *tarertit*, pl. *tirettai* (f.) (de *erai*, « être mêlé »).

Agneau. *Akerouat* (v. Animal).

Agoniser. On traduit : « son âme est près de sortir » *ibouk id eg'medhen iman* (*ebouk* « avoir l'intention »).

Agréer. (Etre agréable à, avoir pour agréable) *G'erez'* « plaire ». — (Accepter) *r'ebel** (v. Accepter).

Aide. (Secours) *Telilt*, pl.. *telilin* (f.) (de *ilal*, « aider »).

Aider. (Secourir) *Ilal* (*elliler'*, *illil*) (n.) : Je l'aï aidé, *elliler' as* ; aide Mousa, *ilal i Mousa*.

Aigle. *Ihadar* (v. ANIMAL).

Aigre (être). *Ez'z'a* (*iz'z'a*) (n.) : Le lait est aigre, *akh iz'z'a*.

Aigre. (adj.). *Iz'z'en*, pl. *iz'z'enin* (par. de *ez'z'a*, « être aigre »). Lait aigre, *akh oua iz'z'en*.

Aiguille. *Stanfous* (v. USTENSILE).

Aiguiser. *Semsed* (*semseder'*, *isemsed*) (act.) (de *emsed*, « être aiguisé »).

Aile. *Afraou*, pl. *ifraouen* (m.). *Afraou* signifie « aile », « plume d'oiseau » et « feuille ».

Ailleurs. *Dar' edeg oua hadhen* « dans un autre lieu ».

Aimer. (Chérir, désirer, vouloir, dans tous les sens de notre mot « aimer » et du verbe arabe « h'ebb ») *Er* (*erir'*, *ira*) (act.). Le s. pr. de *er* est « aimer », il est l'éq. de « h'ebb ».

Aine. *Amezzoui* (v. CORPS).

Aîné. *Amak'k'ar*, f. *tamak'k'art* (de *mak'k'ar*, « être grand »).

Ainsi. *Aouinder'*

Air. *Adhou* « vent ». (De chant) *aneia*, pl. *iniaten*.

Aire. (Pour battre le grain) *Tir'err'ert*, pl. *tir'err'ar* (f.).

Ajouter. *Sit* « accroître ».

Alène. *Tistant* (v.. USTENSILE).

Alger. *Dezair** (v. NOM PR.).

Allaiter. *Senkes* (*senkeser'*, *tesenkes*) (act.) (de *enkes*, « téter »).

Alléger. *Sefses (sefseser', isefses)* (act.) : Allège la charge du chameau, *sefses foull amis ag'igi.*

Aller. (Aller à, aller vers) *Ek (ekkir', ikka)* (act.) : Je suis allé au village, *ekkir' ar'rem* ; je suis allé auprès de Mousa, *ekkir' Mousa*).— (S'en aller) *egel* « partir ». — (Se porter) se rend par diverses tournures : « il va bien » se rend par le « bien seulement » *elkhir r'as,* ou par « rien ne l'a trouvé » *oul t ig'riou haret* ; « il va mal » se rend par « il est malade » *irin,* ou par « l'a trouvé la fièvre (ou autre chose) » *teg'raou t taz'z'ak'* ; « il va mieux » se rend par « il est meilleur » *iouf.* — (Aller au devant) *enked* (v. DEVANT).

Allonger. (Rendre plus long) *Zeheg'er* (T a.) (*zeheg'erir', izeheg'eret*) (act.) (de *heg'er* (T a.) « être long »). — (Etendre) *ez'z'el* (v. ETENDRE).

Allumer. *Serer' (serer'er', iserer'a)* (act.) (de *erer',* « être allumé »).

Alors. (Ensuite) *Didi.* — (Dans ce cas) *adi.*

Alternativement. *S timelilt* « par tour ».

Ame. *Iman* (pl. sans s.) (m.). *Iman* signifie « âme » et « personne ».

Amende. *Eddiet*,* pl. *eddietin* (f.). *Eddiet* signifie toute amende pour quelque motif que ce soit.

Amener. *Eloui* « conduire ».

Ami. (Ami intime, ami de cœur) *Emeri,* pl. *imeran,* f. *temerit,* f. pl. *timeritin* (de *er,* « aimer »). — (Compagnon) *amidi,* pl. *imidiouen,* f. *tamidit* (de *eddiou* « accompagner »). *Amidi* est l'éq. de l'ar. « çah'ab » ; il s'emploie dans divers sens, signifiant tantôt « ami », tantôt « compagnon », tantôt « serviteur » ; son s. pr. est « compagnon ».

Amitié. (Amitié très tendre, amour) *Tera*

« amour ». — (Relations amicales) *tammidoua* (f.) (de *eddiou*, « accompagner »).

Amour. (Dans tous les sens du mot français « amour ») *tera*, pl. *teraouin* (f.) (de *er*, « aimer »).

Ampoule. *Tabaiok'* (v. MALADIE).

Amulette. *Tiraout* (v. TALISMAN à l'art. VÊTEMENT).

Amuser. *Hel* (*helir'*, *ihela*) (act.). *Hel* signifie « amuser, faire perdre le temps, attarder » ; il a aussi les sens de « s'amuser, perdre son temps, s'attarder, flâner ».

An. *Aouétai* (v. TEMPS).

Ancêtre. *Emeraou* (v. ASCENDANT).

Ancien (être). *Irou* (*erouer'*, *irou*) (n.).

Anciennement. *Irou* « c'est ancien » (3ᵉ p. s. de *irou*, « être ancien »).

Ane. *Eihedh* (v. ANIMAL).

Anéantir. (v. ANNULÉ, CASSER).

Ange. *Ang'elous*, pl. *ang'elousen* (m.).

Angle. (Coin) *tar'emert** « coude », pl. *tir'emmar* (f.).

Animal. (En général, n'a pas d'équivalent exact en touareg ; on peut traduire « animal sauvage » par *akhou* ou par *akhou oua n tiniri*, « animal domestique » par *akhou oua n eddounet*, « animaux (en général) » par *akhouten oui n tiniri ed akhouten oui n eddounet*. Le s. pr. de *akhou* est « animal sauvage». — (Animal domestique) *tela* « bétail » (coll.), pl. *telaouin* (f.). — (Animal sauvage) *akhou*, pl. *akhouten* (m.).

Agneau (d'un an ou plus jeune), *akerouat*, pl. *ikerouaten*.
Aigle, *ihadar*, pl. *ihedran*.
Ane, *eihedh*, pl. *ihedhan*.

Antilope (ar. « mehor »), *inir*, pl. *iniren*.
Araignée, *saras*, pl. *isarasen* (m.).
Autruche, *anhil*, pl. *inhal*.
Bélier, *ekrar* « mouton ».
Bétail, *tela* (coll.), pl. *telaouin* (f.).
Bœuf, *ésou* « taureau ».
Bouc, *ahoular'*, pl. *ihoular'*.
Brebis, *tiheli*, pl. *tihattin*.
Chacal, *cheggi*, pl. *ibeggan*.
Chameau. (V. article spécial).
Cheval, *ais*, pl. *iisan*.
Chèvre, *tir'si*, pl. *oulli*.
Chevreau, *ir'id*, pl. *irid'en*.
Chien, *eidi*, pl. *iadhan*.
Colombe, *tidebirt* « pigeon ».
Coq, *ekahi*, pl. *ikahan*.
Corbeau, *ar'aleg'*, pl. *iralg'iouin*.
Éléphant, *élou*, pl. *élouan*.
Fenek, *khorhi*, pl. *ikhorhiten*.
Fourmi, *anneloug'*, pl. *inelloug'en*.
Ganga, *tidebirt* « pigeon ».
Gazelle (de grande espèce, ar. « r'im »), *edemi*, pl. *ideman*.
— (de petite espèce, ar. « souin »), *ahenkadh*, pl. *ihenkadh*.
Gibier, *taouak'k'ast*, pl. *tiouk'k'asin* (f.).
Girafe, *amder'*, pl. *imedr'en*.
Grenouille, *ag'rou*, pl. *ig'ran* (m.).
Guépard (ar. « fehed »), *amaius*, pl. *imouias*.
Hibou, *bouhan*, pl. *bouhanen*.
Hirondelle, *amestar'*, pl. *imestar'en* (m.).
Hyène, *aridel*, pl. *iridalen*.
Jument, *tibeg'aout*, pl. *tibeg'aouin*.
Lièvre, *tameroualt*, pl. *timeroualin* (f.).
Lion, *ahar*, pl. *iharren*.
Mite, *tamadi* (s. et pl.) (f.).
Mouche, *ehi*, pl. *ihan* (m.). — plate, *aheb*, pl. *ihebhen*.
Mouflon (ar. « aroui »), *oudad*, pl. *oudaden*.
Moustique, *tadast* (s. et pl.) (f.)
Mouton (bélier), *ekrar*, pl. *ikraren*.
Onagre, *ahoulil*, pl. *ihoulilen*.
Panthère. Inconnue au Hoggar.
Pigeon (domestique et sauvage, ganga, perdrix, etc.), *tidebirt*, pl. *tidebar* (f.).

Poisson, *asoulmi,* pl. *isoulmien* (m.).

Porc (et sanglier), *az'ibara,* pl. *iz'ibaraten.*

Pou, *tillik,* pl. *tilkin* (f.).

— (de chameau), *tasellouft,* pl. *tiselfin* (f.), *ag'ourmel,* pl. *ig'ourmelen.*

Poule, *tekahit,* pl. *tikanatin* (de *ekahi* « coq »).

Rat, *akouti* « souris ».

Renard, *khorhi,* ar. « fenek ».

Sanglier, *az'ibara* « porc ».

Sangsue, *tadhelit,* pl. *tidhelin* (f.).

Sauterelle, *tahoualt,* pl. *tihoualin* (f.).

Scorpion, *ir'irdem,* pl. *ir'ordam.*

Serpent, *achchel,* pl. *achchelen* (m.).

Singe, *abiddo,* pl. *ibiddaouen.*

Souris, *akouti,* pl. *ikoutien.*

Tarentule, *az'iz',* pl. *iz'az'z'en.*

Taureau (et bœuf), *ésou,* pl. *ésouan.*

Troupeau (de moutons ou de chèvres), *ihiri,* pl. *iharaouen* (m.).

Troupeau (de chameaux). (V. art. spécial).

Vache, *tes,* pl. *tisita* (de *ésou,* « bœuf »).

Vautour, *az'ez',* pl. *az'ez'en.*

Veau, *elouki,* pl. *iloukien.*

Ver, *taoukki,* pl. *tioukkaouin* (f.).

Vipère, *tachchelt,* pl. *tachchelin* (f.) (de *achchel,* « serpent »).

Anneau. *Taouinest,* pl. *tiouinas* (f.). — (Anneau de nez du chameau) *tig'emt* (v. CHAMEAU). — (Bague, boucle d'oreille, bracelet) (v. VÊTEMENT).

Annoncer. (Informer de) *Eller'* « informer ». — (Annoncer une nouvelle) *ag' isalan* « faire (donner) des nouvelles ».

Annulation. (Suppression, anéantissement, mort, destruction) *Aba,* prononcé souvent *ba* (s. sans. pl.) (m.) (de *aba,* « être annulé »).

Annulé (être). (Ne plus exister, être mort, anéanti, détruit) *Aba* (T a.) (3ᵉ p. m. s. *abat,* 3ᵉ p. f. s. *abatet,* 3ᵉ p. m. pl. *abaten,* 3ᵉ p. f. pl.

abatenet. Ce verbe, très irrégulier, n'a que ces quatre personnes) (n.).

Antilope. *Inir* (v. ANIMAL).

Antique. (Des temps antiques) *Amaien* (inv.). *Amaier* ne s'emploie qu'en parlant des choses et de ce qui s'est passé depuis plusieurs siècles. Bourg détruit depuis bien des siècles, *ar'rem amaien* ; c'est ancien, cela date des temps antiques, *irou dar' amaien*.

Apôtre. *Anammahal*, pl. *inammahalen* (m.) « envoyé » (de *emhel*, « pousser, faire marcher en poussant », ar. *souq*).

Apparaître. *Amoun* (*amouner'*, *imoun*) (n.).

Appel. (En criant) *Tir'erit*, pl. *tir'eratin* (f.) (de *ar'er*, « appeler »).

Appeler. (Dire de venir, crier de venir) *Ar'er* (*ar'er'ir*, *ir'era*) (act.). — (Nommer) *ag' isem* « faire nom » (v. NOMMER).

Apporter. (Emporter, prendre avec soi, prendre ar. « djib ») *Aoui* (*eouirer'*, *ieoui*) (act.). *Aoui* est l'éq. du verbe arabe « djib » ; son s. pr. est « apporter ».

Apprendre. (S'instruire de, étudier, comprendre) *Elmed** (*elemeder'*, *ielmed*) (act.). Le s. pr. de *elmed* est « apprendre (s'instruire de) », il est employé aussi dans les sens de « comprendre » et de « bien savoir » ; il a les sens des deux verbes arabes « fehem » et « tallem ». — (Enseigner) *selmed** (*selmeder'*, *iselmed*) (act.) (de *elmed*, « apprendre »). Les deux régimes de *selmed* se mettent à l'accus. : Enseigne-lui le touareg, *selmed it tamahaq*.

Approcher (s'). Être près, être proche, se rapprocher) *Ahaz'* (v. PRÈS).

Approcher. (act., rapprocher) *Z'ihaz'* (*z'ouhaz'er'*, *iz'ouahaz'*) (act.) (de *ahaz'*, « être près »).

Après. *Dheffer.* Le s. pr. de *dheffer* est « derrière » et « après ». — D'après que, selon que, *as* « que ».

Après-demain. *Ahel in sel toufat* (v. TEMPS).

Après-midi. *Tadeggat* (v. HEURE à l'art. TEMPS).

Arabe. *Arab** (v. NOM PR.).

Araignée. *Saras* (v. ANIMAL).

Arbre. *Achek* (v. PÂTURAGE).

Arc-en-ciel. *Tazelader* (v. ATMOSPHÈRE).

Argent. (Monnayé ou non monnayé) *Az'ref,* pl. *az'refen* (m.). — (Fortune, bien matériel) *ihiri* « troupeau de moutons ou chèvres » (v. FORTUNE).

Arme. (En général) *Taz'ouli* « fer », pl. *tiz'ouli-aouin* (f.).

Balle (d'arme à feu), *tabelalt*, pl. *tibelalin* (f.) (de *abelal*, « pierre »).

Bouclier, *ar'er*, pl. *ir'eran* (m.).

Canon, *elmedfar'**, pl. *elmedfar'en* (m.).

Capsule, *tadhak'*, pl. *tidhar'in* (f.) (de *adhar'*, « pierre »).

Cartouche, *tasenfert*, pl. *tisenfar* (f.) (de *anefer*, « faire couler hors de »).

Épée, *takouba*, pl. *tikoubaouin* (f.).

Lance (toute en fer), *allar'*, pl. *allar'en* (m.).

— (à hampe de bois), *tar'da*, pl. *tir'deouin* (f.).

Fusil, *labaroudh**, pl. *elbaroudhen* (m.).

Pistolet, *elr'edri**, pl. *elr'edriten* (m.)

Poudre, *atou* (s. sans pl.) (m.).

— (charge de poudre), *elr'amaret**, pl. *elr'amaretin* (f.).

Sabre, (v. ÉPÉE).

Armée. *Elmehellet** (v. GUERRE).

Arracher. (Oter, retirer, ar. « gela' ») *Ekkes* « ôter ».

Arrangement. (Chose bien arrangée, bien faite,

bon travail, bonne œuvre ; fabrication ; œuvre,
acte, action bonne .ou mauvaise) *Amouken*, pl.
imoukenan (m.) (de *ken*, « arranger »). — (Convention, accord) *echcheret'** « condition » (v. Convention).

Arranger (s'). (Conclure un arrangement) *Neme-
ken (ennemeknir', innemekna)* (n.) (de *ken*, « arranger ») : J'ai fait un arrangement avec Mousa,
ennemeknir' ed Mousa.

Arranger. (Mettre en ordre, réparer, préparer;
fabriquer, faire, organiser, concilier : au pr. et au
fig., dans tous les sens des mots « arranger »)
Ken (eknir', ikna) (act.). Le verbe *ken* a les sens
ci-dessus et ceux de « être bien fait, bien arrangé,
bien organisé ». Son s. pr. est « arranger » ; il
est l'éq. de l'ar. « âddel ». Je les ai réconciliés,
eknir' g'ir issen « j'ai arrangé entre eux » ; je
l'ai consolé, *eknir' iman nit* « j'ai arrangé son
âme » ; prépare-toi, *ken iman nek* « arrange ta
personne » ; c'est bien, à la bonne heure, *ikna*
« c'est bien fait ».

Arrêter (s'). *Ebeded* (v. Debout).

Arrêter. (Act., faire s'arrêter) *Sebeded* (v. Debout). On traduit souvent aussi, surtout lorsqu'il
s'agit d'un nombre considérable de personnes ou
d'animaux, par *aouor' (aouor'er', icouor')* (act.)
dont le s. pr. est « arrêter (act.), faire faire halte »,
et qui est l'éq. de l'ar. « hebes ».

Arrière (en). *S dheffer*.

Arrivée. *Tisit* « venue ».

Arriver. (Arriver à, parvenir à, rejoindre, atteindre) *Aouodh (eouodher, ieouodh)* (act.). Je suis
arrivé au village, *eouodher ar'rem;* je suis arrivé
auprès de Mousa, *eouodher' Mousa*).

Arrogant (être). *Adher* « être insolent ».

Arroser. On traduit par « faire boire », *Sesou* (v. ABREUVER).

Artisan. (Ouvrier à la fois forgeron, orfèvre, charpentier, ar. « mâllem ») *Inedh*, pl. *inedhen* (m.).

Ascendant. (Tout ascendant quelqu'il soit) *Emeraou*, pl. *imeraouen* (m.) (de *arou*, « enfanter »). — (Les parents [le père et la mère]) *imeraouen* (m. pl.). — (Les ancêtres) *imeraouen* (m. pl.).

Assemblée. (v. RÉUNION).

Assembler. (v. RÉUNIR).

Asseoir (s'). *R'im* (*ak'k'imer'*, *ik'k'im*) (n.). *R'im* signifie « s'asseoir, rester, durer » ; il a tous les sens de l'ar. « gâd » et a, en outre, le sens de « se mettre à » ; son s. pr. est « rester ».

Assez. Assez se traduit par « il suffit » (v. ÉGAL).

Assiéger. *Er'lai* « entourer ».

Association. *Asihar*, pl. *isiharen* (m.) (de *ouhar*, « associer »).

Associer. (Act.) *Ouhar* (*ouharer'*, *iouhar*) (act.). *Ouhar* est employé aussi dans le sens de « s'associer, être associé » : Je suis associé avec lui pour la moisson du blé, *nouhar afaras n ired nek d es* « nous avons associé la moisson du blé lui et moi » ; je suis associé avec Mousa, *ouharer' ed Mousa*.

Assoifé. *Iffouden*, pl. *iffoudenin* (de *effad*, « avoir soif »).

Assurément. *Itebat* (v. CERTAINEMENT).

Atmosphère. (Etat atmosphérique) *Elkhal**, pl. *elkhalen* (m.).

Air. On traduit par « vent » *adhou*, pl. *adhouten* (m.).

Arc-en-ciel, *tazelader* (s. et pl.) (f.).

Brouillard, *tag'iait*, pl. *tig'aïé* (f.).
Brume, *koumbet*, pl. *koumbatin* (f.).
Chaleur. (Ar. « h'emm..n ») *touksi* (f.) (de *ekkous*, « être chaud »).
Ciel, *ag'enna*, pl. *ig'ennaouen* (m.).
Chaud (Il fait), *ikkous* (*ekkous* « être chaud »).
Eclair. (Foudre) *issam*, pl. *issamen* (m.).
Foudre. (Eclair) *issam* « éclair ».
Froid. (Subs.) *esamidh* (m.). (de *sammedh*, « être froid »).
— Il fait froid) *isammidh (sammedh* « être froid ».
Gelée, *iddam*, pl. *iddamen* (m.).
Glace. (Neige, grêle, gelée blanche) *ar'eris*, pl. *ir'erisen* (m.).
Grêle, *ar'eris.*
Lumière. (Clarté) *afa* (s. sans pl.) (m.) (de *effou*, « faire jour »).
Mirage, *eilel*, pl. *eilelen* (m.).
Neige, *ar'eris.*
Nuage. (En général) *ag'enna* (coll.), pl. *ig'ennaouen* (m.).
— (Petit nuage) *az'iar*, pl. *iz'iaren* (m.).
Obscurité, *tihai* (pl. sans s.) (f.).
Orage. (Nuage d'orage) *tag'arak*, pl. *tig'arakin* (f.).
Pluie, *ag'enna* (coll.), pl. *ig'ennaouen* (m.). *A'genna* signifie « ciel », « nuages » et « pluie ».
Pluie. Il pleut : *iouot ag'enna* « la pluie frappe ».
Poussière, *amadal* « terre ».
Tonnerre, *eg'ag'*, pl. *eg'ag'en* (m.).
Tourbillon, *tig'ent*, pl. *tig'enin* (f.). *Tig'ent* signifie « tourbillon de vent ».
Vent, *adhou*, pl. *adhouten* (m.).
— d'été, *ahodh*, pl. *ahodhen.*

État atmosphérique en 1905-1906 à Tamanr'asset.

Août 1905. — Variable. Tantôt clair, tantôt brumeux. Cinq ou six forts coups de vent durant chacun quelques heures. Deux ou trois fortes averses durant de une à quatre heures. L'oued ne coule pas à Tamanr'asset. Chaleur très modérée.

On arrose le bechna. On mange concombres, raisins, melons, pastèques, courges, citrouilles. — Pâturage très abondant par suite des pluies de juin et de juillet : acheb, beau merkeba, beau get't'af.

Septembre. — Beau fixe. Très clair. Très peu de vent. Un fort orage avec pluie pendant cinq ou six heures. L'oued ne coule pas à Tamanr'asset. Température moyenne, ni chaude, ni froide.

On arrose le bechna. On mange concombres, melons, pastèques, courges, citrouilles. — Pâturages abondants par suite des pluies de juin, juillet et août : beau merkeba, beau gel'l'af.

Octobre. — Beau fixe. Très clair. Très peu de vent. Pas de pluie. L'oued ne coule pas à Tamanr'asset. Température moyenne, ni chaud, ni froid.

Pendant tout le mois on récolte le bechna. On mange melons, pastèques, courges, citrouilles. — Le pâturage (merkeba, gel'l'af) est encore bon, mais moins que le mois précédent.

Novembre. — Beau fixe. Très clair. Très peu de vent. Pas de pluie. L'oued ne coule pas à Tamanr'asset. Nuits fraîches mais non froides, journées tempérées.

Pendant les 20 premiers jours du mois on retourne la terre qui doit recevoir le blé. Du 20 au 30 on sème le blé et l'orge, ainsi que les navets, betteraves, carottes, choux, lentilles, fèves, oignons, ail. On ne mange plus de légumes frais. — Le pâturage diminue de plus en plus.

Décembre. — Beau fixe. Très clair. Très peu de vent. Dans les premiers jours du mois deux ou trois pluies légères de trois à quatre heures chacune. L'oued coule pendant deux jours à Tamanr'asset. Pas de neige sur l'Ilaman. Nuits fraîches mais non froides, journées tempérées.

On arrose le blé. Pas de légumes frais. Pâturage maigre

Janvier 1906. — Beau fixe. Très clair. Très peu de vent. Pas de pluie. L'oued ne coule pas à Tamanr'asset. Pas de neige sur l'Ilaman. Assez froid la nuit, tempéré le jour. Pas de glace, ni de gelée blanche. Rosée.

On arrose le blé. Pas de légumes frais. La végétation est arrêtée par le froid des nuits. Pâturage très maigre.

Février. — Beau fixe. Très clair. Très peu de vent. Dans les premiers jours du mois deux fortes pluies d'environ douze heures chacune. L'oued coule pendant quatre jours à Tamanr'asset. Pas de neige sur l'Ilaman. Froid la nuit, frais le jour. Pas de glace ni de gelée blanche. Rosée abondante.

On arrose le blé. Pas de légumes frais. La végétation est arrêtée par le froid. Pâturage très maigre.

Mars. — *Jusqu'au 10 :* Beau fixe. Très clair. Très peu de vent. Pas de pluie. L'oued ne coule pas à Tamanr'asset. Pas de neige sur l'Ilaman. Froid la nuit, frais le jour. Pas de glace ni de gelée blanche.

A *partir du 10 :* Variable. Très brumeux. Presque tous les jours, grand vent venant souvent du Sud (le vent du Sud amène brume et chaleur). Pas de pluie. L'oued ne coule pas à Tamanr'asset. Pas de neige sur l'Ilaman. La température change subitement et devient tempérée le jour et la nuit, ni chaude ni froide.

On arrose le blé. La végétation, arrêtée précédemment par le froid, prend son essor. Les légumes, l'orge et le blé grandissent. Vers la fin du mois on mange des navets. Du 10 au 15 on sème haricots, pois chiches, pastèques, tomates, aubergines, piments, betteraves, concombres, courges, citrouilles, melons. — Le pâturage devient meilleur. L'acheb sort de terre.

Avril. — Variable. Très brumeux. Presque tous les jours, grand vent venant souvent du Sud. Pas de pluie. L'oued ne coule pas à Tamanr'asset. Température moyenne le jour et la nuit, ni froide ni chaude.

On arrose le blé. La végétation pousse vigoureusement. On mange pendant tout le mois, navets, betteraves, carottes, choux. On récolte l'orge, du 10 au 25 ; les lentilles, vers le 25. On coupe les premiers épis de blé destinés à la zemmita, vers le 25. Très beau pâturage. Acheb très abondant. Dans la deuxième quinzaine du mois, la merkeba et le get't'af verdissent et fleurissent.

Mai. — *Jusqu'au 20 :* Variable. Brumeux. Ciel ordinairement couvert. De 10 heures du matin au coucher du soleil, grand vent venant ordinairement de l'Ouest : le reste du temps, pas de vent. Le 11, quelques gouttes de pluie ; le 12, quelques très légères averses. L'oued ne coule pas à Tamanr'asset. Température modérée le jour et la nuit, ni froide ni chaude.

A partir du 20 : Variable. Brumeux. Ciel ordinairement couvert. De 10 heures du matin au coucher du soleil, vent modéré venant souvent du Sud ; le reste du temps, pas de vent. Une très petite averse, le 30. L'oued ne coule pas à Tamanr'asset. A partir du 20, la température change brusquement, les journées deviennent chaudes, les nuits restent tempérées et fraîches relativement aux jours.

Du 5 au 20, on coupe le blé à Tamanr'asset. A partir du 20, on commence à le battre. La récolte a été belle : chaque jardin a donné en moyenne 250 qesaa de blé (200 pour le propriétaire, 50 pour le fermier), c'est-à-dire un peu plus de 20 pour 1. — Jusqu'au 20, le pâturage reste très beau. A partir du 20, la chaleur grille l'acheb, le pâturage est moins beau, cependant il est encore bon (merkeba et get't'af verts et autres plantes).

Juin. — Variable. Brumeux. Ciel souvent couvert. De 10 heures du matin au coucher du soleil, vent modéré venant souvent du Sud ; le reste du temps, presque pas de vent. Les 8, 25 et 26, quelques gouttes de pluie. L'oued ne coule pas à Tamanr'asset. Température moyenne à midi, 36° centigr. ; à 6 h. soir, 30° ; à 5 h. matin, 14°. De minuit au lever du soleil l'air est souvent chargé d'humidité.

Pendant la première moitié du mois, on achève de battre

le blé. Pendant la deuxième, on commence à retourner la terre où on sèmera le bechna. On mange des oignons, des courges, des concombres. — Le pâturage est moins bon que le mois dernier, cependant il est encore assez bon.

Juillet. — Variable. Quelquefois brumeux, plus souvent clair. Ciel souvent couvert le jour, ordinairement découvert la nuit. De 10 heures du matin au coucher du soleil, vent modéré venant souvent de l'Est ; le reste du temps, presque pas de vent. Le 1er et le 2, quelques gouttes de pluie. L'oued ne coule pas à Tamanr'asset. Température moyenne : à midi, 37° centigr. : à 6 h. soir, 31° : à 5 h. matin, 15°.

On arrose le bechna. On mange oignons, courges, concombres, tomates, pastèques. — Le pâturage est assez bon, il est resté ce qu'il était le mois dernier.

N.-B. — En ce qui concerne la pluie, les douze mois ci-dessus ont été exceptionnels, car, en 1906, il a plu en hiver et non en été, tandis que d'ordinaire il ne pleut pas en hiver et il pleut en été. — Pour ce qui est des pâturages, ces douze mois sont regardés comme une bonne année pour le Hoggar.

Attacher. (Lier) *Ek'k'en* « lier ». — (Attacher un animal) *ag'i* (*oug'ir'*, *ioug'ai*) (act.). *Ag'i* signifie « attacher » et « être attaché » ; il ne s'emploie que pour les animaux : Attache les chèvres, *ag'i oulli* ; l'ânesse est attachée, *teihet' toug'ai*.

Attaque. (v. GUERRE).

Attaquer. On traduit par « tomber sur » *oudh foull* (ils nous ont attaqués, *oudhen foull ner'*).

Attarder (s'). *Iz'z'ai* « être pesant ».

Atteindre. (Attraper) *Toub* (T a.) « attraper ». — (Parvenir à) *aouodh* « arriver ».

Attendre. (Une personne ou une chose) *Ek'k'al* (v. DEVENIR). — (Patienter) *z'eider* « patienter ».

Attention. (Examen soigneux) *Akeiad* « examen ».

Attention (faire). (Examiner) *Akid* « examiner ». — (Avoir soin de) (v. SOIGNER, GARDER). — (Prendre garde) (v. GARDE).

Attraper. (Atteindre et saisir vivement) *Toub*

(*T a.*) (*ettoubir'*, *iettoubet*) (act.). *Toub* est syn.
de *ermes* « saisir, ar. gebed », mais en lui ajoutant
le sens de « vivement ».

Aucun. *Oul ien* (f. *oul iet*).

Au-delà. *Illi hin* (v. DELA).

Au-dessous. *Daou* « sous ».

Au-dessus. *Foull* « sur ».

Augmentation. *Siti* « accroissement ».

Augmenter. (Actif) *sit* « accroître ». — (Neutre)
iot « s'accroître ».

Aujourd'hui. *Ahel ouarer'* (v. JOUR à l'art.
TEMPS).

Aumône. *Takouti*, pl. *tikoutaouin* (f.) (de *eket*,
« mesurer »).

Auparavant. (Autrefois) *eng'oum* « autrefois ».
— (Avant cela, précédemment) *s a izzaren* « précédemment ».

Aurore. *Ahokehak* (v. HEURE à l'art. TEMPS).

Aussitôt. (Immédiatement) *hik* « vite ». — (Aussitôt que, dès que) *as* « que, lorsque ».

Autant que. *Hound* « comme ».

Automne. *Amoan* (v. SAISON à l'art. TEMPS).

Autorité. (Pouvoir, grand âge) *temr'ar* (f.)
(*mak'k'ar* « être grand »).

Autre. *Hadhen*, f. *hadhet*, pl. *hadhnin*. —
(L'autre) *oua hadhen*. — (Un autre) *ien hadhen*.

Autrefois. *Eng'oum*.

Autruche. *Anhil* (v. ANIMAL).

Avaler. *Elmez'* (*elmez'er'*, *ilmez'*) (act.).

Avancer (s'). *Ahaz'* « s'approcher » (v. PRÈS).

Avance (d'). *S tizar* (de *ezzar*, « précéder »).

Avant. (Devant) *Dât*. Le s. pr. de *dât* est « devant » et « avant ». — (Précédemment à, avant de) *tizzaret en* « le précédent de » (de *ezzar*, « précéder »).

Avant (en). (Par devant) *Es dât* (*dât* « avant, devant »).

Avant-hier. *Ahel di sel endh ahel* (v. Hier à l'art. Temps).

Avare. (Ar. « bekhîl ») *Abekhil**, pl. *ibekhal*.

Avec (être). *Eddiou* « accompagner ».

Avec. (En compagnie de) *D* « et ». — (Au moyen de) *s* « par ».

Avertir. (Informer) (v. Annoncer).

Aveugle. *Aderr'al* (v. Maladie).

Avis. *Tanat'* « décision ». — (Donner un avis) *ennehadh* « décider ».

Avoir. (Posséder) *El* (*elir'*, *ita*) (act.).

Avorter. (Une femme) *Echchef* (*eehchefer'*, *techchef*) (n.). — (Un animal) on traduit par « jeter à terre, ar. loh' » *endhou*.

Avouer. (V. Dire, Annoncer).

Azzer. *Azzer* (v. Nom pr.).

B

Bagages. (Effets, en toute quantité et de toute nature) *ilalen* (pl. sans s.) (m.) ; *kaia* (inv.) (m.).

Bague. *Tisaq* (v. VÊTEMENT).

Baiser. (Subs.) *tamoullit*, pl. *timoulla* (f.) (de *moulli* [*T a.*] « donner un baiser »).

Baiser. (Ver.) *moulli (emoullir', imoullet)* (n.). Le régime de *moulli* est précédé de la par. *i*. (Il donne un baiser à sa mère, *imoullet i ma s*).

Baisser (se). (Se baiser en avant) *enah (enaher', inah)* (n.). *Enah* ne se dit que des p. et sign. « se baisser en avant ».

Baisser. (Act.) (mettre plus bas) *zenah (zenaher', iezenah)* (act.) (de *enah*, « se baisser en avant »).

Balance. *Ouhen** (v. COMMERCE).

Balancé (être). (Se balancer) *eouilaouel (eouilaoueler', eouilaouel)* (n.) (de *eouel*, « tourner »).

Balancer. (Act.) *sioulaouel (sioulaoueler', isioulaouel)* (act.) (de *eouel*, « tourner »).

Balayer. *Efredh (efredher', ifredh)* (act.).

Balle. *Tabelalt* (v. ARME).

Bandage. *Outoul* (v. MALADIE).

Bander. (Panser [une blessure], envelopper, enrouler [autour de quelque chose]) *ettel (etteler', ittel* (act.) : Enroule ton cheche, *ettel echchech ennek*.

Barbe. *Tamart* (v. CORPS).

Barque. *Toureft*, pl. *tourfin* (f.).

Bas (le). *Iris* (v. TERRAIN).

Bassin. (V. CULTURE, CHAMEAU, USTENSILE).

Basour. *Ahennaka* (v. CHAMEAU).

Bastonnade. *Tiouit* « des coups » : Donnez-lui la bastonnade chaque jour, *ekfet t tiouit ak ahel.*

Bât (de chameau). *Tkaouit* (v. CHAMEAU).

Bataille. *Anemañr'i* (v. GUERRE).

Bâtard. *Anakharame**, pl. *inakharamen* (m.)

Bâtir. *Ken* « arranger » (v. CONSTRUIRE).

Bâton. (De taille moyenne) *Tebourit*, pl. *tibouriin.* (f.). — (Bâton léger, canne de voyage) *aseg'g'er'et*, pl. *iseg'g'er'at* (m.). — (Baguette très légère pour frapper sur les chameaux de selle ou de charge) *akasouf*, pl. *ikousaf* (m.).

Battre. *Ouot* « frapper ».

Beau. *Ahousi*, pl. *ihousinin.*

Beaucoup. (En grande quantité) *A ig'g'in* (de *eg'*, « être nombreux »). — (Très, extrêmement) *houllan.*

Beau-frère. (Frère de la femme ou mari de la sœur) *Alegges*, pl. *ilousan ;* belle-sœur, *taleggist*, pl. *tilousin.*

Beau-père. (Père du mari ou de la femme) *Adheggal*, pl. *idhoulan ;* belle-mère, *tadheggalt*, pl. *tidhoulin.* Le mot *adheggal* signifie « beau-père » et « gendre » ; *tadheggalt* signifie « belle-mère » et « bru ».

Beauté. *Tihousai* (f.) (*ahousi* « beau »).

Bec. *Akeskoum*, pl. *ikouskoumen* (m.).

Bechna. *Ineli* (v. CULTURE).

Bégayer. *Hedenden* (*hedendener'*, *ihidenden*) (n.).

Bêler. *R'agg* (*r'agger'*, *ir'agg*) (n.) *R'agg* signifie « bêler » et « croasser » ; il se dit des moutons, des chèvres et de certains oiseaux.

Bélier. *Ekrar* (v. MOUTON à l'art. ANIMAL).

Bénédiction. *Elbaraka**, pl. *elbarakatin* (f.). *Elbaraka* signifie exclusivement la bénédiction donnée par Dieu.

Bénir. (Remercier) (v. GRÂCE). — (Donner une bénédiction) *ekf elbaraka* (*ekf* « donner ») : Dieu l'a bénie, *Mess inar' ikfi t elbaraka*. Les Touaregs ne disent « donner une bénédiction » qu'en parlant de Dieu.

Béni. (Que Dieu a béni) *Embarek**, pl. *embarcken*, f. *tembarekt*, f. pl. *tembarekin*.

Berdi. *Taheli* (v. PÂTURAGE).

Berger. *Amadhan* « pasteur ».

Bergerie. *Afarra* (v. CLÔTURE à l'art. CULTURE).

Bernous. *Abernouh** (v. VÊTEMENT).

Besoin (avoir). *Ouser* (*ousarer'*, *iousar*) (act.) : J'ai besoin d'un chameau, *ousarer' amis*.

Bétail. *Tela* (v. ANIMAL).

Bête. (Animal) (v. ANIMAL). — (Inintelligent) *our illi taitti* (v. ININTELLIGENT).

Beurre. *Oudi*, ar. « dehen » (v. NOURRITURE).

Bien (être). (Être bon) *Oular'* (v. BON). — (Être bien fait, bien accompli, bien arrangé) *ken* ; (c'est bien, *ikna*) (v. ARRANGER).

Bien. (Subs.) (Bien moral, bien matériel, ar. « elkhir ») *Elkhir**, pl. *elkhiren* (m.). *Elkhir* a, en

Touareg, tous les sens qu'il a en arabe; il signifie « bien moral », « bien matériel », « bienfait », « service ».

Bien. (Particule). (Oui, soit, volontiers) *Houllan* « beaucoup ». — (Beaucoup, très) (v. BEAUCOUP). — (Heureusement, convenablement, parfaitement) *a iknan* « ce qui étant bien » (de *ken* « arranger »); *s elkhir*, « avec le bien ».

Bienfaisance. *Toullouk'* « bonté ».

Bienfait *Elkhir** « bien (subs.) ».

Bientôt. (Tout à l'heure, presque, à peine) *Deror'*. Le s. pr. de *deror'* est « bientôt »; il est l'éq. de l'ar. « qerib ».

Bienvenue. Ar. « mer'haba », *Merkhaba** (s. sans pl.) (f.). *Merkhaba* s'emploie comme exclamation et sans régime : Sois le bienvenu, soyez les bienvenus, qu'ils soient les bienvenus, *merkhaba !*

Bile. *Tarour'i* (v. MALADIE).

Blâmer. *Soug'en* (*essoug'enir'*, *issoug'enet*) (act.).

Blanc. *Imellen*, pl. *imelloulnin*, f. *timellet*, f. pl. *timelloulnin*.

Blanchir. (Rendre blanc) *Simelel* (*simeleler'*, *isimelel*) (act.).

Blé. *Ired* (v. CULTURE).

Blessé (être). *Abouis* (*abouiser'*, *ibouis*) (n.).

Blesser. *Sebouis* (*sbaiaser'*, *isbouias*) (act.) (de *abouis*, « être blessé »).

Blessure. *Abouis* (v. MALADIE).

Bleu-de-ciel. *Idalin*, pl. *idalatnin*, f. *tidalit*, f. pl. *tidalatnin*.

Bleu foncé. *Iset'l'efen* « noir ».

Bœuf. *Esou* (v. ANIMAL).

Boire. *Esou* (*esouir'*, *isoua*) (act.). — (Faire boire) *sesou* (v. ABREUVER).

Bois. (Arbre, arbrisseau) *Achek* (v. PÂTURAGE). — (Perche, poutre) *afag'g'ag'* (v. MAISON). — (Bois à brûler, morceau de bois sec, petit morceau de bois) *isar'er*, pl. *isar'iren* (m.) (de *ek'k'or* « être sec ». — (Forêt) *tamtek'* (v. R'ABA à l'art. TERRAIN).

Boîte. (En cuir, de fabrication touarègue ou soudanaise, de toute taille et de toute forme, depuis les plus petites boîtes pour le tabac à priser, jusqu'aux grandes bouteilles en cuir où on met le beurre) *Tahattint*, pl. *tihettan* (f.). — En bois) *essendouk'**, pl. *essendouk'en* (m.).

Boiter. *Esg'adhel* (*seg'adheler'*, *isig'adhel*) (n.).

Boiteux. (Subst.) *Ameg'g'adhal*, pl. *imeg'g'adhalen*.

Bon (être). *Oular'* (*oular'er'*, *ioular'* (n.). *Oular'* est l'éq. de « être bon » ; il se dit de tout ce qui est bon moralement ou matériellement, des p., des an. et des ch.

Bon. *Ioular'en*, pl. *ioular'enin*, f. *toular'et*, f. pl. *toular'enin*. *Ioular'en* est l'éq. de « bon » ; il se dit des p., des an. et des ch.

Bonheur. (Fait d'être heureux). Ce mot n'a pas d'équivalent ; on emploie une des tournures suivantes : « Dieu lui a donné la bénédiction », « Dieu lui a donné le bien ». — (Heureuse fortune, heureuse chance) *tabar'ort* « fortune ».

Bonté. (Au moral) *Toullouk'* (f.) (de *oular'*, « être bon »).

Bord. (Rive) *Ag'enana*, pl. *ig'enanaten* (v. TERRAIN).

Bosse (de chameau). *Touhi* (v. CHAMEAU).

Bouc. *Ahoular'* (v. ANIMAL).

Bouche. *Imi* (v. CORPS).

Boucher. (Couvrir, mettre un bouchon, un couvercle) *Ahar* (*aharer'*, *ihar*) (act.).

Bouchon. *Asher*, pl. *isharen* (m.). *Asher* signifie « bouchon » et « couvercle ».

Boucle d'oreille. *Tez'abit* (v. VÊTEMENT).

Bouclier. *Arer'* (v. ARME).

Bougie. (De cire ou d'autre matière, de toute provenance) *Inir*, pl. *iniren* (m.)

Bouillie. *Esink* (v. NOURRITURE).

Bouillir. *Ouas* (*ouaser'*, *iouas*) (n.) : L'eau bout, *aman ouasen*.

Bouillir (faire). *Sous* (*souser'*, *isoues*) (act.) (de *ouas*, « bouillir ».

Boule (être en). *Ekrouri* (3e p. s. *ikrouri*) (n.).

Boule. *Tekrikera*, pl. *tikrikera* (f.).

Bourg. *Ar'rem* (v. VILLAGE).

Bourse. *Tar'allabt* (v. VÊTEMENT).

Bout. (Extrémité) *idir* « extrémité ».

Bouteille en cuir. *Tahattint* (v. USTENSILE).

Boutique (de commerçant). *Ehen en tadellalt*, « habitation de commerce ». — (De forgeron, de charpentier, de « mallem ») *ehen n inedh*, « habitation d'artisan ».

Bouton. *Touksi* (v. MALADIE).

Bracelet. *Ahbeg'* (v. VÊTEMENT).

Braise. *Tez'ouz'imt*, pl. *tiz'ouz'am* (f.).

Brancard funèbre. — *Ar'arabou*, pl. *ar'arabouten* (m.).

Branche. (Petite branche, rameau) *Az'el*, pl. *izelan* (m.). — (Grosse branche) *elaket*, pl. *ilektan* (m.).

Bras. *Ar'il* (v. CORPS).

Brave. On traduit par *hel*, « être courageux ».

Brebis. *Tiheli* (v. ANIMAL).

Bride. (v. CHAMEAU).

Brigand. *Amar'tas n abarek'k'a*, pl. *imar'tasen n abarek'k'a* (m.) « coupeur de route » (de *er'tes*, « couper »).

Briller. (Être brillant, miroiter) *Emelaoulaou (imelaoulaou)* (n.). *Emelaoulaou* ne se dit que des choses. — (Luire, resplendir) *essar' (issar')* (n.). *Essar'* ne se dit que des choses ; non du soleil, mais de la lune, des étoiles, etc. — (Donner de la lumière) *ag' afa* « faire de la clarté ».

Brique. *Out'l'ib** (v. MAISON).

Briquet. *Anefed* (v. USTENSILE).

Briser. *Erz'* « casser ».

Broder. (Mettre de la broderie sur) *Souar asamanto* (v. ÊTRE SUR). — (Etre brodé) on traduit : « il est sur lui de la broderie », *iouar t asamanto*.

Broderie. *Asamanto* (coll.) (m.).

Brouillard. *Koumbet* (v. ATMOSPHÈRE).

Brouiller. (Mélanger) *Serti* « mêler ». — (Brouiller deux ou plusieurs personnes, ou des sociétés entr'elles) *zenemer'ehad** (*zenemer'chader', izenemer'ehad*) (n.) (de *r'ehad*, « abîmer »). Il les brouille entr'eux, *izenemer'ehad g'ir' issen*.

Broyer. (Avec un moulin) *Az'ed* « moudre ». — (Dans un mortier) *edd* « piler ». — (Ecraser avec la main, le pied, ou de toute manière sans préciser) *elfez'* « écraser ».

Bru. *Tadheggalt* (v. BEAU-PÈRE).

Bruit. (De toute espèce) *Ahil*, pl. *ahiten* (m.).

Brûler. (Act.) *ek'k'ed (ek'k'ader', iek'k'ed)* (act.) : Brûle des morceaux de bois, *ek'k'ed isar'iren*. — (Etre en feu) on traduit par le prés. de l'ind. de *ek'k'ed* « brûler (act.) » qui, à ce temps, a souvent le s. passif et n. : Mon burnous brûle, *ik'k'ad abernouh in*. (Faire brûler [quelque chose]) *sour'ed (essour'eder', iessour'ed)* (act.). — (Incendier) *entes* « incendier ».

Brûlure. (Sur la peau d'une personne ou d'un animal) *tik'k'it*, pl. *tik'k'ad* (f.). — (Cautérisation) *tarekkimt*, « cautérisation » ; *taousouist*, « scarification ».

Brume. *Bour'el* (v. BRUME à l'art. ATMOSPHÈRE).

<h1 align="center">C</h1>

Cacher. *Effer (efferer', iffer)* (act.).

Cachet. *Ettabir'** « sceau ».

Cachette. (Sous terre ou dans des grottes où on cache des provisions de tout genre) *Asseg'g'efer* (v. MAGASIN à l'art. MAISON). — (En cachette) *dar' oufour* (de *effer*, « cacher »).

Cadeau. *Isouf* (v. DON).

Cadenas. *Tanast* (v. USTENSILE).

Cadet. (Frère cadet) *Amedhrain*, pl. *imedhraienin* (m.). — (Plus jeune), on traduit par *andherren* « petit, jeune » : Quel est le cadet parmi vous ? *ma imous oua andherren g'ir aouen*.

Café. *Elguoua** (v. Nourriture).

Caillou. *Abelal* (v. Terrain).

Calme (être). *Dek* (v. Tranquille).

Calmer. *Sedek* (v. Tranquilliser).

Calomnie. On traduit par « mensonge », *Bahou*.

Calomnier. On traduit par « dire un mensonge », *En bahou*.

Camp (de troupes régulières). *Elmehellet** (v. Guerre).

Camper. *Ag' ehen*, « faire la tente » : Il campa, *ig'a ehen nil*. On traduit souvent « camper » par *ser'ser*, « déposer », éq. de l'ar. « h'ot't' », ou par *eg'g'en*, « s'agenouiller habit. ».

Campement. *Inahan* « les tentes ».

Canal. (Conduits d'eau, *saguia*) *Teg'ouhamt* (v. Culture).

Canon. *Elmedfar'** (v. Arme).

Capsule. *Tadhak'* (v. Arme).

Car. *Didi*, « alors » ; *idit*, « puisque ».

Caractère. (Manière d'être habituelle) *Tar'ara* (v. Coutume). — (Un caractère d'écriture) *asekkil*, pl. *isekkilen* (m.). — (Un caractère d'écriture touarègue) *tafinek'*, pl. *tifinar'* (f.).

Caravane. *Tirakaft**, pl. *tirekfin* (f.).

Casser (se). (V. Casser).

Casser. (Briser, détruire, ruiner entièrement, anéantir, ar. « kesser ») *Erz' (erz'ir', irz'a)* (act.). *Erz'* signifie aussi « se casser, être cassé, brisé, détruit ». Il a détruit la ville, *irz'a ar'rem* ; la ville a été détruite, *ar'rem irz'a*. Lorsque *erz'* a le sens actif, il est l'éq. de « kesser ».

Castrer. *Enda (endir', inda)* (act.). *Enda* signifie aussi « être castré ».

Cause. (Motif) *Essebet**, pl. *essebetin* (f.). — (A cause de) *foull*, « sur, pour ».

Causer. (Motiver) on traduit par *ag'* « faire », *ekf* « donner », *aoui* « apporter » ou d'autres expressions analogues.

Cautérisation. *Tarekkimt*, pl. *tirekkam* (f.).

Cautériser. « Fais-moi des cautérisations », *Ag' ahi tirekkam* ; « Fais-moi des scarifications », *ag' ahi tiousouas*.

Caverne. *Ekaham* (v. TERRAIN).

Cécité. *Taderr'elt* (v. MALADIE).

Ceindre (se). *Eg'bes (eg'beser', ig'bes)* (act.) : Ceins-toi de ta ceinture, *eg'bes tag'ebest ennek*.

Ceinture. *Tag'best* (v. VÊTEMENT).

Cellier. *Tahak'k'a* (v. MAGASIN à l'art. MAISON).

Cendre. *Iz'ed*, pl. *iz'edaouin* (m.).

Certain (être). *Tebat (tebater', itebat)* (n.) : Il est certain que, c'est certain, il faut que, il le faut, *itebat*.

Certainement. (Assurément) *Itebat* « c'est certain » (3° pers. s. de *tebat*, « être certain »).

Cervelle. *Akelkel* (v. CORPS).

Cesser. (Cesser absolument [n.]) *Aba* (v. ANNULÉ). — (S'interrompre) *enr'ettem*, « s'interrompre ». — (Ne plus faire [telle ou telle chose], abandonner [telle ou telle occupation]) *éi* « laisser ».

Chacal. *Abeggi* (v. ANIMAL).

Chagrin (être). (V. S'AFFLIGER).

Chagrin. (V. AFFLICTION).

Chagriner. (V. AFFLIGER).

Chaine. *Tisessart*, pl. *tisessarin* (f.).

Chair. (Toute chair de l'homme et des animaux) *Isan* (pl. sans s.) (m.).

Chaise. N'existe pas chez les Touaregs ; quand on veut exprimer l'idée de « chaise, trône, siège quelconque », on se sert du mot *elkersi**, pl. *elker-siten* (m.).

Chaleur. *Touksi* (v. ATMOSPHÈRE).

Chameau. (En général, de tout âge, sexe et espèce, de selle ou de bât) *Amag'our*, pl. *imoug'ar* (m.). — (Mâle, en général, de tout âge, de selle ou de bât) *amis*, pl. *imnas*. — (Hongre) *amis inda*, pl. *imnas oui indenin* (de *enda*, « castrer »). — (Etalon) *amis n amali*, pl. *imnas n imoulai* (*amali*, « étalon »).

Chamelle. (En général) *Talemt*, pl. *tilemin*. — (Qui a un chamelon de moins d'un an) *ti n aouara* (*aouara*, « chamelon de moins d'un an »).

Chameau :

(Dans sa 1re année) *aouara*, pl. *iouaran*.

(Dans sa 2e année) *aleg'oudh*, pl. *ileg'adn*.

(Dans sa 3e année) *alegges*, pl. *ilousan*.

(Dans sa 4e année) *ak'ke'nefoud*, pl. *ak'k'enifadilen* (de *ek'k'en* « lier », *afoud* « genou »).

(Dans sa 5e année) *r'air*, pl. *ir'ouiar*.

(Dans sa 6e année) *ag essin*, pl. *dag essin* « de 2 dents de devant ».

(Dans sa 7e année) *ag olkkoz'*, pl. *dag olkkoz'* « de 4 dents de devant ».

(Dans sa 8e année) *amessedis*, pl. *imessedas* « de 6 dents de devant ».

(Dans sa 9e année) *tahalat*, pl. *tihalatin* (f.) ; 2 crochets sortent en arrière des dents de devant de la 9e année du ch. ; les crochets s'appellent au s. *tahalat*, au pl. *tihalatin* (f.).

(Jeune, sans fixer d'âge) *asaka*, pl. *isakan*.

(Jeune, d'environ 5 à 6 ans) *abal*, pl. *abalen*.

(Fort et solide, sans distinction d'âge) *afouda*, pl. *ifoudan*.

(De selle) *amis oua n tarik*, pl. *imnas oui n tarik*.

(De charge) *amis oua n ag'ig'i*, pl. *imnas oui n ag'ig'i*.

(Blanc) *amis beideg'en*, pl. *ibeidag'enin*.

(Argenté, ar. « adkhen ») *amis iaz'rafin*, pl. *iaz'rafetnin*, (de *az'ref*, « argent »).

(Crème foncé, blond clair, ar. « azr'em ») *amis ibahahouen*, pl. *ibahaounin*.

(Gris souris clair, « azreg ») *amis ieng'elen*, pl. *ieng'alenin*.

(Jaune) *amis iebromin*, pl. *iebrametnin*.

(Noir) *amis iset't'efen*, pl. *iset't'afenin*.

(Pie) *amis izerr'efen*, pl. *izerr'afenin*.

(Acajou, ar. « ah'mer ») *amis ihaggar'en*, pl. *ihaggar'enin*.

(Acajou à grandes balsanes) *amis ietlar'in*, pl. *ietlar'etnin*.

Agal. (V. LIEN au même art.).

Akerab. (Gaine très ornée. Se suspend à la selle du mehari) *ageroui*, pl. *igeronien* (m.).

Allures. Pas, *asikel*, pl. *isikilen* (m). Marcher au pas, *sikel* « voyager » : courir à grande allure, *ahel* « courir ».

Fais agenouiller le chameau, *seg'en amis (eg'en* « s'agenouiller »).

Fais lever le chameau, *senker amis (enker* « se lever »).

Fais marcher le chameau au pas, ar. « temechchi » *sikel*; ar. « souk' elbäir » *emhel amis soullan*; ar. « goud elbäir », *eloui amis soullan (sikel* « voyager », *emhel* « pousser », *eloui* « conduire »).

Petit trot, *asekkeber* (sing. sans pl.) (m.). Aller au petit trot, *sekkeber (isikeber, sikeberer')*.

Grand trot, *tailalt*, pl. *tailalin* (f.). Aller au grand trot *ouilel (iouilel)*. *Ouilel* se dit de l'animal qui trotte, mais non du cavalier. (Faire aller au grand trot) *souilel (essouileler', iessouilel)* (act.). *Souilel* ne s'emploie pas sans régime et doit toujours être suivi de *amis*, chameau, ou d'un mot analogue.

Galop (à toute allure, à la charge) *abeder'i*, pl. *theder'iten*. (Galoper à toute allure, à la charge) *beder' (abeder'ir', ibeder'it)* (act. et n.). *Beder'* se dit du cavalier et du chameau.

Course (marche rapide, marche fait en courant) *azzal*, pl. *azzalen* (m.). (Courir, marcher en courant) *ahel (ouhaler', iouhal)* (n.).

Fais arrêter le chameau, *sebeded amis* (de *ebeded*, « se tenir debout ».

Amble, *tetalist*, pl. *titalisin* (f.). Marcher à l'amble, *settales (sitaleser', isitales)* (act. et n.). *Settales* se dit du cavalier et du chameau.

Anneau (de nez du chameau), *tig'emt*, pl. *tig'emin* (f.).

Ar'oua, *ehr'erouet*, pl. *ehr'erouitin* (f.).

Bassin (portatif en cuir servant à faire boire les chameaux), *taferaout*, pl. *tiferouin* (f.).

Basour, *ahennaka*, pl. *ihennekaten* (m.).

Bât (de chameau, « h'aouia »), *tkhaouit'*, pl. *tikhiouia* (f.).
(Bois de la haouia, ar. « kteb ») *elaki*, pl. *ilakan* (m.).

Bosse (de chameau), *touhi*, pl. *touhaouin* (f.).

Bride. Arceau de métal portant sur le nez du chameau,
kaskabou, pl. *ikeskouba* (m.).
Montant de bride maintenant l'arceau métallique,
ig'eredh, pl. *ig'eredhen* (m.).
Rêne de bride, *tar'ant*, pl. *tir'ounin* (f.) (de *ek'k'en*,
« lier »).

Charge (du chameau), *ag'ig'i*, pl. *ig'eg'an* (m.) (de *g'ag'*,
« charger sur »).

Chedhadh, *tihedhit'*, pl. *tihedhadh* (f.).

Cravache (en cuir), *alekkodh*, pl. *ilekkadh*.

Croupe (du chameau), *asellankoum*, pl. *issellounkam*
(m.). (*lenkem*, « monter en croupe »).
Monter en croupe, *lenkem* (*lenkemer'*, *illenkem*) (act.).

Entrave. Ar. « Guid » *tiffart*, pl. *tiferin* (f.).

Filet (de mamelle de chamelle). (V. LAIT au même art.).

Guid. (V. ENTRAVE au même art.).

Lait (de chamelle), *akh n talemt* (*akh* « lait »).
Mamelle de chamelle, *ifef n talemt* (*ifef*, « mamelle »).
Filet qu'on met aux mamelles des chamelles pour
empêcher les chamelons de téter, *abag'ou*, pl. *ibeg'a*
(m.).

Lien (qu'on met au genoux du chameau pour le tenir
agenouillé, ar. « agal »), *asar'oun*, pl. *iser'ouan* (m.) (de
ek'k'en, « lier »).

Pied (de devant), *tait*, pl. *tihiou* (f.).
— (de derrière, *adhar*, pl. *idharen* (m.).

Rêne, (V. BRIDE, au même art.).

R'erara, *tir'erirt*, pl. *tir'erar* (f.).

Robe, (V. CHAMEAU, au commencement de l'art.).

Sangle, *ahaif*, pl. *ihouiaf* (m.).
Sangler, *ag' ahaif* (*ag'* « faire, mettre »).
Resangler, *ek'k'en ahaif* (*ek'k'en* « lier »).
Désangler, *ar ahaif* (*ar* « ouvrir »).

Selle (d'homme), *tarik*, pl. *tirikin* (f.).
(Grande selle de femme) *akhaoui*, pl. *ikhioua* (m.).
(Petite selle de femme) *tihedhadh* (s. et pl.) (f.).
Tapis de selle, *iset'fer*, pl. *iset'far* (m.).
Cordes qui maintiennent la selle par derrière, *ihou-
ouren* (pl.) (m.).

Taba. (Marque au fer chaud sur le chameau) *ahouel*, pl. *ahoualen* (m.) (de *houel*, « être marqué d'un *taba* »).

Tapis (de selle). (V. SELLE).

Troupeau. (En général, quel que soit le sexe et le nombre). On dit : « des chameaux » *imnas* ou « du bétail » *tela*. (Petit troupeau de 20 à 30 chameaux mâles, sans chamelles) *tahammalt*, pl. *tihammalin* (f.). (Petit troupeau de 20 à 30 chamelles sans mâle, ou de chameaux des deux sexes mélangés) *tas'egga*, pl. *tis'eggaouin* (f.).

Champ. *Afarag'* (v. CULTURE).

Chance. (Heureuse fortune, ar. « zehar ») *Amellil*, pl. *imellilen* (m.). Le s. pr. de *amellil* est « tour » (de *melellai*, « être tourné »).

Changer. (*n* ; varier [n.]) *Moutti (mouttier', imoutti)* (n.). *Moutti* signifie « changer (n.), se changer », d'une manière générale, soit qu'on change en mieux ou en pis. — (Act.) *semetti (semettier', isemetti)* (act.) : J'ai changé ma maison, *semettier' tar'ahamt in.* — (Echanger, changer [une chose contre une autre], troquer, changer [de l'argent]) *semeskel (semeskeler', isemeskel)* (act.).

Chanson. *Tesaouit* « pièce de poésie ». *Tesaouit* signifie non pas l'air de la chanson, mais la pièce de vers que l'on récite ou que l'on chante.

Chant. *Asahar'*, pl. *isouhar'* (m.). *Asahar'* signifie « poésie chantée », et non « air de chant », qui se dit *aneia*.

Chanter. On traduit : *Aoui asahar'*, « apporter un chant ».

Chapeau (de paille porté par les femmes touarègues) *Teli* « ombre » (v. VÊTEMENT).

Chapelet. *Isidhenen* (pl. sans s.) (m.) (de *it'an*, « être compté »).

Chaque. *Ak* (inv.). Chaque chose, *ak haret* ; chaque jour, *ak ahel*.

Charge. (Fardeau, charge de bête de somme, ar. « h'amel ») *Ag'ig'i*, pl. *ig'eg'an* (m.) (de *g'ag'*, « charger ». *Ag'ig'i* est l'éq. de l'ar. « h'amel » ; comme h'amel, il est souvent employé dans le sens de « charge de chameau » (v. MESURE, à l'art. COMMERCE). — (Charge de poudre) *elh'amaret** (v. POUDRE, à l'art. ARME).

Charger. (Charger sur, mettre un fardeau sur) *G'ag'* (*ag'oug'g'er*, *ieg'oug'g'a*) (act.). (Charge le blé sur les chameaux, *g'ag' ired foull imnas*. — (Attaquer) *oudh foull* « tomber sur » (v. ATTAQUER). — (Charger d'une commission, de faire une chose) (v. CONFIER, DIRE). — (Charger une arme à feu) *r'ammer** (*r'ammerer'*, *ir'ammer*) (act.).

Charpentier. *Inedh* « artisan ».

Chasse (du gibier). *Ag'eddil* (m.) (de *eg'edel*, « chasser »).

Chasseur. *Amag'dal*, pl. *imag'dalen* (de *eg'edel*, « chasser »).

Chasser. (Aller à la chasse) *Eg'edel* (*eg'edeler'*, *ig'edel*) (act.). — (Faire sortir, renvoyer) *seg'emed* « faire sortir ».

Châtier. *Ouddeb** (v. PUNIR).

Châtiment. *Aouddeb** (v. PUNITION).

Chatouiller. (Gratter) *Zoukmah* « gratter ». — (Démanger) *ekch* « manger » (v. DÉMANGER).

Chaud (être). *Ekkous* (*ekkouser'*, *ikkous*) (n.).

Chaud. *Ikkousen*, pl. *ekkousenin*.

Chauffer (se). (Se réchauffer : en parlant des personnes) *Ezz* (*ezzier'*, *iezza*) (n.).

Chauffer. (Act.) *Soukes* (*soukeser'*, *isoukes*) (act.). (de *ekkous*, « être chaud »).

Chaussé (être). *Esel (saler', isal)* (n.).

Chausser. (Act.) *Sesel (seseler', isesel)* (act.) (de *esel*, « être chaussé »).

Chechia. *Takoumbout* (v. VÊTEMENT).

Chef. *Amr'ar*, pl. *imr'aren* (m.) (*mak'k'ar* « être grand »). *Amr'ar* est l'éq. de l'ar. « chikh » et, comme lui, il signifie « chef » et « vieillard » ; son sens pr. est « quelqu'un de grand soit par la position, soit par l'âge ».

Chemin. *Abarek'k'a* (v. TERRAIN).

Cher. (Au cœur). On traduit par *er* « aimer », ou *emeri* « ami », ou *amidi* « compagnon ». — (D'un prix élevé) *r'all** « être cher » (*r'elir', ir'ela*) (n.).

Chercher. *Eg'mi (eg'mier, ig'mei)* (act.). *Eg'mi* a pour s. pr. « chercher » ; p. ext. il sigifie « demander », non pas dans le sens de « questionner », mais dans celui de « demander une chose pour la recevoir, chercher à obtenir ». — (Chercher habituellement) *g'ammai (g'ammier', ig'ammai)* (act.).

Chérir. *Er* « aimer ».

Cheval. *Ais* (v. ANIMAL).

Cheveu. *Imz'ad* (v. CORPS).

Cheville (du pied). *Tirist'* (v. CORPS).

Chèvre. *Tir'si* (v. ANIMAL).

Chevreau. *Ir'id* (v. ANIMAL).

Chez. *R'our.* Le s. pr. de *r'our* est « chez » ; on l'emploie aussi dans les sens de « de chez, de la part de » : Il demande à Dieu, *iettar r'our Mess inar'* « il prie de chez Dieu » ; livre écrit par Mousa, *elkettab r'our Mousa* « livre de chez Mousa ».

Chien. *Eidi* (v. Animal).

Choisir. *Adr'ar (edr'arer', idr'ar)* (act.) : Choisis un chameau, *adr'ar amis.*

Chose. *Haret*, pl. *hareten* (m.). (Quelque chose, *haret ien* « une chose »). *Haret* s'emploie pour exprimer l'idée de « un peu » : donne-moi un peu de beurre, *ekf i d haret n oudi* ; précédé de la négation il signifie « rien » (rien, *our haret*) ; il n'y a rien, *oul tilli haret* ; je ne sais rien, *our essiner' haret.*

Chrétien. *Nesrâni**. (v. Nom propre).

Chute. *Eg'edhel*, pl. *ig'edhelin* (m.) (*esg'adhel* « boîter ») (coucher du soleil, « chute du soleil », *eg'edhel n tafouk* ; il est tombé sur les ennemis, il a attaqué les ennemis, *eg'edhel a ig'a foull iheng'a* ; mon chameau est tombé, *amis in eg'edhel a ig'a.*

Ciel. (Des saints, paradis) *Elhennet** (f.). — (Ciel visible, voûte céleste) *ag'enna* (v. Atmosphère).

Cimetière. *Tasaskout*, pl. *tiseska* (f.) (de *ez'k* « enterrer»).

Circoncire. *Zemmouhoud**(*zemmouheder', izemmouhed*) (act.) « rendre propre à la prière » (de *mouhoud*, « prier »).

Circoncision. *Azemmouhed** (m.) (de *mouhoud*, « prier »).

Ciseaux. *Timoudah* (v. Ustensile).

Clair (faire). (Faire jour) *Effou* « faire jour ». — (Etre bien éclairé) on traduit : « est dans lui de la clarté », *ihé afa.*

Clair. (Lumineux) on traduit : « est dans lui de la clarté » *ihé afa.* — (Pur, serein) *heddig'* « pur ». — (De teinte claire) on nomme la chose à laquelle la teinte ressemble : « comme du lait », « comme du beurre », etc.

Clarté. *Afa* (s. sans pl.) (m.) (de *effou*, « faire jour »).

Clef. *Asarou* (v. USTENSILE).

Clôture. *Afarra* (v. CULTURE).

Clou. *Anesmir* (v. USTENSILE).

Cœur. *Oul* (v. CORPS).

Coiffer. On traduit par *arsem* « tresser ».

Coin. *Tar'emert* « coude » (v. ANGLE).

Col. *Tehi* (v. TERRAIN).

Colère (être en). *Eblis** (*ebliser'*, *iblis*) (n.) (de l'ar. *Iblis*, « démon »).

Colère. *Adeker* « irritation ».

Coller. (Act.) (avec de la colle) *Adr'ar* (*edr'arer'*, *idr'ar*) (act.). — (Neutre) (adhérer à, être collé à, être appliqué contre) *elter'* (*elter'er'*, *ilter'*) (act.). *Elter'* se dit au pr. et au fig., des p., an. et ch.

Collier. *Tasr'alt* (v. VÊTEMENT).

Colline. *Tadrak'*, ar. « gara » (v. TERRAIN).

Colombe. *Tidebirt* (v. ANIMAL).

Coloquinte. *Alkedh* (v. PÂTURAGE).

Combat. *Amg'er* (v. GUERRE).

Combattre (les armes à la main). *Nemañr'i* (*anemañr'ir'*, *inemañr'a* de *añr'*, tuer) (n.). On fait précéder le rég. de la par. *d* « et, avec » : J'ai combattu contre quelqu'un, *anemañr'ir' ed ien* ; ils se sont combattus entre eux, *enemañr'en g'ir issen.*

Combien. *Ma n eket* « quoi de la quantité » (*eket* « quantité, mesure », de *eket* « mesurer »).

Combler. (Remplir de terre) *Enbel* « enterrer ». — Etre comblé) *enbel* « enterrer », employé au présent de l'ind. : Le puits est comblé, *amou ianbal*.

Commandement. (Ordre, précepte) *Tanat'* « décision ». — (Autorité) *temr'ar* (v. AUTORITÉ).

Commander. (Ordonner) *Ennehadh* « décider ». — (Avoir l'autorité) on traduit : « il est chef », *imous amr'ar*.

Comme. *Hound*.

Commencement. *Tizzaret* (f.) (de *ezzar*, « précéder »).

Commencer (act.). On traduit par *ezzar* « précéder » : Nous commençons à écrire, *ennizzar dar' akatab* ; nous commençons à manger, *ennizzar ennekch*. — (N.). On traduit par *ezzar* « précéder », ou *amoun* « apparaître » ou un autre verbe analogue.

Comment. (Inter.) *Manik aoua*. — (Non inter.) selon le sens, on traduit par *aoua* « ce que », ou *as* « que », ou *foull* « sur ».

Commerçant. *Amesdellal*, pl. *imesdellalen** (m.) (de *dellel*, « vendre aux enchères »).

Commerce. On traduit par *essouk'** «marché» (m.).
Balance, *ouhen** (m.).
Coudée. (V. MESURE au même art.).
Livre. (V. POIDS au même art.).
Marché, *essouk'**, pl. *essouk'en* (m.).
Mesure. (En général) *eket* (m.) (de *eket*, « mesurer »).
Mesure *(de longueur)*. L'unité de longeur pour mesurer les étoffes et toute espèce de choses est la coudée (« draâ ») *ar'il*, pl. *ir'allen* (m.), qui vaut 0ᵐ50 centimètres. La profondeur des puits et la longueur des jardins se mesurent ordinairement par hauteurs d'homme (ar. «ouak'efa ») *tiheddi*, pl. *tihed* (f.) valant 4 coudées, c'est-à-dire 2 mètres. Les grandes distances se mesurent par nuits de

marche *chadh*, pl. *ihadhen* (m.). Lorsqu'on vend de l'étoffe par quantité considérable, on se sert souvent du mot *tabourit* « bâton » (pièce, ar. « bisa ») : il y a la grande *tabourit* (100 mètres) et la petite *tabourit* (20 mètres) ; quand on emploie le mot *tabourit* sans ajouter « grande », c'est toujours de la petite qu'on parle.

Mesure (*de capacité pour les solides*). L'unité de mesure pour les grains, les dattes, le sel, etc., est la « qesaâ » *taz'ioua*, pl. *tiz'iouaouin* (f.). Pour mesurer ces produits, on remplit la *taz'ioua*, non au ras du bord, mais de manière que les grains, dattes, etc., fassent au-dessus d'elle le cône autant que c'est possible en se maintenant naturellement : remplie de cette manière, la *taz'ioua* du Hoggar est d'environ 3 litres. La *taz'ioua* contient 3 *mouda**, pl. *moudaten* (f.) ; la *mouda* contient 2 *tanak'k'ast*, pl. *tinak'k'asin* (f.). Pour les quantités considérables, on compte par charge de chameau (ar. « h'amel ») *ag'ig'i*, pl. *ig'eg'an* (m.) et par demi-charge de chameau (ar. « r'erara ») *ag'era* (ar. « mezoued »), pl. *ig'erouan* (m.) ou *tir'erirt* (ar. « r'erara »), pl. *tir'erar* (f.). L'*ag'ig'i* est de 60 *taz'ioua* ; l'*ag'era* et la *tir'erirt* sont de 30.

Mesure (*de capacité pour les liquides*). L'unité de mesure pour les liquides, tels que le beurre, est la *mouda**, pl. *moudaten* (f.), qui contient 2 *tanak'k'ast*. La *mouda* des liquides est d'environ un litre, comme celle des solides, et la *tanak'k'ast* des liquides est d'environ 500 centimètres cubes, comme celle des solides. La valeur des mesures des solides et des liquides étant la même, on emploie, pour mesurer les liquides, des vases différents de ceux qui servent à la mesure des solides ; ces vases sont faits de manière à avoir la même contenance, remplis jusqu'au bord que ceux des solides remplis de manière à faire le cône.

Monnaie. (En général) *Az'ref* « argent » (coll.) (m.). — Entr'eux les gens du Hoggar ne se servent jamais de monnaies : celles qu'ils reçoivent des Français est employée partie à faire des bijoux d'argent, partie à acheter des marchandises au Tidikelt ou à R'ât. Pour les sommes considérables, ils comptent par « chameaux », pour les moindres par « chèvres », pour les toutes petites par *taz'ioua, mouda, tanak'k'ast* de blé. Dans les comptes, on convertit habituellement les têtes de chameaux, têtes de chèvres et mesures de blé en leur valeur monétaire fictive : voici les monnaies fictives en usage au Hoggar pour les comptes : le *sinko**, pl. *sinkoten* (m.) (5 francs) ; le *mitr'al**, pl. *imetr'alen* (m.) (2 fr. 50) ; la *taouk'k'it**, pl. *tiouk'k'itin* (f.) ar. « ouqia » (0 fr. 25) ; la *tar'ialt**, pl. *tir'ialin* (f.) ar. « mouzouna » (0 fr. 06 c. 1/4). L'unité de monnaie pour les comptes est le *mitr'al*. Bien que chacun vende sa propriété au prix qu'il veut, on regarde,

dans les comptes, une « tête de chameau » comme valant
50 *mitr'al* (125 francs) (il s'agit de chameaux de 1 àt dans
leur 5° année) ; une « tête de chèvre » comme valant
3 *mitr'al* (7 fr. 50 c.) ; une *tas'ioua* de blé comme valant
1 fr. 25 c. ; 2 coudées (1 mètre) de cotonnade blanche
écrue (cretonne, ar. « chegga », *malti)* comme valant
une *tas'ioua* de blé (1 fr. 25 c.). — Les gens du Hoggar
n'ont pas de noms particuliers pour nos diverses pièces
de monnaie si ce n'est pour la pièce de 5 francs, *sinko,*
pl. *sinkoten* (m.), et le sou *sordi**, pl. *sorditen* (m.) ;
ils ne semblent pas avoir de mot rendant exactement
notre mot « pièce » ; on le traduit souvent par *r'ial*,*
pl. *r'ialen* (m.).

Poids. (En général) *az'ouk*, pl. *az'ouken* (m.).

(Livre, demi-kilogr.) *ardhel**, pl. *irdhelen* (m.). — On a
peu de balances au Hoggar. L'*ardhel* a un poids assez
variable d'environ 500 grammes ; souvent on prend
comme poids d'un *ardhel* 20 pièces de 5 francs françaises ou 16 pièces autrichiennes appelées en ar. « bou tir ».

Prix. (V. VALEUR au même art.).

Sou. (V. MONNAIE au même art.).

Valeur. (Prix) *atouy'* (m.). — Il n'y a que deux choses qui
ont un prix invariable au Hoggar, ce sont le blé et le
bechna récoltés au Hoggar (le bechna venant des autres
contrées est de qualité inférieure et a une valeur moindre). Ils coûtent invariablement un demi-*mitr'al*, c.-à-d.
5 *taouk'k'it* (1 fr. 25 c.) la *tas'ioua*. Les autres objets
de vente ont une valeur plus ou moins variable ; voici
les prix habituels de quelques-uns :

CHAMEAU. — Un bon chameau de charge dans sa
5° année (*r'air*) : environ 50 *mitr'al* (125 fr.) qui se
paient ordinairement en blé (1 charge et 40 *tas'ioua*),
ou en un certain nombre de « doukkali », rarement
en *malti*. Depuis 1905, les Touaregs vendent difficilement leurs chameux à un prix payable en nature, ils
cherchent à ne les vendre que pour de l'argent.

ANE. — Un bon âne : environ une demi-charge de blé,
c.-à-d. 15 *mitr'al* (37 fr. 50 c.).

CHÈVRES. — Une bonne chèvre : de 3 à 5 *mitr'al*
(7 fr. 50 c. à 12 fr. 50 c.).

DATTES. — La *tas'ioua* de dattes : 5 *taouk'k'it* (1 fr.25 c.);
elle s'échange couramment contre la *tas'ioua* de blé
ou de bechna du Hoggar dans les pays au Sud d'In
Ameg'el.

ORGE. — La *tas'ioua* d'orge : 4 *taouk'k'it* (1 franc).

COTONNADE. — Deux coudées (1 mètre) de *malti* (cotonnade écrue ou bleu foncé de fabrication européenne :
elles ont le même prix l'une que l'autre) : 5 *taouk'k'it*
(1 fr. 25 c.), prix d'une *tas'ioua* de blé.

Beurre. — La *mouda* de beurre : quand il y a abondance de beurre, 3 *mouda* de blé (1 fr. 25 c.) ; quand il y a rareté, **6** *mouda* de **blé** (2 fr. 50 c.).

Sucre. — La livre de sucre : 6 *taouk'k'it* (1 fr. 50 c.).

Sel. — La *taz'ioua* de sel d'Amadr'or : une *taz'ioua* de blé (1 fr. 25 c.).

La *taz'ioua* de sel de Silbourak : une demi-*taz'ioua* de blé (0 fr. 62 c. 1 2).

La *taz'ioua* de sel de Ti n Adhar' : une demi-*taz'ioua* de blé (0 fr. 62 c. 1 2).

Peaux (brutes). — Une peau de chèvre : 1 *taz'ioua* de blé (1 fr. 25 c.).

Une peau de mouton : 2 *taz'ioua* de blé (2 fr. 50 c.).
Une peau de mouflon : 3 *taz'ioua* de blé (3 fr. 75 c.).

Tannage. — Préparation d'une peau de chèvre ou de mouton pour faire un manteau ou une couverture : 1 *taz'ioua* de **blé** : (1 fr. 25 c.).

Préparation d'une peau de mouflon pour faire un « mezoued » ou un « delou » : 3 *taz'ioua* de blé (3 fr. 75 c.).

Outres. — Une bonne outre, avec ses cordes, toute beurrée, prête à servir : 4 *taz'ioua* de **blé** (5 fr.).
Une bonne outre, sans cordes et non beurrée : 3 *taz'ioua* de blé (3 fr. 75 c.).

Tasoufra. — Une bonne tasoufra, beurrée, prête à servir : 3 *taz'ioua* de **blé** (3 fr. 75 c.).
Une bonne tanouart, beurrée, prête à servir : 3 *taz'ioua* de **blé** (3 fr. 75 c.).

Sandales. — Une paire de sandales de pauvre, *imerkiden*, faite de pièces et de morceaux : une *taz'ioua* de **blé** (1 fr. 25 c.).
Une paire de sandales riches, *tamba tamba* : de 5 fr. à 10 fr.

Mortiers. — Un mortier en bois, pour piler, fabriqué au Hoggar, quelle que soit sa dimension : la quantité de blé que le mortier peut contenir.

Poteries. — Une cruche (ar. « qella ») : une demi-*taz'ioua* de blé (0 fr. 62 c. 1/2).
Une marmite (pour une personne) : une *mouda* de blé (0 fr. 40 c. 1/3).
Une écuelle (pour une personne) : une *mouda* de blé (0 fr. 40 c. 1/3).

Cordes. — La corde en poil de chèvre de moyenne grosseur, d'environ un centimètre de diamètre, se vend à la coudée : une coudée coûte 1 *tar'ialt* (0 fr. 06 c. 1/4), (0 fr. 12 c. 1/2 le mètre ; 1 fr. 25 c. les 10 mètres).

N. B. — I. — Quand on parle de grains dans les comptes, au Hoggar, il s'agit toujours de blé ou de bechna du Hoggar, jamais de bechna d'autre provenance ni d'orge, ni d'autres grains. Le blé et le bechna du Hoggar s'échangent couramment l'un pour l'autre.

II. — Les achats de chameaux se font surtout dans le *d'Ibrir* (avril), au moment de la moisson du blé ; dans les autres temps, les Touaregs sont tous dispersés ; au moment de la moisson, tous ceux qui ont besoin de quelque chose viennent dans les divers *ar'rem* acheter ce qu'il faut, amenant eux-mêmes leurs animaux pour les vendre. Bien qu'on trouve des chameaux à acheter en toute saison, en pratique, c'est en *ibrir* que se font presque tous les achats de ce genre.

III. — La journée de travail d'un ouvrier au Hoggar (travaux de fogara, de puits, de jardins, ou tout autre) est de 10 *tar'ialt* (0 fr. 62 c. 1/2) ou d'une demi-*taz'ioua* de blé. Il est rare qu'on loue des ouvriers à la journée : d'ordinaire on convient d'un prix pour la tâche à faire : ce prix, qui se paie ordinairement en grains ou dattes et quelquefois en chèvres, n'excède pas le prix d'une demi-*taz'ioua* par jour, et lui est la plupart du temps inférieur.

La journée de travail (voyage, travail de jardin, travail quelconque) d'un âne est double de la journée d'un homme, c'est-à-dire de 5 *taouk'k'it* (1 fr. 25 c.) ou une *taz'ioua* de blé. Dans ce prix n'est compris que l'âne seul, sans sokhrar ; s'il y a un sokhrar, on lui paie sa journée en plus, au prix habituel de 10 *tar'ialt*. — La journée de travail ou voyage d'un chameau, soit avec soit sans sokhrar, est de 1 *mitr'al*. — C'est à ces prix qu'on loue les ânes et les chameaux quand on les loue à la journée ; mais, en pratique, il est extrêmement rare qu'on les loue à la journée ; on convient d'un prix pour le trajet ou le travail à faire, et ce prix est toujours très inférieur à ceux qu'on vient d'indiquer.

IV. — On trouve d'ordinaire à acheter du blé et du bechna dans les principaux *ar'rem* du Hoggar pendant les deux ou trois mois qui suivent les récoltes (juin, juillet et août pour le blé ; octobre, novembre et décembre pour le bechna). Passé ces époques, il peut se faire qu'on en trouve, mais c'est peu probable.

On trouve peu d'orge à acheter, car on en cultive peu.

On peut facilement se procurer du sel en en envoyant chercher soit à *Amadr'or* (qualité tout à fait supérieure) : soit à *Ti n adhar'* (à deux jours S.-E. de Tamanr'asset : même qualité que le sel du Tidikelt) ; soit à *Tifokraouin* (tout près d'Ideles : qualité un peu inférieure à celle de Ti n adhar) ; soit à *Silbourak* (près d'Endid : qualité inférieure à celle de Tifokraouin, mais encore bonne) ; soit à *Asarmed* (près de Tar'haouhaout : qualité tout à fait inférieure, mauvaise).

V. — Le commerce du Hoggar est partie entre les mains des Touaregs du Hoggar, partie entre celles des Arabes du Tidikelt.

Le commerce que font les Touaregs est le suivant : ils exportent au Tidikelt des chameaux, des ânes, des chèvres, des moutons, du beurre. Ils en importent dans leur pays des dattes et de la cotonnade (ar. « chegga », écrue ou bleu foncé qui coûte à Insalah 0 fr. 50 c. le mètre et se vend au Hoggar 1 fr. 25 c. le mètre). Ils exportent dans l'Ahir et au Damergou de la cotonnade venant du Tidikelt et ils en importent du bechna. — C'est là la partie importante du commerce : chaque automne des caravanes de toutes les tribus du Hoggar partent, à la même époque, les unes pour le Tidikelt afin de s'approvisionner en dattes et en cotonnade, les autres pour l'Ahir ou le Damergou afin de s'approvisionner en bechna. Elles prennent avec elles ce qui leur est nécessaire pour faire ces achats : les premières, des chameaux, ânes, chèvres, et les deuxièmes, de la cotonnade. — Outre ce commerce, qui est le principal de beaucoup, quelques individus appartenant la plupart à la tribu des Isak'k'amaren, circulent entre le Tidikelt, R'ât et l'Ahir, apportant dans chacun de ces lieux les produits des autres : au Tidikelt, ils portent les rahla, les peaux, les outres, les vêtements brodés de l'Ahir et de R'ât ; dans l'Ahir, ils portent du sel d'Amadr'or, des cotonnades, de la verroterie, de la quincaillerie ; à R'ât, ils portent des doukkali de laine tissés au Gourara et surtout des pièces de 5 francs françaises.

Le commerce que font les Arabes du Tidikelt avec le Hoggar est le suivant : il n'y a pas de mois qu'il ne parte d'Insalah plusieurs petits groupes de deux, trois, quatre marchands arabes, la plupart Ahl Azzi, avec quelques chameaux chargés de cotonnade. La cotonnade est toujours le fonds du chargement : souvent ils n'emportent pas autre chose ; quelquefois ils y joignent un peu de tabac, de verroteries, de quincaillerie, de sucre. Arrivés au Hoggar, ils parcourent d'abord quelques ar'rem et y échangent contre du blé ou du bechna la plus grande partie possible de leur chargement ; puis ils vont dans les campements des nomades et y vendent au détail le reste de leur chargement pour des chèvres, quelquefois des ânes et rarement des chameaux : c'est surtout des chèvres qu'ils se font donner en échange de leurs marchandises. Ils vendent ainsi aux nomades, non seulement le reste de leur pacotille, mais aussi tout le blé et le bechna qu'ils ont reçu en paiement dans les ar'rem. Lorsque leur pacotille et leurs grains sont entièrement échangés contre des animaux, ils reprennent le chemin d'Insalah avec leur troupeau — Depuis que des détachements de la compagnie du Tidikelt viennent fréquemment au Hoggar, un nouveau commerce tend à se créer : des marchands du Tidikelt viennent quelques temps avant la récolte du blé, échangent leurs marchandises contre du blé, et vendent leur blé argent comptant aux troupes françaises.

Commercer. *Ziñh ziñh* (*ziñher', ziñher', iziñh iziñh*) (n.) m. à m. « acheter et vendre ». *Ziñh* signifie « acheter et vendre » (v. ACHETER).

Commission. (Chose confiée) *Tar'alift** (v. DÉPÔT). — (Donner une commission) (v. CONFIER, DIRE).

Compagnie (faire). *Eddiou* (v. ACCOMPAGNER).

Compagnon. (Ar. « çahab ») *Amidi* (v. AMI).

Compassion. *Tamella* (v. GRÂCE).

Compatir. *Ag' tamella* (v. GRÂCE).

Complet (être). (Être achevé, terminé, fini) *Emdou* (v. FINIR).

Complètement. On traduit par *emdou* « être fini » (v. FINIR).

Compléter. (Achever, finir, terminer) *Semdou* (v. FINIR).

Comprendre. (Avoir l'intelligence de) *Elmed** (v. APPRENDRE).

Compte. *Midhan*, pl. *midhanen* (m.) (de *it'an*, « être compté »). — (Faire ses comptes avec [quelqu'un]) *emsidhen* (*emsedhener', iemsadhen*) (n.) : Fais tes comptes avec Mousa, *emsidhen kai ed Mousa*.

Compter. *Sidhen* (*essoudhener', issoudhen*) (act.) (de *it'an*, « être compté »). — (Être compté) *it'an* (*et't'iner', iet't'in*) (n.)

Concombre. *Tar'essimt* (courge) (v. CULTURE).

Condamner. (Trouver mauvais, blâmer) *Soug'en* « blâmer ». — (Décréter une peine contre quelqu'un) *er'tes* « couper, trancher, décider » suivi de *foull* « sur » : On l'a condamné à mort, *er'tesen foull as tamettant* « on a décidé pour lui la mort ».

Condition. (Etat) *Elkhal** « état ». — (Profession) (v. TRAVAIL, TRAVAILLER, FAIRE). — (Condition que l'on pose, ar. « cheret' ») *echcheret'**, pl. *echcheredhen* (m.) ; on traduit aussi par *ouhar* « être associé » : J'ai fait condition avec toi que je te donnerais un chameau, *nouhak nek ed kai innin ad ak ekfer' amis* « nous sommes associés (convenus) moi et toi que, etc. ». — (Poser des conditions, faire des conditions, faire une convention, un pacte, un traité, stipuler, ar. « cheret' ») *acheredh*(cheredher', icheradh)* (act.).(J'ai stipulé).

Conduire. *Eloui (elouier', ilouci)* (act.). *Eloui* se dit des p. et des an., de tout ce qui marche ; employé en parlant d'animaux il a le s. pr. de l'ar. « goud », conduire en tirant derrière soi ; si, en parlant d'animaux, on veut dire « conduire en poussant, ar. « souq », il faut se servir du verbe *emhel* « pousser, conduire en poussant devant soit » (v. POUSSER).

Confiance. *Tafelest* « foi ». — (Avoir confiance) *feles* (v. FOI).

Confier. *Ser'lef* (ser'lefer', iser'lef)* (act.) (de *er'lef*, « recevoir en dépôt »). Le s. pr. de *ser'lef* est « confier à » ; par ext. il signifie « charger de, recommander, donner commission de » : J'ai confié mon chameau à Mousa, *ser'lefer' Mousa amis in*; j'ai chargé Mousa de l'achat de mes chameaux, *ser'lefer' Mousa ahi iziñh imnas*.

Confluent. *Edeg oua d ennemferen* (v. TERRAIN).

Confluer. *Enemfer (3e p. pl. ennemferen)* (n.): L'oued Silet et un autre confluent, *ar'ahar oua n Silet ed ar'ahar ien hadhen ennemferen*.

Congédier. (Prendre congé de, reconduire [quelqu'un qui s'en va], envoyer, ar. « sift' ») *Ezmahal* (*ezmahaler', izmahal*) (act.) (de *emhel* « pousser »). *Ezmahal* est l'éq. de « sift' » et en a tous les sens.

Conjecturer. (Supposer) *R'il* (*r'iler', ir'il*) (n.).

Connaissance. (Science) *Mousnet* (v. Science). — (Ami) *amidi* (v. Ami).

Connaître. (Savoir) *Essen* « savoir ».'— (Connaître une personne ou un lieu, reconnaître une pers. ou un lieu) *ezzi* (*ezzaier' izzai*) (act.)

Conseil. (Réunion) *Eljamat** « réunion ». —(Avis, ar. « debara ») *eddebara** (f.) : Je lui ai demandé conseil, *eg'mier' eddebara r'our es.*

Conseiller. *Debber** (*debberer', idebber*) (n.). Conseille-moi, *debber foull i.*

Consentir à. *Er* « aimer, vouloir » (v. Accepter).

Conserver. (Serrer avec soin, mettre de côté, ar. « dess ») *R'erah* (*r'eraher', ir'erah*) (act.).

Consoler. On traduit : *Ken iman* « arranger l'âme ».

Consolider. *Sentem* (v. Solide).

Construction. On traduit par « arrangement », *Amouken.*

Construire. On traduit par « arranger, ar. âddel » *Ken.*

Consulter. *Sesten* « questionner ».

Conte. (Historiette) *Tanek'k'ist** (v. Histoire).

Content (être). *Eddiou (T a.)* (v. Joyeux).

Contentement. *Tedaouit* (v. Joie).

Contenter. (Réjouir) *Sedou* (v. Joyeux). — (Se contenter de) on traduit par « il suffit » *iougda* (v. Egal). — (Satisfaire) on traduit par « faire la volonté » *ag' irit.*

Contestation. (V. Discussion, Dispute).

Contester. (V. Discuter, Disputer).

Continuer. (Persévérer dans, recommencer) *Oules* (*ouleser'*, *ioules*) (act.). *Oules* a les deux sens de « continuer » et « recommencer » : Ne recommence pas, *our toulised* ; recommence ce travail, *oules elkhedemit tarer'* ; continue ce travail, *oules elkhedemet tarer'*.

Contraindre. *Ag' echchil* « faire contrainte ».(*ag'* « faire » et *echchil* « contrainte »). On fait précéder le régime par *foull* « sur » : Je les ai contraints, *eg'ir echchil foull sen* « j'ai fait contrainte sur eux ».

Contrainte. *Echchil* (s. sans pl.) (m.) : Il faut que je..., il est nécessaire que je..., on me force à..., *echchil foull i* « contrainte sur moi » ; on me contraint à partir, *echchil foull i ad eglir'* ; malgré moi, *echchil i* « contrainte sur moi » ; malgré lui, *echchil as*.

Contraire (aller en sens). *Enimharai* (*enimha-raier'*, *inimharai*) (n.) (de *harai*, « être à la suite, être le suivant ») : Je vais en sens contraire de lui, *enimharaier' nek d es* ; nous allons en sens contraire, *nenemharai*.

Contre. On traduit par *foull* « sur », ou par *dar'* « dans ».

Convenable (être). (Être convenable pour, convenir pour) *enheg'* (*eniheg'er'*, *iniheg'a*) (n.) *Enheg'* se dit des p., des an. et des ch. ; on fait précéder son rég. de la part. *d* « et, avec » : Mousa convient pour être « amenoukal », *Mousa iniheg'a d amenoukal* ; cette perche est convenable pour la zriba, *afeg'g'ag' ouarer' iniheg'a d ikeber*. *Enheg'* sert souvent à exprimer l'idée de « être digne de, mériter » (ar. « estahel »).

Convention. (Accord, pacte, traité, arrangement) *Echcheret'**, pl. *echcheredhen* (m.) « condition » (v. CONDITION).

Conversation. (Entretien posé) *Idaouenni*, pl. *idouenniten* (m.).

Converser. (S'entretenir posément) *Esdouen* (Ta.) (*esidouennir'*, *isidouennet*) (n.) : J'ai eu un entretien avec Mousa, *esidouennir' ed Mousa*. On fait précéder le rég. de *esdouen* par la part. *ed* « et, avec ».

Convoquer. *Ar'er* « appeler ».

Coq. *Ekahi* (v. ANIMAL).

Corbeau. *Ar'aleg'* (v. ANIMAL).

Corde. (En général : de toute matière et de toute grosseur) *Akhamil*, pl. *ikhemal* (m.). — (Corde en poil ou en laine) *ahelloum* (coll.) (m.) (nom d'unité) *tahelloumt*, pl. *tihelloumin* (f.). — (Corde qui maintient la selle du mehari par derrière) *ihoucouren* (v. SELLE à l'art. CHAMEAU). — (Cordelette, en laine ou en poil) *ahelloum oua endherren* « petite corde ».

Corne. *Isek*, pl. *iskaouen* (m.).

Corps (des p. et des an., tout entier, vivant ou mort). *Tafekka*, pl. *tifekkaauin* (f.).

Aine, *amezzoui*, pl. *immezzouien* (m.).

Aisselle, *tider'dek'*, pl. *tider'dar* (f.).

Barbe (des joues), *akarar*, pl. *ikararen* (m.).
— (du menton), *tamart*, pl. *timarrin* (f.).

Bouche, *imi*, pl. *imaouen* (m.).

Bras (tout entier, de l'épaule au bout des doigts), *ar'il*, pl. *ir'allen* (m.).
(Proprement dit, de l'épaule au coude), *ag'ehal*, pl. *ig'ehalen*) (m.).
(Avant-bras), *amasour*, pl. *imousar* (m.).

Cervelle, *akelkel*; pl. *ikelkelen* (m.).

Chair, *isan* (pl. sans s.) (m.)

Cheveu. (En général, de l'homme et de la femme) *imz'ad*, pl. *imz'aden* (m.).

(Toute tresse de cheveux d'homme ou de femme) *tahokkot'*, pl. *tihekkadh* (f.).

(Crête de cheveux non tressés que les enfants et les hommes portent quelquefois sur le sommet de la tête) *ahokkodh*, pl. *ihekkadh* (m.).

(Tresse de cheveux au-dessus du front des femmes) *imisi*, pl. *imisan* (m.).

(Tresse de cheveux de femme, partant du sommet de la tête et retombant en arrière) *ankeb*, pl. *inkeben* (m.).

Cheville, *tirist'*, pl. *tiraz'* (f.).

Coccyx, *ar'ebbir*, pl. *ir'ebbiren* (m.).

Cœur, *oul*, pl. *oulaouen* (m.).

Côté, *tasag'a*, pl. *tiseg'ouin* (f.).

Côte, *ar'erdis*, pl. *ir'eredehan* (m.).

Cou, *iri*, pl. *Iraouen* (m.).

Coude, *tar'emert*, pl. *Tir'emmar* (f.).

Crâne, *tamelr'ik'*, pl. *tilmelr'ar'* (f.).

Cuisse, *tar'ma*, pl. *tar'miouin* (f.)

Dent, *isin*, pl. *isinen* (m.).

Doigt. (De la main, en général) *adhadh*, pl. *idhedhouan* (m.).

(Pouce) *ag'mah*, pl. *ig'mahen* (m.).

(Index) *oua n ichehed*, pl. *oui n icheheden* « celui de la profession de foi ».

(Du milieu) *oua imak'k'eren*, pl. *oui imak'k'orenin* « le grand ».

(Annulaire) *ou n g'erig'eri*, pl. *oui n g'erig'eri* « le moyen ».

(Petit doigt) *oua andheren*, pl. *oui mednrouinin* « le petit ».

(De pied) *tinsi*, pl. *tinsaouin* (f.).

Dos, *arouri*, pl. *iroriaouen* (m.).

Epaule, *az'ir*, pl. *iz'iren* (m.).

Epine dorsale, *beder'ehor* (m.).

Epiderme, *tasenw*, pl. *taseniouin* (f.).

Femme, *titor'est*, pl. *titour'esen* (f.).

Foie, *aousa*, pl. *iousaten* (m.).

Front, *timmi*, pl. *timmaouin* (f.).

Gencives, *tainiouin* (pl. sans s.) (f.)

Genou, *afoud*, pl. *ifadden* (m.).

Gorge, *ag'oureh*, pl. *ig'orhaien* (m.).

Hanche (os de la), *ar'ezzouk'*, pl. *ir'ezzoukin* (m.).

Index. (V. Doigt).

Intestin, *adan*, pl. *adanen* (m.) (*iden* « être graisseux »).

Jambe. (Du genou à la cheville) *iler'*, pl. *ilr'an* (m.).

Joue, *ag'az'*, pl. *ig'ez'z'en* (m.).

Langue, *iles*, pl. *ilessaouen* (m.).

Lèvre, *adhaloi*, pl. *idhelai* (m.).

Mâchoire, *amadel*, pl. *imadliouen* (m.).

Main, *afous*, pl. *ifassen* (m.).

Mamelle. (De l'homme, de la femme et des animaux) *ifef,* pl. *ifefan* (m.).

Menton, *tamart*, pl. *timarrin* (f.). Le même mot signifie « menton » et « barbe du menton ».

Mouche. (Touffe de poils sous la lèvre) *tekch oulli* « elle mange les chèvres ».

Moustaches, *imexouan* (pl. sans s.) (m.) (de *esou*, « boire »).

Narine, *tiñhart*, pl. *tiñhar* (f.).

Nerf, *az'ar*, pl. *iz'erouan* (m.).

Nez, *ang'our*, pl. *ang'ouren* (m.).

Nombril, *taboutout*, pl. *tiboutoutin* (f.).

Nuque, *tileng'out*, pl. *tileng'iouin* (f.).

Œil, *tit'*, pl. *tit't'aouin* (f.).

Ongle, *isker*, pl. *askaren* (m.).

Oreille, *tamez'z'ouk*, pl. *timez'z'oug'in* (f.) (*mez'ag'* « être sourd »).

Os, *ir'es*, pl. *ir'esan* (m.).

Peau, *ilem*, pl. *ilemmaouen* (m.).

Pied (tout entier), *adhar*. pl. *idharen* (m.).
(Partie antérieure du pied, les doigts et le reste jusqu'à la cheville exclusivement) *atfer*, pl. *itferen* (m.).
(Doigt) *tinsi*, pl. *tinsaouin* (f.).
(Talon) *azrih*, pl. *izerhan* (m.).

Poil (des personnes). Se traduit par *imz'ad* « cheveu ».

Poitrine, *idmaren* (pl. sans s.) (m.)

Poumon, *tarout*, pl. *taroutin* (f.).

Rate, *ametlek'k'is*, pl. *imetlek'k'as* (m.).

Reins, *isig'bas* (pl. sans s.) (m.) (*eg'bes* « se ceindre »).

Rognon, *tagez'elt*, pl. *tigez'z'al* (f.).

Sang, *aheni* (s. sans pl.) (m.).

Sourcil, *iner*, pl. *anaren* (m.).

Talon. (V. Pied).

Tête, *ir'ef*, pl. *ir'faouen* (m.).

Urine, *ahida*, pl. *thidan* (m.).

Veine, *amig'*, pl. *imeg'an* (m.).

Ventre, *tesa*, pl. *tisattin* (f.).
Vessie, *aseias*, pl. *iseiasen* (m.).
Visage, *oudem*, pl. *oudemaouen* (m.).

Côte. (De l'homme et des an.) *Ar'erdis*, pl. *ir'erdechan* (m.). — Montée, descente. (v. CÔTE, MONTÉE, DESCENTE à l'art. TERRAIN).

Côté. (Flanc, des p., des an. et des ch.) *Tasag'a*, pl. *tiseg'ouin* (f.). — (Proximité) *idis* (m.). (A côté d'eux, près d'eux, *idis nesen* « côté d'eux »; à côté du puits, près du puits, *inis n anou*). — (Direction : côté du Nord, du Sud, côté droit, etc.) *a'ril* « bras », pl. *ir'allen* (m.). Le même mot *ar'il*, dont le s. pr. est « bras », signifie « bras, coudée (mesure de longueur), droite (côté droit), côté (direction), moitié » : La droite, *ar'il*; l'oreille droite, *tammez'z'ouk ta n a'ril*; le côté, *ar'il*; le côté du Nord, *ar'il ne foi*; le côté droit, *ar'il oua n ar'il*; le côté gauche, *ar'il oua n tehalg'i*; un demi-jour, *ar'il n ahel* « une moitié de jour »; un jour et demi, *ahel d ar'il n ahel* « un jour et une moitié de jour ».

Cotonnade. *Malti** (v. VÊTEMENT).

Cotonnier. *Achek n tabedouk* (v. CULTURE).

Cou. *Iri* (v. CORPS).

Coucher (se). (S'étendre, être couché, être placé, être posé, passer la nuit, ar. « bat ») *Ens* (*ensir'*, *insa*) (n.). Le s. pr. de *ens* est « être couché ».

Coucher. (act. ; placer, poser) *Sens* (*senser'*, *issens*) (act.) (de *ens*, « être couché »).

Coucher du soleil. *Eg'edhel n tafouk* « chute du soleil »).

Coude. *Tar'emert* (v. CORPS).

Coudée. *Ar'il* (v. MESURE à l'art. COMMERCE).

Coudre. *Az'mi (ez'mier', iz'mi)* (act.).

Couler. (En parlant des cours d'eau naturels, oueds quel qu'ils soient) *Eng'i* (3e p. s. *ing'i*) (n.). Le s. pr. de *eng'i* est « avoir de l'eau courante »; l'oued coule, *ar'ahar ing'i; eng'i* ne peut avoir pour sujet que le mot « oued » ou un mot analogue. — (En parlant des ruisseaux artificiels, des saguia) on ne dit pas d'eux qu'ils « coulent » mais que « l'eau y court » (v. Courir). — (En parlant de l'eau, du sang, de tout liquide coulant d'un objet quelconque) *effi (effaier', iffai)* (act.) : Le sang coule, *ahéni iffai*. *Effi* a aussi le sens de « faire couler » : Fais couler de l'eau dans l'outre, verse de l'eau dans l'outre, *effi aman dar' abaior'*.

Couleur. (Servant à teindre, teinture) *Tar'emmaoui** (v. Teinture). — (Teinte, nuance) *elloun*, pl. *ellounen* (m.). *Elloun* se dit du teint du visage et de toute couleur des p., des an. et des ch.

Coup. *Tiouti*, pl. *tiouit* (f.) (de *ouot*, « frapper »).

Couper. (Trancher) *Er'tes (er'teser, ier'tes)* (act.); *enkedh (enkedher', ienkedh)* (act.). *Er'tes* s'emploie souvent au fig. dans le sens de « décider » et par suite dans celui de « décréter, condamner » : on l'a condamné à mort, *er'tesen foull as tamettant* « on a décidé pour lui la mort ».

Cour (intérieure d'une maison). *Errakhbet** (f.).

Courage. (Intrépidité, bravoure) *Tahoulet* (f.) (de *hel*, « être courageux »).

Courageux (être). (Être intrépide, brave, ne pas craindre) *Hel (heler', ihel)* (act.). Le nom de ce dont on n'a pas peur se met à l'acc. Il n'a pas peur des ennemis, *ihel iheng'a*.

Courir. *Ahel* (*ouhaler'*, *iouhal*) (n.). *Ahel* est un verbe très usité, se distinguant des p., des an. et des ch., au pr. et au fig. L'eau court dans la saguia, *aman ouhalen dar' teg'ouhamt.* — (Faire courir) *zihel* (*zouheler'*, *izzouhel*) (act.) (de *ahel*); Fais courir ton chameau, *zihel amis ennek*.

Cours d'eau. *Ar'ahar* (v. TERRAIN).

Course. (Marche accomplie en courant, action de courir) *Azzal*, pl. *azzalen* (m.) (de *ahel*, « courir »). — (Marche, voyage) *asikel* « voyage ».

Court (être). (Être petit de taille, ar. « k'eçir ») *G'ezzoul* (*g'ezzouler'*, *g'ezzouled*, *g'ezzoul*, *eng'ezzoul*, *g'ezzoulem*, *g'ezzoulemei*, *g'ezzoulen*, *g'ezzoulemet*) (n.). Le s. pr. de *g'ezzoul* est « être court ».

Court. (Petit de taille) *G'ezzoul*, pl. *g'ezzoulen* (de *g'ezzoul*, « être court »).

Cousin. (Fils ou fille de l'oncle mat. ou de la tante pat.) *Ababah*, pl. *iboubah*, f. *tababaht*, f. pl. *tiboubah*. Tous les cousins germains ne sont pas entre eux *iboubah*, mais seulement les fils et les filles du frère et de la sœur. — (Tous les cousins, germains ou non) *aña*, « frère » pl. *ait ma* « frères », f. *oult ma* « sœur », f. pl. *chet ma* « sœurs ».

Coussin. *Asamou* « oreiller ».

Couteau. *Asemmahad* (v. USTENSILE).

Coûter. *Ouged* (v. ÉGAL).

Coutume. *Tar'ara*, pl. *tir'eriouin* (f.). Par ext. *tar'ara* signifie « habitude, caractère habituel ».

Couture. *Az'amai* (m.) (de *az'mi*, « coudre ».

Couvercle. *Asher* (v. BOUCHON).

Couverture. *Ikhambel* (v. VÊTEMENT).

Couvrir. (Mettre un couvercle) *Ahar* (v. Bou-CHER. — (Une pers., un an., une ch., tout ce qui peut être couvert) *berouber* (*berouberir'*, *ib'raberet*) (act.) : Couvre l'outre avec une couverture, *berouberet abaior' s ikhambel.* — (Se couvrir le visage) (v. VOILER).

Crachat. *Tesoutift*, pl. *tisoutaf* (f.) (de *soutef*, « cracher »).

Cracher. *Soutef* (*essoutefer'*, *issoutef*) (n.).

Craindre. *Ouksadh* (*eksoudher'*, *iksoudh*) (act.).

Crainte. *Touksedha*, pl. *touksedhaouin* (f.) (de *ouksadh*, « craindre »).

Craintif. (Poltron) *Amattesa*, pl. *imettesaten*, f. *tamettesat*, f. pl. *timettesatin*. *Amattesa* a un sens défavorable et signifie « peureux, poltron ».

Crâne. *Tamelr'ik'* (v. CORPS). — (Sommet du crâne) *takerkourt* (f.). Par ext. *takerkourt* signifie « sommet » de montagne, « haut massif » de montagne.

Cravache, *Alekkodh* (v. CHAMEAU).

Créance. *Amerouas*, pl. *imerouasen* (m.). Le mot *amerouas* sert à traduire la plupart des phrases françaises où entrent les mots « devoir (de l'argent) », « dette » : Mousa a une dette, *Mousa ihé amerouas* « Mousa est dans lui une créance » ; on doit à Mousa, on a des dettes envers Mousa, *Mousa illil eddounet amerouas* « Mousa poursuit les gens d'une créance ».

Création. (Création du monde par Dieu) *Tamekhlouk** (f.).

Cretonne. *Malti** (v. COTONNADE à l'art. VÊTEMENT).

Creuser. *Ar'ih* (*ar'eher'*, *ir'ah*) (act.).

Crever. (Éclater violemment) *Teffer'* « éclater ».
— (Mourir sans avoir été égorgé ; mourir en
devenant « djifa ») *er'si* (*ir'si*) (n.) (v. Éteint).

Cri (humain). *Tr'ouiet*, pl. *tir'ouia* (f.).

Crible. *Elr'erbal** (v. Ustensile).

Crier. *Sr'i* (T. a.) (*sr'ier'*, *isriet*) (n.). *Sr'i* (T. a.)
ne s'emploie qu'en parlant des personnes.

Crime. On traduit par « péché » *Abekkadh*.

Crin (de cheval). *Az'iou*, pl. *az'iouen* (m.).

Croasser. *R'agg* (v. Bêler).

Croire. (Avoir foi) *Feles* (v. Foi). — (Penser) *r'il*
« conjecturer ».

Croître. *Douel* (*douelir'*, *idouel*) (n.). *Douel* se
dit des p., des an. et des ch. — (Faire croître)
sidouel (*sidoueler'*, *issidouel*) (act.).

Crottin. *Ar'errag'* (v. Fumier à l'art. Culture).

Croupe (monter en). Sur un mehari, *Lenkem*
(*lenkemer'*, *illenkem*) (act.) : Monte en croupe derrière Mousa, *lenkem dheffer Mousa*. *Lenkem* ne se
dit pas quand on monte derrière une autre personne
en haouïa, mais seulement quand on monte derrière quelqu'un qui est en rah'la.

Croupe. *Asellankoum* (v. Chameau).

Croûte (de pain). *Ir'eremr'eram* (v. Nourriture).

Cruche. *Tak'k'alilt** (v. Ustensile).

Cueillir. (De l'herbe, des fruits, tout ce qui se
cueille) *Ammad* (*ammader'*, *ioumed*) (act.).

Cuiller. *Tasoukalt* (v. Ustensile).

Cuir (souple). *Ilem* « peau ». — (Raide et fort,
pouvant servir à faire des semelles) *ir'il* « semelle ».

Cuire (faire). (Faire cuire, faire bouillir, faire mûrir, ar. « t'îb ») *Señ* (*señer, iseña*) (act.) (de *iña*, « être cuit ». *Señ* est l'éq. de l'ar. « t'îb »; il se dit de tout ce qui peut être cuit, bouilli ou mûr.

Cuit (être). (Être cuit, bouilli, mûr, ar. « t'ab ») *Iña* (3e p. s. *iña*, 3e p. pl. *eñen*) (n.). *Iña* est l'éq. de l'ar. « t'ab »; il se dit de tout ce qui peut être cuit, bouilli ou mûr : La bouillie est cuite, *esink iña* ; l'eau bout, *aman eñen*.

Cuisse. *Tar'ma* (v. Corps).

Cuivre. *Daror'*, pl. *daror'en* (m.).

Cultivateur. *Azeggar'*, ar. « hartâni » (v. Culture).

Culture. (Lieu de culture, lieu cultivé, champ, jardin) *Afarag'*, pl. *ifer'gan* (m.).

Ail, *tiskert*, pl. *tiskerin* (f.).

Bassin. (Ar. « madjen ») *tihemt*, pl. *tihemin* (f.).

Bechna. (A petits grains, de la dimension de ceux du millet) *ineli* (coll.), pl. *ineliten* (m.).

(A gros grains, de la dimension de ceux du maïs) *abora* (coll.) (m.). L'*abora* est ce qu'on appelle au Tidikelt « tafsout ».

Blé, *ired* (coll.), pl. *iredaouen* (m.).

Canal. (Ar. « saguia », conduite amenant l'eau de la source ou de la fogara dans le bassin, *tihemt*) *teg'ouhamt*, pl. *tig'ouhamin* (f.).

(Conduite menant l'eau du bassin, *tihemt*, dans les divers *agemoun* « plate-bande carrée disposée pour l'arrosage ») *abadou*, pl. *abadouin* (m.).

Champ, *afarag'*, pl. *iferg'an* (m.).

Clôture. (Haie de toute espèce, enclos, parc) *afarra*, pl. *ifarran* (m.)

Concombre, *tar'echchimt*, pl. *tir'echchoumin* (f.).

Coton. (Fruit du cotonnier) *tabedouk* (inv.) (f.).

Cotonnier, *achek n tabedouk* « plante du coton ».

Courge, *tar'essinet*, pl. *tir'essourin* (f.).

Cultivateur. (ar. « hartâni ») *azzeggar'*, pl. *izzegar'en.* (Ouvrier) *anakhedam**, pl. *inakhedamen.*

Dattes, *téini* (coll.), pl. *tainiouin* (f.).

Dattier, *tazzait.* pl. *tizzain* (f.).

Djerid. (Palme) *takarart,* pl. *tikararin* (f.).

Enclos. (V. CLÔTURE).

Épi, *tahammart.* pl. *tihammarin* (f.).

Fermier. *khammas*, pl. *ikhammasen.*

Figue, *ahar,* pl. *aharen* (m.).

Figuier, *tahart,* pl. *taharin* (f.).

Fogara. *ifeli,* pl. *ifalan* (m.).

Fossé. (Fosse, trou) *abatoul,* pl. *ibetal* (m.).

Fruit. On désigne chaque fruit par son nom particulier. Pas de nom général.

Fumier, *ar'errag'* pl. *ir'errag'en* (m.).

Grains. (En général : toute espèce de grains, blé, orge, bechna, etc.) *etter'am* (coll.), pl. *etter'amen* (m).

Haie. (V. CLÔTURE).

Hoyau. (Ar. « mesha ») *ag'elhim,* pl. *ig'elham* (m.).

Jardin. (V. CHAMP).

Légume. (En général) *elfikiet* (coll.), pl. *elfikietin* (f.). *Elfikiet* désigne les légumes qui se mangent cuits et non les fruits des arbres qui se mangent crus.
(Légumes verts) *ichkan* « des herbes ».

Lif, *asan* (s. et pl.) (m.).

Maïs, *engafouli* (coll.) (m.).

Menthe, *ennar'nar'*, pl. *ennar'nar'en* (m.).

Millet. (V. BECHNA).

Moisson, *afaras* (m.) (de *feres,* « couper ».)

Moissonner. (Couper) *feres* « couper » (*fereser', iferes*) (act.).

Moissonneur, *oua iferresen,* pl. *oui iferresenin* (de *feres,* « couper »).

Orge, *timz'in* (pl. sans s.) (f.).

Paille. (Brisée menu, ar. « teben ») *aloum* (coll.), pl. *aloumen* (m.).
(Longue, non brisée, ar. « broumi ») *aroummou* (coll. sans pl.) (m.).

Palme. (V. DJERID).

Palmier. (V. DATTIER).

Pastèque, *tileg'z't,* pl. *tileg'ez'in* (f.).

Piment, *chit'a* (coll.) (m.).

Plate-bande. (Carré préparé pour l'arrosage) *agemoun,* pl. *igemmounen* (m.).

Puits, *anou,* pl. *ounan* (m.)

Racine, *iki,* pl. *ikiouen* (m.).

Raisin, *ezzebib',* pl. *ezzebiben* (m.).

Réservoir. (V. BASSIN).

Riz, *tafar'at* (coll.) (f.).

Saguia. (V. CANAL).

Semailles (faire les), *senr'el* (senr'eler', issenr'el) (act. « verser à terre ».

(Subst.) *assanr'el*, pl. *issanr'alen* (m.).

Semence. (De tous végétaux) *tifest*, pl. *tifesin* (f.).

Tadellar'et. (Légume tenant le milieu entre le poids et le haricot) *tans'ant* (coll.) (f.).

Vigne, *achek oua n ezzebib* « plante de raisin ».

Presque toutes les cultures du Hoggar sont faites par des haratin du Tidikelt ou du Touat pour le compte de Touaregs qui les louent d'une récolte à l'autre, c'est-à-dire pour environ six mois, car il y a dans tout le Hoggar deux récoltes, une de blé en avril ou mai, une de bechna (ou de blé) en octobre. Quelques cultures sont faites pour des habitants du Tidikelt. Les Touaregs eux-mêmes ne travaillent pas la terre. Toute terre a un propriétaire, mais si elle n'est pas cultivée, n'importe qui peut d'ordinaire la mettre en culture en payant au propriétaire quatre *taz'ioua* (ar. « qesaâ ») par récolte et par jardin ; le jardin est ce qu'un hartani peut cultiver : c'est une redevance annuelle de huit *taz'ioua*, puisqu'il y a deux récoltes ; on n'est tenu d'ordinaire à rien de plus envers le propriétaire. Presque personne ne cultive pour son propre compte ; les haratin, imprévoyants et gaspilleurs, ont besoin de quelqu'un qui leur renouvelle leurs provisions et leur fasse des avances.

Voici l'arrangement qui se fait dans tout le Hoggar entre le hartani qui cultive et celui qui le prend pour khammas ; le hartani reçoit : 1° à titre d'approvisionnement annuel, *tinefel* (ar. « nefqa »), une charge en hiver et une demi-charge en été (grains ou dattes) ; 2° à titre de gratification pour le retournement des terres : dix *taz'ioua* (« qesaâ ») (de grains ou de dattes) pour le retournement de la terre après la moisson du blé, autant après la moison du bechna (si on retourne la terre à ce moment, sinon non) ; 3° si l'on établit le jardin dans un endroit qui n'a encore jamais été travaillé, le hartani reçoit pour ce défrichement une gratification de cinq mouzouna (0 fr. 31 c. 1/4 par *tiheddi*) (2ᵐ) du demi-périmètre du jardin (soit, par exemple, un jardin de 140 mètres de tour, le hartani reçoit trente-cinq fois 0 fr. 31 c. 1/4, c'est-à-dire 10 fr. 93 c. 3/4).— N. B. : La charge et demie due au hartani à titre d'approvisionnement annuel lui est donnée d'ordinaire moitié en dattes moitié en grains (non en blé ni en bechna du Hoggar, mais en bechna de l'Ahir ou en orge).

Il y a trois manières d'arroser un jardin : par un puits d'où l'on tire l'eau à force de bras ; c'est un travail pénible, on trouve difficilement des ouvriers consentant à le faire, en outre la surface arrosée par ce moyen est trop restreinte, on ne peut cultiver qu'un très petit jardin, aussi peu de cultures sont-elles arrosées par ce moyen. Presque toutes le sont ou par des puits d'où l'eau est tirée au moyen d'ânes, ou par des fogara.

Lorsqu'on établit un jardin nouveau, c'est d'ordinaire le hartani qui en sera chargé, qui est chargé aussi de creuser le puits, si on doit arroser au moyen d'un puits : pour l'établissement d'un puits, d'où l'eau est tirée par un âne, on donne quinze *mitr'al** (37 fr. 50 c.) au hartani qu'on charge de faire le puits ; moyennant cette somme, il l'aménage entièrement. Le puits fait, on prête au hartani chargé de la culture du jardin deux ânes, un hoyau (« mesha »), un delou (en peau de mouflon : prix 7 fr. 50 c.), une corde en lif ; on remplace ces objets à mesure qu'ils s'usent ; le hartani nourrit les ânes et est entièrement chargé de leur entretien : on ne doit rien de plus au hartani, à la charge duquel sont les réparations à faire au puits. Beaucoup de très beaux jardins sont arrosés par ce moyen.

Si l'on veut arroser au moyen d'une fogara, il faut plusieurs ouvriers, d'ordinaire trois ou six. On leur montre le travail, le lieu où ils doivent amener l'eau, et on fait prix avec eux. Le prix d'une fogara est variable selon la longueur et la difficulté ; il varie d'ordinaire entre 50 et 75 *sinko* et 4 chèvres. Ce sont habituellement les haratin chargés des jardins qui font le travail. Un puits n'arrose qu'un seul jardin ; une fogara en arrose un nombre variable, 3, 6, quelquefois plus. Les haratin chargés des jardins entretiennent la fogara ; pour les travaux d'entretien ordinaires ils ne reçoivent aucune rétribution ; mais si, en été, l'eau manque et si l'on est obligé, pour en avoir, de prolonger la fogara plus en amont, on leur paie ce travail à raison d'un mitr'al et demi par nouveau puits de fogara qu'ils creusent ; si, par suite de crues, la fogara est endommagée, pour de très grands dégâts on donne aux haratin la moitié du prix primitif (25 à 32 1/2 *sinko* et 2 chèvres) ; pour des dégâts moindres, on donne une somme moindre évaluée selon le travail à faire. En outre, aux haratin qui arrosent à l'aide d'une fogara, comme à ceux qui arrosent avec un puits, on prête un hoyau et on donne les semences et une part de récolte. La plupart des cultures du Hoggar sont arrosées au moyen de fogara.

Chaque hartani sème du blé en novembre et décembre et du bechna en été. Dans quelques lieux très froids (Ilaman, Tarhananet, Taz'erouk) on ne sème pas de bechna et on sème deux fois du blé.

Les parts de récolte du hartani et du maître du jardin sont les suivantes : Le maître a 4/5 du blé et du bechna, le hartani 1/5. Quand on cultive du blé, le hartani a, de plus, le droit de planter dans *l'abadou* (conduite d'eau amenant l'eau du madjen dans les divers *agemoun*) et sur le pourtour de tous les *agemoun*, de l'orge et des légumes (mais non du blé) qui sont entièrement pour lui ; en outre, le hartani a, dans la partie haute du jardin, autour du madjen, 9 *agemoun* pour lui seul, où il plante tout ce qu'il veut (blé, orge, légumes, bechna, etc.); il a aussi le droit de planter tout ce qu'il veut dans le madjen même ; ces 9 *agemoun* et le madjen lui appartiennent en tout temps, qu'on cultive soit le blé, soit le bechna. Au moment de la récolte, le hartani glane et ce qu'il glane est pour lui. Les quelques grains oubliés qui sont épars dans l'aire, après qu'on a battu la moisson et qu'on l'a ramassée, sont aussi pour le hartani. Le partage entre maître et hartani se fait après que toute la moisson est réduite en grains et ramassée. Pour la culture du bechna, les conditions sont les mêmes que pour celle du blé, si ce n'est que le hartani n'a le droit de rien semer sur le pourtour des *agemoun*, mais il peut semer de l'*abora* (« taïsout ») ou des légumes dans l'*abadou*. En tout temps, le hartani a le droit de semer dans l'*abadou* des légumes, de l'orge ou de l'*abora*, mais jamais de blé ni de bechna. Tout le blé, ainsi que le bechna, est rassemblé et divisé en 5, excepté celui du madjen et des 9 *agemoun* attribués spécialement au hartani. — Quand vient le moment de battre le grain, les haratin le battent avec des bâtons et n'ont droit pour cela à aucune rémunération, les femmes le battent dans de grands mortiers de bois et ont droit chacune à une demi-*taz'ioua* du grain battu par journée de ce travail : si des hommes font le battage dans des mortiers, ils ont droit au même salaire que les femmes ; c'est avec le grain battu dans la journée qu'on paie chaque soir ceux qui ont battu dans des mortiers (avant le partage entre maître et hartani, qui ne se fait que quand tout est réduit en grains).

Le maître d'un jardin y sème environ 12 *taz'ioua* de blé, parfois jusqu'à 15, qui rapportent en moyenne (moisson totale, les 5/5) 4 charges et parfois 5. Il sème d'ordinaire 2 *taz'ioua* de bechna, ou 2 1/2, qui rapportent en moyenne 2 charges ou 2 charges et 1/2. Si on arrose abondamment, la récolte est supérieure à ces chiffres ; la terre est bonne au Hoggar, elle rapporte à proportion de l'arrosage. Si l'arrosage fait défaut, le rapport est d'autant moindre qu'on a moins arrosé. Il suit de là, qu'en moyenne, le blé rend 20 pour 1 et le bechna 60 pour 1, et que si on arrose très abondamment, ils rendent davantage.

Un jardin arrosé par un puits, l'eau étant tirée par des ânes, rapporte à son maître, d'après ce qui précède, tous frais payés, en moyenne 3 charges de blé ou bechna par an. Les jardins arrosés par des fogara peuvent rapporter davantage, car il y a souvent moins de frais : mais leur rapport est plus aléatoire par suite des crues subites qui peuvent endommager les fogara et causer des frais considérables pour leur réparation, ou même y produire de tels dégâts que l'eau manquant complètement, pendant longtemps, la récolte est anéantie. — Avec de bons jardiniers, consciencieux et laborieux, il y a avantage à arroser avec des puits, au moyen d'ânes, le rendement est plus sûr et plus grand, le jardinier pouvant forcer à son gré l'arrosage et tirer chaque jour autant qu'il veut. Avec des jardiniers en qui on n'a pas confiance, mieux vaut arroser par des fogara : les frais sont moindres ; les jardiniers travaillant en commun, se forcent les uns les autres à travailler et s'aident mutuellement.

Pour l'époque exacte des semailles, de la moisson et des divers travaux des champs, voir : « État atmosphérique en 1905-1906 à Tamanr'asset » (à l'art. ATMOSPHÈRE).

Cupidité. *Et'r'ema* [3] (m.).

D

Dalle. (Route glissante) *Aseli* (v. ROCHER à l'art. TERRAIN).

Dans (être). *Eh* (*ehir'*, *iha*) (act.)

Dans. *Dar'*. La particule *dar'*, dont le s. pr. est « dans », est employée aussi dans les sens de « pendant, au moyen de, de, de dans, hors de » : Il les fit entrer dans la ville, *izoug'g'ch ten dar' akal ;* il les fit sortir de la ville, *isseg'med' ten dar' akal* « il les fit sortir de dans la ville ».

Danser. *Erkedh,* (*erkedher'*, *ierkedh*) (n.).

Dattes. *Téini* (v. CULTURE).

Dattier. *Tazzait* (v. CULTURE).

Davantage. *A ioug'eren* « ce qui étant supérieur » (*oug'er* « être supérieur »).

De. (Préposition du génitif) *N* « de ». — (Préposition de l'ablatif, avec le sens du latin « ex ») *s* « par ». — (Au moyen de, hors de) *s* « par », *dar'* « dans, dedans ». — (De la part de) *s* « par », *r'our* « chez, de chez », *ser* « vers, de vers ».

Débordement. *Ang'i* « eau courante » (v. TERRAIN).

Déborder. (Un cours d'eau). *Eng'i* « avoir de l'eau courante » (v. Couler). Il n'y a pas de débordements proprement dits au Hoggar, le mot « avoir de l'eau courante » s'emploie pour toute espèce de crue.

Debout (être). (Se tenir debout, s'arrêter, ar. « ougef ») *Ebeded (ebeduder', ibedad)* (n.). Le sens pr. de *ebeded* est « se tenir debout » ; il est l'équivalent de « ougef ». — (Faire tenir debout, faire s'arrêter, arrêter (act.), dresser (mettre debout); « ouggef ») *sebeded (sebededer', issebeded)* (act.) : Arrête le chameau, *sebeded amis*.

Deçà (en). (Plus près que, ar. « doun ») *Illa d* (*illa*, « il est », *d* « ici »). *Illa d* est l'opposé de *illi hin* qui signifie « au delà, plus loin que » : En deçà du village, *illa d n ar'rem*.

Décamper. (Déménager, changer de campement) *Eg'el* « déménager ».

Décharger (une bête de somme). *Ser'ser* (v. Déposer). — (Une arme à feu) *setfer'* (v. Eclater)

Déchiré (être). (En parlant des choses seulement) *Enkher* (3ᵉ p. s. *inkhar)* (n.). — (En parlant des p., des an. et des ch., au pr. et au fig.) *r'ehad** « abîmer ».

Déchirer. (En parlant des choses seulement) *Senkher (senkherer', isenkher)* (act.). — (En parlant des p., des an. et des ch., au pr. et au fig.) *r'ehad** « abîmer ».

Décider. *Ennehadh (ennehadher', innahadh)* (act.). *Ennehadh* a aussi le sens de « donner sa manière de voir, son avis, juger, rendre une sentence, un arrêt, trancher une question, ar. « qet'a' errai », commander, gouverner » ; son s. pr. est « décider : Je t'ai condamné à mort, *ennahadher' foull ak as lemmouted* « j'ai décidé sur toi que tu mourrais ».

Décision. *Tanat'*, pl. *tinadhin* (f.) (de *ennehadh*, « décider »). *Tanat'* a aussi les sens de « avis, jugement, manière de voir, sentence, arrêt, roi ».

Déclarer. On traduit par « dire » *en*, ou « informer » *eller* (T. a.)

Découvrir. (Trouver) *Eg'raou* « trouver ». — (Oter ce qui couvre) on traduit par « montrer » *seken*, ou « ôter » [telle ou telle chose] *ekkes*, ou « ouvrir » *ar*.

Décroître. *Ektem* « diminuer ».

Dedans (le). *Ammas* « milieu ».

Défendre. (Protéger) *Mesten* « protéger ». — (Interdire) on traduit par « dire de ne pas faire », ou par *ek'k'en* « lier ». — (Se défendre contre) on traduit par « combattre » *nemenr'*, ou par « dérober sa personne » *ekkes iman* (*ekkes* « ôter ») : Je me suis défendu contre les ennemis, *ekkeser' iman in dar' iheng'a*.

Défendu. (Illicite, défendu par Dieu) *Kharam** « illicite ». — (Interdit par un homme) on traduit : « Il a dit de ne pas faire », ou « il a lié ».

Défier (se). On traduit : « Ne pas avoir foi » *our felès*.

Dégât. (Fait d'être abîmé, gâté, ruiné, usé : brisement, déchirement, lésion : au pr. et au fig., en parlant des an. et des ch.) *R'chad**, pl. *er'haden* (m.) (de *r'chad*, « abîmer »).

Dehors. (Subst.) *Tiniri* « la plaine ». — (Particule) *dar' tiniri* « dans la plaine ». — Le mot *tiniri* « plaine » sert à traduire la plupart des expres-

sions où entre l'idée de « dehors », d'« extérieur ».
Les étrangers, *eddounet en tiniri* « les gens du
dehors » ; un homme étranger, *ien ales oua n
tiniri* « un homme du dehors » ; il est allé aux
cabinets, *igla dar' tiniri* « il est parti dehors ».

Déjeuner. (Ver.) (v. REPAS).

Déjeuner. (Subst.) (v. REPAS).

Delà (au). (Plus loin que) *Illi hin (illi* « il
est » et *hin* « là-bas »). *Illi hin* est l'opposé de
illa d qui signifie « en deçà, plus près que » : Au
delà du village, *illi hin n ar'rem).*

Délier. *Ar* « ouvrir ».

Délivrer. *Ar.* « ouvrir ».

Delou. (Seau pour puiser de l'eau) *Ag'a* (v. USTEN-
SILE).

Demain. *Toufat* (v. TEMPS).

Demande. (Question) *Sestan* « question ». —
(A Dieu, dans la prière) *tittert* « prière ». — (D'une
chose pour l'obtenir, faite à un homme) *ag'amai,*
pl. *ig'emaien* (m.) (de *eg'mi,* « chercher »).

Demander. (Questionner) *Sesten* « questionner ».
— (A Dieu) *etter* « prier ». — (Demander une
chose pour l'obtenir, à un homme) *eg'mi* « chercher ».

Démanger. On traduit par « manger » *Ekch :*
Ma main me démange, *iekch i afous in.*

Déménagement. (Action de changer de campement) *Tag'lit,* pl. *tig'liouin* (f.) (de *eg'el,* « déménager »).

Déménager. (Décamper, changer de campement)
Eg'el (eg'elir', ig'eli) (n).

Demeurer. *R'im* « rester », ou *ezzar'* « habiter ».

Demi. On traduit par « moitié », *ar'il*. (Un demi-jour, *ar'il n ahel* « une moitié de jour » ; un jour et demi, *ahel d ar'il n ahel*) (v. CÔTÉ).

Démolir. *Erz'* « casser ».

Démon. (En général) *Ag essouf* « fils de l'isolement », pl. *kel essouf* (m.) ; *elhin** « le génie », ar. le « djenn ». — (Satan) *Iblis** (n. pr. m.).

Dénouer. *Ar* « ouvrir ».

Dent. *Isin* (v. CORPS).

Départ. *Tagellaout* (f.) (de *egel*, « partir »).

Dépasser. (Devancer) *Ezzar* « précéder ». — (Surpasser) *oug'er* « être supérieur ». — (Excéder) *aki* « passer ».

Dépêcher (se). *Ermedh* « se hâter ».

Dépenser. N'a pas d'équivalent ; les Touaregs expriment cette pensée en disant : « J'ai acheté pour tant » (v. ACHETER).

Déplacer (se). *Enkih (enkiher', ienkih)* (n.) : Déplace-toi un peu, *enkih andherren*.

Déplacer. *Zenkih (zenkiher', izinkih* (act.) (de *enkih* « se déplacer»). *Zenkih* a aussi le sens de « se déplacer » et est employé souvent dans le même sens que *enkih* : déplace-toi un peu, *enkih andherren*, ou *zenkih andherren*.

Déplier. *Ar* « ouvrir ».

Déposer. (Par terre, ar. « h'ot't' ») *Ser'ser (ser'serer', isser'ser)* (act.). *Ser'ser* est l'équivalent de l'ar. « h'ot't' » ; c'est un mot très usité, s'employant pour toute chose pouvant se déposer par terre ; c'est de lui qu'on se sert pour exprimer l'idée de « décharger » les bêtes de somme et celle de « camper, s'arrêter pour camper ». Son s. pr. est « déposer par terre ».

Dépôt. (Chose confiée) *Tar'alift**, pl. *tir'ellaf* (m.) (de *er'lef*, « recevoir en dépôt »). — (Recevoir en dépôt) *er'lef** (*er'lafer'*, *ir'laf*) (act.) : J'ai reçu en dépôt un chameau, *er'lafer' amis*. *Er'lef* s'emploie aussi dans le sens de « recevoir la commission de, recevoir la charge de ». — (Donner en dépôt) *ser'lef* (v. CONFIER).

Dépouiller. (Oter à, arracher à, retirer à) *Ekkes* « ôter ». — (Oter la peau d'un animal quelconque) *ah* (*ouhir'*, *iouha*) (act.).

Depuis. *Ouan*. (Depuis quand ? *ennes emir as*).

Dernier. (Ce qui est à la suite de tout le reste, en dernier lieu) *Ilkemen*, pl. *ilkemenin*) (de *elkem*, « suivre »). (Le jour du jugement dernier, *ahel oua ilkemen* « le dernier jour »). Si plusieurs pers., an. ou ch. se trouvent à la file, on appelle *oua ilkemen* celui qui est tout à fait le dernier de la file. — (Dernier, dans le sens de « passé » : l'année dernière, la nuit dernière, etc.) *oua ioukien* (v. PASSÉ).

Dernièrement. *Eng'oum* « autrefois » (v. RÉCEMMENT).

Derrière. (Adv.) *Dheffer*. *Dheffer* a pour s. pr. « derrière » et « après ».

Dès que. *As* « que ».

Descendre. (D'une manière générale, ar. « nezel ») *Eres* (*ereser'*, *ieres*) (n.) : Descends de l'arbre, *eres dar' achek*. *Eres* est un mot très général s'employant pour toute chose dont on descend, arbre, maison, montagne, monture, etc. — (Descendre le cours d'une vallée) *teram* (*teramer'*, *iteram*) (act.) : J'ai descendu l'oued Silet, *teramer' ar'ahar oua n Silet*.

Descente. *Taserest* (v. TERRAIN).

Désert. *Tiniri* (v. TERRAIN).

Déshonneur. *Elr'ar** « honte ».

Désir. *Diren*, pl. *diranen* (m.) *(sidaren* « désirer »).

Désirer. *Er'hel (er'heler', ir'hel)* (act.). Le s. pr. de *er'hel* est « désirer » ; on l'emploie souvent dans le s. de « aimer » ; il est l'éq. de l'ar. « br'a ».

Désobéir. On traduit par « ne pas obéir » *our seg'id* (v. ECOUTER).

Désormais. *Ouan dimarder'* « depuis maintenant ».

Dessangler. *Ar ahaif* (v. SANGLE à l'art. CHAMEAU).

Dessein. (Projet) on traduit par « avoir l'intention de » *Abouk*.

Desserrer. *Ar* « ouvrir ».

Dessin. (Soit en broderie, soit sur le rocher, etc.) *Tiraout* « écriture », pl. *tira* (f.) (de *ari*, « écriture »).

Dessiner. *Ag' tiraout* « faire une écriture ».

Dessous. (Subst.) *Iris* (v. BAS à l'art. TERRAIN).

Dessous (au). (Au-dessous de, par dessous, plus bas que) *Es daou (daou* « sous »). — (Sous) *daou* « sous ».

Dessus. (Subst.) *Afella* (v. HAUT à l'art. TERRAIN).

Dessus (au). (Au-dessus de, par dessus, plus haut que) *Denneg'*. — (Sur) *foull* « sur ».

Détonation. *Aselfar'* « éclatement ».

Détoner. *Leffer'* « éclater ».

Détruire. *Erz'* « casser ».

Dette. On tourne de manière à employer le mot « créance » *Amerouas*.

Devancer. *Ezzar* « précéder ».

Devant. *Dat*. *Dat* a pour s. pr. « devant » et « avant ». — (Aller au devant) *enked* (*enkeder'*, *ienked*) (n.). J'ai été au devant de lui, *enkeder' as*).

Devenir. (Revenir, retourner, ar. « oulla », attendre) *Ek'k'el* (*ek'k'eler'*, *iek'k'el*) (act.) (même racine que *sour'el* « rendre »). Je retourne à Tit', *ek'k'eler' Tit'* ; je l'attends, *ek'k'eler' as*). Le s. pr. de *ek'k'el* est « devenir » et « revenir ».

Devoir. (Ver.) (avoir l'obligation imposée par Dieu) *Faradh** « être obligatoire ». — (Avoir une obligation imposée par un homme) on traduit : « il est sur moi » *iouar foull i*, ou bien « on m'a dit de », « on veut que », « on me contraint de » (v. DIRE, VOULOIR, CONTRAINDRE). — (Devoir de l'argent) (v. CRÉANCE).

Devoir. (Subst.) (obligation) *Feredh** « obligation ».

Diable. *Iblis** (v. DÉMON).

Dieu. *Mess inar'* « notre Maître » ; *Iallah**, ar. « Allah ».

Différence. *Amezzi* (m.) (de *mazzi*, « être séparé »).

Différer. (Être différent) on traduit par « être séparé » *Mazzi*, ou par « n'être pas pareil » *our oul*.

Différer. (Remettre à plus tard) *Zahari* (*zaharier'*, *izziheri*) (act.) (de *harai*, « être à la suite »).

Difficile (être). *Ouler'* (T. a.) *(oulr'ir', ioulr'et)* (n.). *Ouler'* (T. a.) est un mot très général se disant de tout ce qui est difficile, p., an. ou chose.

Difficile. (Adj.) *oulr'ot*, pl. *oulr'eten* (de *ouler'* (T a.) « être difficile »).

Difficulté. *Ilr'ot* (m.) (de *ouler'* (T. a.) « être difficile »).

Digne (être). (Être digne de) *enheg'* « être convenable ». — (N'être pas digne de) on traduit : « n'être rien » *our emous haret*. Je ne suis pas digne que tu entres dans ma maison, *our emouser' haret at teg'g'ched tar'ahamt in*.

Dimanche. *Elkhed** (v. TEMPS).

Dime. (Impôt religieux, ar. « 'achour ») *Tamessadhek**, pl. *timessedhak* (f.).

Dimension. On traduit par « longueur » *Tazeg'eret*, ou « largeur » *ag'aouir*, ou « hauteur » *at'koul*, ou « épaisseur » *tezzouhert*, ou « mesure » *'eket*.

Diminuer. (Act.) *Ektem (ektemer', iktem)* (act.). *Ektem* signifie « diminuer » dans le sens actif et dans le sens neutre et passif : Je lui ai diminué la nourriture, *ektemer' as amekchi* ; l'eau diminue dans le bassin, *ektemen aman dar' tihemt* ; mon argent est diminué, *az'ref in iktem*.

Diminuer. (N.) *Ektem* (v. DIMINUER [act.]).

Diminution. *Aktam* (m.) (de *ektem*, « diminuer »).

Dîner. (Ver.) (v. REPAS).

Dîner. (Subst.) (v. REPAS).

Dire. *En (ennir', inna)* (act.).

Direction. (Côté : du Nord, de la droite, etc.) *Ar'il* (v. CÔTÉ). — (Point de direction) *tanemhala* « ce qui est en face » (*nemahel* « être en face »). — (Dans quelle direction ?) *mani* (v. Où ?).

Diriger. (Envoyer) *Essouk* « envoyer ». — (Guider) *ner* « guider ». — (Commander, gouverner) *ennehadh* « décider ».

Diriger (se). On traduit par « aller » *Ek*, ou « voyager » *sikel*.

Disciple. *Analemad** « étudiant » ; *amidi* « compagnon ».

Discours. *Aoual* « parole ».

Discussion. *Tamr'ennant*, pl. *timr'ennanin* (f.) (de *mer'ennen*, « discuter »).

Discuter. *Mer'ennen* (*emir'ennaner'*, *imir'ennan*) (n.).

Disparaître. On traduit : « on ne l'a pas vu » *our te neien*.

Dispersé (être). *Mazzi* « être séparé ».

Disperser. *Zemezzi* « séparer ».

Dispute. (Avec voies de fait) *Akennas*, pl. *ikennasen* (m.) (de *eknes*, « se disputer [avec voies de fait] »). — (En paroles, faite à quelqu'un) *tegarout* (s. sans pl.) (de *eggour* (T. a.) « disputer [quelqu'un] en paroles »).

Disputer (se). (Avec voies de fait) *Eknes* (*ekeneser'*, *ikenes* (n.). — (Avec quelqu'un, en paroles) *temgour* (T. a.) (*timgourir'*, *itimgouret*) (n.) (de *eggour* (T. a.) « disputer [quelqu'un] en paroles »).

Disputer (quelqu'un en paroles, à raison ou à tort) *Eggour* (T. a.) (*eggourir'*, *ieggouret*) (n.). Il les disputa [en paroles], *ieggouret foull sen*.

Distance. *Ig'g'eg'* « éloignement » (v. TERRAIN).

Distraction (v. RÉUNION).

Distraire. *Hel* « amuser ».

Distribuer. *Ouz'an* « partager ».

Diviser. *Ouz'an* « partager ».

Divorce. *Oulouf* « répudiation ».

Divorcer. En parlant d'un homme, on traduit par « répudier » *ellef* ; en parlant d'une femme, on dit *tellef iman nit* « elle a répudié sa personne ».

Djerid. *Takatart* (v. CULTURE).

Docile (être). (En parlant des pers.) *Seg'ed* « écouter ». — (En parlant des an.) *ounan* « être dressé ».

Docilité. (En parlant des pers.) *Ag'g'ed* « obéissance ». — (En parlant des an.) *tounount*, pl. *tounnounin*) (f.) (de *ounan*, « être dressé »).

Doigt. *Adhadh* (v. CORPS).

Don. (Cadeau) *Isouf* (inv.) (m.). — (Faire un don, des dons) *ag' isouf* (*ag'* « faire ») ou bien *ekf isouf* (*ekf* « donner »). — (Don pieux fait à un marabout, ar. « ziara ») *takouti* « aumône ».

Donner. *Ekf* (*ekfir*, *ikfa*) (act.). Les deux rég. de *ekf* se mettent à l'acc. : J'ai donné à Mousa du lait, *ekfir' Mousa akh*. — (Donner hab.) *hakk* (*hakker'*, *ihakk*) (act.) (forme d'hab. de *ekf* « donner »). Les deux régimes de *hakk* se mettent à l'acc. : Il lui donne hab. un chameau, *ihakk it amis*.

Dorénavant. *Ouan dimarder'* « depuis maintenant ».

Dormir. *Et'l'es* (*et'l'eser'*, *it'l'es*) (n.).

Dos. *Arouri* (v. CORPS).

Dot. (Que le mari constitue à la femme en l'épousant) *Tagalt*, pl. *taggalin* (f.).

Douceur. (Au goût ou à l'odorat, suavité : au pr. et au fig.) *taz'odi*, pl. *tiz'odiaouïn* (f.) (de *ez'id*, « être doux »).

Doucement. (Lentement, posément, avec douceur : au pr. et au fig.) *Soullan*.

Douleur. (Morale) *R'ehad n oul* (v. AFFLICTION).
— (Physique, en général) *takmou* (m.) (de *kem*,
« faire mal »). — (Douleur extrême, qui met à
bout) *touz'z'irt* (v. SOUFFRANCE).

Doute. (ar. « chekk ») *Echchek** (m.).

Douter. On traduit par « faire doute » *ag'
echchek*.

Doux (être). (Au goût ou à l'odorat, sucré,
suave : au pr. et au fig.) *Ez'id* (*iz'id*) (n.). — (Au
moral, en parlant des pers.) on traduit « il y a en
lui de la grâce, de la compassion » (v. GRACE).
Mousa est doux, *Mousa ihi tamella*. — (En parlant des an.) *ounan* « être dressé ».

Doux. (Au goût ou à l'odorat, sucré, suave : au
pr. et au fig.) *Az'iden*, pl. *az'idenin*). — (Au moral,
en parlant des pers.) on traduit « il a en lui de la
grâce, de la compassion » (v. ETRE DOUX). — (En
parlant des an.) on traduit par *iounan* « il est
dressé ».

Drap. *Elmelef** (v. VÊTEMENT).

Dressé (être). (Etre docile, en parlant d'un an.)
Ounan (*ounaner'*, *iounan*) (n.). — (Se tenir debout) *ebeded* « être debout ».

Dresser. (Un animal) *Sinen* (*sounener'*, *issou-
nen* (act.) (de *ounan*, « être dressé ». — (Faire tenir
debout) *sebeded* (v. DEBOUT).

Droit (rendre). (Au pr. et au fig. ; tenir droit,
redresser, rectifier, régler, diriger, conduire,
étendre, tendre, ar. « seggem ») *Ez'el* (*ez'eler'*,
iz'el) (act.). Le sens pr. de *ez'el* est « rendre droit » ;
il est l'éq. de l'ar. « seggem » ; il se dit des pers.,
des an. et des ch. ; on l'emploie comme notre mot
« régler » dans le sens de « payer » : Je lui ai

payé de l'argent, *ez'eler' as az'ref* ; je me suis vengé, *ez'eler' er'a* « j'ai réglé mon talion »). — (Rendre droit hab.) *ez'z'el* (*ez'z'eler'*, *iz'z'el*) (act.). *Ez'z'el* a tous les sens de *ez'el* en y ajoutant l'idée d'hab. Au prés. de l'ind. *ez'z'el* a souvent le sens passif « être droit (au pr. et au fig.), être exact, réglé, juste, loyal, parfait, comme il faut, être étendu, être dirigé ».

Droit. (Adj.) (ce qui est du côté de la droite) *Oua n ar'il* (v. Côté). — (Ce qui est en ligne droite [au pr. et au fig.], loyal, parfait) *ez'z'alen*, pl. *iz'z'alenin* (de *ez'el*, « rendre droit »).

Droit. (Subst.) *Elkhak'k'** (m.).

Droite. (Ce qui est du côté droit, la direction de la droite) *Ar'il* (v. Côté).

Droiture. (Au pr. et au fig.) *Tamez'z'oult* (f.) (de *ez'el*, « rendre droit »).

Dune. *Ig'idi* (v. Terrain).

Dur (être). *Ek'k'or* « être sec ».

Durcir. (n.) (devenir dur) *Ek'k'or* « être sec ». — (Act. ; rendre dur) *ser'er* « sécher ».

Durer. *R'im* « rester ».

E

Eau. *Aman* (pl. sans s.) (m.).

Écarter (s'). (Se déplacer) *Enkih* « se déplacer ».

Écarter. (Déplacer) *Zenkih* « déplacer ». Ecarte cet homme de moi, *zenkih ales ouarer' foull i.*

Échanger. *Semeskel* (v. CHANGER).

Éclair. *Issam* (v. ATMOSPHÈRE).

Éclairer. (Donner de la lumière) *Ag' afa* « faire de la clarté ». — (A la guerre) *ag' tidhaf* « faire garde » (v. GARDE à l'art. GUERRE).

Éclaireur. *Tidhaf* (v. GUERRE).

Éclatement. (Détonation de poudre) *Aselfar'* (m.) (de *leffer'*, « éclater »).

Éclater. (Détoner, crever en éclatant) *Leffer'* (*ilaffer'*) (n.). *Leffer'* se dit surtout de la poudre, et aussi de tout ce qui est susceptible d'éclater violemment, comme une outre pleine ou une bouteille qu'on brise violemment ; c'est aussi ce verbe qu'on emploie pour dire que les bourgeons des arbres, les boutons des fleurs « s'ouvrent », son s. pr. est « éclater ». — (Faire éclater ; faire détoner) *selfer'* (*selfer'er*, *isselfer'*) (act.). C'est de ce verbe qu'on se sert pour exprimer l'idée de « tirer un coup de feu » : Tire un coup de fusil *selfer' elbaroudh ennek* « fais détoner ton fusil ».

Éclipse. *Amihar'* « razzia subie, fait d'être enlevé par violence » (v. RAZZIA à l'art. GUERRE).

Éclipser (s'). *Emihar'* « être razzié, enlevé par violence » (v. RAZZIER à l'art. GUERRE).

École. *Ak'arbouh*, pl. *ak'k'arbouhen* (m.). *Ak'arbouh* est un mot très général s'employant pour désigner les écoles de petits enfants et celles des étudiants de tout âge.

Économe. On traduit : *iougaz' ihiri nnit* « il garde son argent ».

Économiser. On traduit : *iougaz' ihiri nnit* « il garde son argent ».

Écorce. *Taseng'efa*, pl. *tiseng'ifaouin* (f.).

Écouter. (Écouter avec attention, obéir, ar. « sennet ») *seg'ed* (*seg'eder'*, *iseg'ed*) (n.). (Écoute ma parole, *seg'ed i aoual in* ; écoute ton père, *seg'ed i ti k* ; obéis à Mousa, *seg'ed i Mousa*). Le s. pr. de *seg'ed* est « écouter » ; il ne s'emploie qu'en parlant des pers. ; il est l'éq. de l'ar. « sennet » ; comme lui, il signifie très souvent « obéir »).

Écraser. (Avec un moulin) *az'ed* « moudre ». — (Dans un mortier) *edd* « piler ». — (Aplatir avec la main, le pied, ou de toute manière) *elfez* (*elfezer'*, *ielfez*) (act.). (Écrase la mouche contre le sol, *elfez chi dar' amadhal*). — (Piétiner, fouler aux pieds) *koukel* « fouler ».

Écrire. *Ekteb** (*ekteber'*, *iekteb*) (act.).

Écrit. (De toute sorte, livre) *elkettab**, pl. *elkettaben* (m.). — (Lettre, missive) *tiraout* (v. LETTRE).

Écriture. (En général) *Akatab**, pl. *ikataben*) (m.) — (Écriture touarègue) *tifinar'* « caractères touaregs » (v. CARACTÈRE).

Écuelle. *Akous* (v. VAISSELLE à l'art. USTENSILE).

Écume. (De la bouche des pers. et des an., et

de toute chose) *Tikouffaouin* (f. pl.). — (Mousse blanche du lait qu'on vient de traire) *takoufi* « mousse ».

Écumer. (Produire de l'écume) *Eskefkef* (*eskefkefer'*, *isikefkef*) (n.) (de *kef*, « être gonflé »).

Éducation. *Tadoula* (f.) (de *douel*, « croître »).

Effacer. *Ames* « essuyer ».

Effets. (Bagages, effets de toute nature) *Ilalen* (pl. sans s.) (m.).

Effrayé (être). *Ouksadh* « craindre ».

Effrayer. *Souksedh* (*souksedher'*, *issouksedh*) (act.) (de *ouksadh*, « craindre »).

Égal (être). *Ouged* (3e p. s. *iougda*, 1re p. pl. *nougeda*) (n.). On fait précéder le rég. de *ouged* de la par. *d* « et, avec ». Ils sont égaux en nombre aux étoiles du ciel, *ougdan d itran n ag'enna* ; Mousa est mon égal, *Mousa iougda d i* ; cela est son égal, *iougda d es*. *Ouged* s'emploie aussi dans le sens de « coûter ». Cela coûte 2 mitr'als, *iougda d essin mitr'alen* « cela égale 2 mitr'als ». *Ouged* est employé aussi en parlant du sol, dans le sens de « être égal, plat, uni ». Le s. pr. de *ouged* est « être égal ». — (Etre égal, dans le s. être indifférent) (v. Soucier). — (Rendre égal, équilibrer, mettre en ordre) *sougedou* (*sougeder'*, *isougeda*) (act.) (de *ouged*, « être égal »).

Égaler. (V. Egal).

Égaré (être). (Être perdu, s'égarer, se perdre, se tromper de chemin, se tromper, commettre une faute) *kherek* (*ekhereker'*, *ikherek*) (n.). Le s. pr. de *kherek* est « être égaré ».

Égarement. (Faute) *Akherak* « faute ». —

(Erreur) *assakherek* « erreur ». — (Péché) *abekkah* « péché ».

Égarer. (Perdre, au pr. et au fig. ; faire se tromper) *sekherek* (*sekhereker'*, *issekherek*) (act.) (de *kherek*, « être égaré »).

Église. (Religion) *Eddin** « religion ». — (Lieu de prière) *tamedjdjida** « oratoire ».

Égorgement. *Ar'aras*, pl. *ir'erasen* (m.) (de *r'eres*, « égorger »).

Égorger. *R'eres* (*er'ereser'*, *ir'eres*) (act.).

Égypte. *Maser**.

Élargir. *Ar* « ouvrir ».

Éléphant. *Elou* (v. ANIMAL).

Élévation. *At'koul* (m.) (de *et'kel*, « lever »).

Élever. (Donner l'éducation à [des enfants], élever [des troupeaux]) *Ekfadh* (*ekfadher'*, *ikfadh*) (act.) : J'ai élevé un enfant, *ekfadher' abaradh ien*. — (Lever, soulever, mettre plus haut, en parlant des choses) *et'kel* « lever ». — (Grandir [act.], en parlant des pers.) *simr'ar* « grandir ».

Éloge. On tourne la phrase de manière à y faire entrer les mots « louer » *amel*, ou « louange » *tamouli*.

Éloignement. (Lointain) *A ioug'eg'en* (v. LOINTAIN). — (Fait d'être éloigné) *ig'g'eg'* (m.). (de *ag'eg'* « être loin »).

Éloigné (être). *Ag'eg'* « être loin » (v. LOIN). — (S'éloigner de) *enimeg'eg'* (*enimeg'eg'er'*, *inimeg'eg'* (n.). Il s'est éloigné de la montagne. *inimeg'eg' d adrar*.

Éloigner. *Soug'eg'* (*soug'eg'er'*, *issoug'eg'*) (act.) ; *senemeg'eg'* (*senemeg'eg'er'*, *isenemeg'eg'*) (act.) (de *ag'eg'*, « être loin »). Eloigne cet homme de ma tante, *senemeg'eg' ales ouarer' d ihan in*.

Embrasser. (Prendre dans ses bras) *Ermes iri* « saisir le cou ». (Il l'embrasse, *iermes iri nnit*). — (Donner un baiser) *moulli* (T. a.) « baiser ».

Embuscade. On traduit en se servant du verbe *ebbik* (T. a.) « être embusqué ».

Embusqué (être). (S'embusquer) *ebbik* (T. a.) (v. GUERRE).

Eminence (v. COLLINE à l'art. TERRAIN).

Emmener. On traduit par « faire compagnie [avec quelqu'un] » *eddiou* (v. ACCOMPAGNER), ou par « prendre [avec soi] » *ermes* (v. SAISIR), ou par « partir avec » (v. PARTIR).

Empêcher. *Ekkes* « ôter ».

Emplir. *At'kar* « remplir ».

Emporter. On traduit par « apporter » *aoui*, ou « porter » *et'kel*, ou « saisir » *ermes*.

Enceinte (être). *Simrou (simrouer', tesimrou)* (n.) (de *arou*, « enfanter »).

Encens. *Akararou* (m.).

Enclos. *Afarra* (v. CLÔTURE à l'art. CULTURE).

Enclume. *Tahount* « pierre » (v. USTENSILE).

Encore. (Avec idée de durée, ar. « ma zal ») *Animir*. Il est encore vivant, *animir iddar* ; il n'est pas encore mort, *animir our iemmout*. — (Avec idée d'augmentation, de répétition, ar. « zîd ») on se sert du verbe *sit* « accroître ».

Encrier. *Taddouat*, pl. *tiddaouatin* (f.).

En deçà. *Illa d* (v. DEÇA).

Endormir. *Soudhes (soudheser', issoudhes)* (act.) *(et l'es « dormir »).*

Endroit. *Edeg* « lieu ».

Enfant. *Abaradh, pl. ibaradhen, f. tabarat', f. pl. tibaradhin).* *Abaradh* signifie « enfant (de tout âge), adolescent, jeune homme » ; du jour de la naissance à celui où l'on est homme ou femme, on est *abaradh* ou *tabarat'*. — (Enfant de tout âge et de tout sexe, des p. et des an.) *ara, pl. araten* (m.).

Enfantement. *Tiroua,* pl. *tarouiouin* (f.) (de *arou* « enfanter »).

Enfanter. (Mettre au monde) *Arou (eraouer', irou)* (act.). *Arou* se dit des hommes et des femmes. Il enfanta un fils, *irou abaradh* ; elle accoucha d'un fils, *terou abaradh.*

Enfer. On traduit par « feu » *Timsi.*

Enflammer (s'). *Enfel (enfeler', ienfel)* (n.). *Enfel* ne se dit que d'une grande flamme.

Enflammer. *Senfel (essenfeler', icssenfel)* (act.).

Enflé (être). (Au phys.) *Hedhedhi (hedhedhier', ihedhedhi)* (n.).

Enflure. *Iadhedhi* (v. MALADIE).

Enfoncer. *(N,* entrer dans) *Eg'eh* « entrer ».— (Act., faire entrer dans) *zoug'eh* (v. ENTRER).

Enfuir (s'). *Erouel* « fuir ».

Énigme. *Tounz'art* (f.).

Enlever. (Lever, soulever, porter) *El'kel* « porter ». — (Prendre, saisir) *ermes* « saisir ». — (Oter, arracher) *ekkes* « ôter ».

Ennemi. *Aheng'ou* (v. GUERRE).

Enroué (être). On traduit : *Our'erasen ig'orhaien nit* « est égorgée sa gorge », il est enroué.

Enrouement. On traduit par « il est enroué » *Our'erasen ig'orhaien nit*.

Enrouler. *Ettel (ettaler', ittel)* (act.) (v. TOURNER).

Enseigner. *Selmed** (v. APPRENDRE).

Enseignement. *Aselmed**, pl. *iselmiden* (m.) (de *elmed* « apprendre [s'instruire de] »).

Ensemble (de compagnie). On tourne soit en employant deux pronoms (moi et toi, *nek ed kai)*, soit en se servant du verbe *eddiou* « faire compagnie » : Ils sont partis ensemble, *eglen eddiouen* (v. ACCOMPAGNER). — (Avec sens de réciprocité) on traduit par les formes de réciprocité des verbes ou la par. *g'er* « entre », accompagnée d'un pron. aff.

Ensevelir. (Laver et entourer d'un linceul). On traduit par « arranger » *Ken*. — (Enterrer) *enbel* « enterrer ».

Ensuite. *Didi*.

Entendre. *Sel (eslir', isla)* (n.) Le rég. de *sel* se met au datif. J'ai entendu ses paroles, *eslir' i aoual ennit*.

Enterrement. *Anabal*, pl. *inabalen* (m.) (de *enbel*, « enterrer »).

Enterrer. *Enbel (anbeler', ienbel)* (act.) ; *ez'k (ez'kir', iz'ka)* (act.). Au prés. de l'ind. *enbel* a souvent le s. passif « être enterré ».

Entier. On tourne par *emdou* « être fini » (v. FINIR).

Entièrement. On tourne par *emdou* « être fini » (v. FINIR).

Entonnoir. *Aseggaf* (v. Ustensile).

Entourer. (Se tenir autour, tourner autour) *Er'lai (er'laier', ir'lai)* (n.). (Les ennemis entourent la ville, *iheng'a er'laien i ar'rem*). — (Envelopper) on traduit par *bérouber* (T. a.) « couvrir », ou par *ettel* « enrouler ».

Entrave. (« Guîd ») *Tiffart* (v. Chameau).

Entraver (un chameau, lui mettre le « guîd »). *Ag' tiffar* « mettre l'entrave » *(ag' « faire »).*

Entre. (Parmi) *G'er* (qui se prononce souvent *g'ir).*

Entrée. *Oug'ouh,* pl. *oug'ouhen* (m.) (de *eg'eh* « entrer »).

Entrer. *Eg'eh (eg'eher', ig'ah)* (act.). (Entre dans la maison, *eg'g'eh tar'ahamt).* — (Faire entrer) *zoug'eh (zoug'g'eher', izoug'g'ah)* (act.).

Entreprendre. *Ermes* « saisir ».

Entretenir. (S'entretenir avec, converser avec) *Esdouen* (T a.) « converser ».

Entretien. (Conversation) *Idaouenni* « conversation ».

Envelopper. On traduit par *bérouber* (T. a.) « couvrir », ou par *ettel* « enrouler ».

Envier. (Être envieux) *Eng'az'* « être jaloux ».

Environ. (A peu près) *S emkata* « dans la mesure de » (de *eket,* « mesurer ») ; *tig'enin* « cela fait », ar. « ia'mel » (de *ag',* « faire »).

Environs. (Subst.) (voisinage, proximité) *Ehaz'* « proximité ».

Envoi. *Tasiouit,* pl. *tisiouiin* (f.) (de *aoui,* « apporter »).

Envoyé. (Subst.) *Amahal*, pl. *imahalen* (m.) (de *emhel*, « pousser »).

Envoyer (une chose). *Seoui (seouir', issioui)* (act.) (de *aoui*, « apporter »). — (Une pers. ou un anim.) *essouk (essoukir', issouka)* (act.) (de *ek*, « aller à »).

Épais. *Houhar* « gros ».

Épaisseur. *Tezzouhert* « grosseur ».

Epargner. (Faire grâce) *Sefes* (v. GRÂCE). — (User modérément de) *agez'* « garder ».

Épaule. *Az'ir* (v. CORPS).

Épée. *Takouba* (v. ARME).

Épi. *Tahammart* (v. CULTURE).

Épiderme. *Tasena* (v. CORPS).

Épilepsie. *Takarraouat* (v. MALADIE).

Épine. *Asennan*, pl. *isennanen* (m.).

Épouser. (Quand le sujet « d'épouser » est l'homme) *Aoui* « apporter » (c.-à-d. « prendre, ar. djib ») : J'ai épousé une femme, *aouier' tamet'* « j'ai pris femme », ar. «djibt mra ». — (Quand le sujet « d'épouser » est la femme) *eddiou* « accompagner » (c.-à-d. « faire compagnie, être avec ») : J'ai épousé un homme, *eddiour' d ales.*

Éprouver. (Mettre à l'épreuve, à l'essai, tenter, goûter) *Arem (oremer', iorem)* (act.). — (Ressentir) *oufrai* (v. SENTIR).

Équilibrer. (Mettre en équilibre) *Sougedou* « rendre égal » (v. EGAL). Equilibre les effets sur le chameau, *sougedou ilalen foull amis.*

Erreur. *Assakherek*, pl. *issekheriken* (m.) (de *kherek*, « être égaré »).

Esclave. (De toute couleur) *Akli*, pl. *iklan*, f. *taklit*, f. pl. *tiklatin*.

Espérance. On traduit par *diren* « désir ».

Espérer. On traduit par *sidaren* « désirer » (*sidarener'*, *iesidaren*) (act.).

Espion. Se traduit par *ir'alli* « il tourne hab. », pl. *r'allien* « ils tournent hab. »). (Un espion, *ien ir'alli* « un il tourne hab. » ; des espions, *ouiodh r'allien* « quelques-uns ils tournent hab. »).

Esprit. (Intelligence, sagesse, ruse) *Taitti*, pl. *tiittiouin* (f.). Le s. pr. de *taitti* est « esprit » (dans le sens d'« intelligence ») ; on s'en sert pour exprimer les idées de « sagesse » et de « ruse » ; pour exprimer l'idée de « ruse » on emploie d'ordinaire le pluriel *tiittiouin*. Un homme sage, *ales ilan taitti* « un homme ayant de la sagesse ; sagement, *s taitti* « avec sagesse » ; il est sage, *ila taitti* « il a de la sagesse » ; il est rusé, *ila tiittiouin* « il a de la ruse » ; un homme rusé, *ales en tiittiouin* « un homme de ruse ».

Essayer. (Mettre à l'épreuve, à l'essai) *Arem* « éprouver ».

Essuyer. *Ames* (*oumeser'*, *ioumes*) (act.). Par ext. *ames* signifie « effacer » ; au prés. de l'ind. il a souvent le s. pas. « être essuyé », et p. ext. « être effacé ».

Est. *Elak'k'ablet** (v. TERRAIN).

Est-ce que. *Mir'*. La par. *mir'* se place après le verbe : sais-tu ? *tessaned mir'* ? ; la plupart du temps on l'omet, le sens de la phrase seul indique l'int. sais-tu ? *tessaned* ?

Et. (Avec) *d*.

Étalon. *Amati* (v. CHAMEAU).

État. (En général) *Elkhal**, pl. *elkhalen* (m.). *Elkhal* signifie « l'état, le temps, etc. » et a, en touareg, tous les sens qu'a en arabe « elh'al ». — (État de la santé) *éouen*, pl. *éouenen* (m.). *Eouen* ne s'emploie qu'en parlant de la santé. : Comment vas-tu ? *ma n éouen nek ?* « quoi de l'état de toi ? » — (Profession). On tourne en se servant des mots « travail », « travailler », « faire ».

Été. *Eouilen* (v. SAISON à l'art. TEMPS).

Éteindre. *Ser'si* (*ser'sier'*, *isser'si*) (act.) (de *er'si*, « être éteint »).

Éteint (être). (Être complètement éteint, complètement mort, en parlant du feu ; être crevé sans avoir été égorgé, en parlant d'un animal) *Er'si* (*ir'si*) (n.).

Étendre. (N'importe quoi, natte, couverture ou autre chose, pour se coucher ou s'asseoir dessus, ar. « ferrech ») *Efter'* (*efter'er'*, *ifter'*) (act.). — (Etendre toute espèce de chose) *efser* (*efserer'*, *ifser*) (act.). S'étendre, se coucher) *ens* « se coucher ». — (Tendre, rendre droit, par ex. : le bras, la main) *ez'z'el* « rendre droit ».

Étoffe. (v. VÊTEMENT).

Étoile. *Atri*, pl. *itran* (m.). — (L'étoile du matin) *tatrit* « la petite étoile ».

Étonnant. Se traduit par « chose d'étonnement » *Haret en takount* (v. ADMIRATION).

Étonné (être). — *Akoun* (v. ADMIRER).

Étonnement. *Takount* (v. ADMIRATION).

Étranger. (Adj.) Se traduit par « celui du dehors » *Oua n tiniri* (v. DEHORS).

Étranglement. *Tar'it* (v. TERRAIN).

Étrangler. (Act.) *Ar'i* (*our'ir'*, *iour'i*) (n.). La pers. étranglée se met au datif : Il l'a étranglé, *iour'i as.*

Être. (Exprimant l'idée d'existence) *Ili* (*ellir'*, *illa*) (n.). — (Exprimant l'idée d'état, de condition, de position) *emous* (*emouser'*, *imous*) (n.).

Être avec. *Eddiou* (v. ACCOMPAGNER).

Être dans. *Eh* (*ehir'*, *iha*) (act.).

Être sur. *Ouar* (*ouarer'*, *iouar*) (act.). — (Mettre sur) *souar* (*souarer'*, *isouar*) (act.) (de *ouar*, « être sur »).

Étroit (être). *Ekrez'* (*ekrez'er'*, *ikerez'*) (n.) Le s. pr. de *ekrez'* est « être étroit ». Par ext. il signifie « être resserré, retréci, triste, sévère ». Il est moins employé que sa forme d'hab. *karroz'* « être étroit hab. » (*karroz'er'*, *karroz'*) (n.) qui signifie p. ext. « être hab. resserré, retréci, triste, sévère ». (Je suis triste, *karroz'en iman in* ; le temps est triste, *karroz' elkhal. Karroz'* perd ordinairement l'*i* initial à la 3e pers. s.

Étroit. *Karroz'*, pl. *karroz'en* (de *ekrez'*, « être étroit »).

Étroitesse. (Resserrement, tristesse, chagrin) *Tekerz'i* (s. sans pl.) (f.) (de *ekrez'* « être étroit »).

Étude. (Action d'examiner) *Akriad* « examen ». — (Action d'étudier) *almoud**, pl. *almouden* (m.) (de *elmed*, « apprendre »).

Étudiant. *Analemad**, pl. *inalemaden* (de *elmed*, « apprendre »).

Étudier. (S'instruire de, apprendre, comprendre) *Elmed** « apprendre ». — (Examiner) *akid*, « examiner ».

Évanouir (s'). (Être évanoui) *Enr'alef* (*enr'alefer'*, *inr'alef*) (n.).

Évanouissement. *Tanr'alift* (v. MALADIE).

Éveiller (s'). *Enker* « se lever ».

Éveiller. *Senker* (v. SE LEVER).

Examen. (Considération attentive) *Akeiad*, pl. *keiaden* (m.) (de *akid*, « examiner »).

Examiner. (Considérer attentivement) *Akid* (*akieder'*, *ikied*) (act.).

Excédant. *Asiki* (Subst.) (m.) (de *aki*, « passer »).

Excéder. *Aki* « passer ».

Excepté. *Koundeba* (pour *koud aba*) ; *ar* « jusqu'à, excepté ».

Excuser. *Sourf* « pardonner ».

Existence. (Vie) *Tammeddourt* « vie ». — (Fait d'exister) *tela* (f.) (de *ili*, « être »).

Exister. *Ili* « être »).

Expédition. (v. GUERRE).

Extrémité. (Limite extrême, bout) *Idir* (s. sans pl.) (m.). — (Pointe) d'un bâton, d'une aiguille, d'une lance, d'un clou, *imi* « bouche » ; d'une épée, *iles* « langue ». — (Extrémité la plus grosse d'une lance, d'un bâton, d'un clou) *ir'ef* « tête ».

F

Fabrication. *Amouken* « arrangement ».

Fabriquer. *Ken* « arranger ».

Face (être en). (Être vis-à-vis) *Nemahel* (*enmahaler'*, *inimahal*) (n.). Nous sommes en face l'un de l'autre, *annimahal* ; je suis en face d'un homme, *enmahaler' d aou adem*.

Face (en). (Ce qui est en face, ce qui est vis-à-vis) *tanemhala* (subst) (s. sans pl.) (f.). — (En face de) *tanemhala en* « ce qui est en face de » (*nemahel* « être en face »).

Fâcher (se). (V. COLÈRE, IRRITER).

Facile (être). *Enhil* (*enhiler'*, *inhil*) (n.). *Enhil* se dit de tout ce qui est facile (p., an. et ch.).

Facile. *Enhil*, pl. *enhilen* (de *enhil*, « être facile »).

Facilité. *Tanheli*, pl. *tinheliouin* (f.) (de *enhil*, « être facile »).

Faciliter. *Zanhel* (*zanehaler'*, *izanhel*) (act.) (de *enhil*, « être facile »).

Fade (être). On traduit : *Ou t tchi tindhi* « il n'y a pas en lui de saveur ».

Fagot. *Akerroud*, pl. *ikerrouden* (m.) (de *kered*, « serrer fortement »).

Faible (être). (Malingre, mou, souple, sans consistance, au pr. et au fig.) *Lemmedh* « être mou ».

Faible. *Lemmidhen* « mou ».

Faiblesse. *Alemmidhen* « quelque chose de mou ».

Faim (avoir). *Ellaz'* (*ellouz'er'*, *illouz'*) (n.).

Faim. *Laz'* (m.) (*ellaz'* « avoir faim »).

Faire. *Ag'* (*eg'ir*, *ig'a*) (act.). Le s. pr. de *ag'* est « faire » ; on l'emploie aussi dans les sens de « mettre, agir ». — (Faire hab.) *tag'* (*tag'er'*, *itag'*) (act.).

Falloir. (Être nécessaire) (v. Obligatoire, Contrainte). — (Avoir besoin de) *Ouser* (v. Besoin).

Famille. (Dans un sens restreint, la femme et les jeunes enfants, ou bien le père et la mère) on traduit par « tente » *ehen*. — (Dans un sens large, la parenté) on traduit par « les gens » *eddounet** ou « les frères » *ait ma* : Ta famille, *eddounet ennek*, ou *ait ma k*.

Famine. *Menna*, pl. *mennaoualin* (f.).

Fardeau. *Ag'g'i* « charge ».

Farine. *Eg'il* (v. Nourriture).

Fatigue. *Oudhouh* (s. sans pl.) (m.) (de *edhdhah*, « être fatigué »).

Fatigué (être). *Edhdhah* (*edhdhar'*, *iedhdhah*) (n.).

Fatiguer (se). *Menked* (*emmenkeder'*, *immenked*) (n.).

Fatiguer. (Act.) *Semenked* (*semenkeder'*, *isemenked*) (act.).

Faucille. *Amrih* (v. Ustensile).

Faute. *Akherak*, pl. *ikharaken* (m.) (de *kherek*, « être égaré »).

Faux. (Qui n'est pas vrai) on traduit par *ourg'er' tidet* « nullement vérité ». — (Mensonger) on traduit par « de mensonge » *en bahou*. Nouvelles fausses, *isalan en bahou*.

Faveur. (Faite à une p. plutôt qu'à une autre, préférence donnée à une p. sur d'autres) *Tinoureft,* pl. *tinouraf* (f.) (de *esnaref,* « favoriser quelqu'un plus qu'un autre »). Le pl. est plus usité que le sing. — (Bienfait) *elkhïr** « bien ».

Favoriser. (Une p. plus qu'une autre, donner la préférence à une p. sur d'autres) *Esnaref* (*esnarefer', isnaref*) (act.). J'ai favorisé Mousa, *esnarefer' Mousa.*

Fedjer. (Moment du fedjer) *Elfejour** (v. HEURE à l'art. TEMPS).

Féliciter. (Exprimer sa joie d'un heureux événement) on traduit par « je rends grâce à Dieu de ce que », *Amouier' i Mess inar' foull...* (v. GRÂCE). — (Louer d'une bonne action, d'une œuvre bien faite) *eñh* (*eñhir', iñha*) (n.). Je l'ai félicité, *eñhir' as* ; je te félicite, *eñhir' ak.*

Féminin. *Tounti,* pl. *tountaouin.*

Femme. *Tamet',* pl. *tidhidhin.*

Fendre. *Enkedh* « couper ».

Fenek. *Khorhi* (v. ANIMAL).

Fer. *Taz'ouli,* pl. *tiz'ouliaouin.*

Ferme (être). (Être ferme moralement, fort moralement, vertueux, constant) *Eskha* (*eskhir', iskha*) (n.). *Eskha* ne se dit que des p. ; son s. pr. est « être ferme (moralement) ». — (Etre ferme physiquement) *essoh* (T. a.) (v. FORT).

Ferme. *Erg'el* (*erg'eler', ierg'el*) (act.).

Fermier. *Khammas** (v. CULTURE).

Ferrer (un cheval). On traduit par « chausser » *Sesel.*

Fesse. *Titor'est* (v. CORPS).

Fête (religieuse). *Tafaski**, pl. *tefaskiouin* (f.).
Tafaski se dit de toute fête religieuse quel qu'elle
soit.

Feu. (Toute espèce de feu) *Timsi*, pl. *times* (f.).
P. ext. *timsi* désigne l'« enfer ».

Feuille. (De végétal) *Afraou*, pl. *ifraouen* (m.).
Afraou signifie « feuille, plume, aile ». — (De
papier, d'un livre) *takardhi** (v. PAPIER).

Fezzan. *Targ'a*.

Fiancé. (Avant le mariage les fiancés n'ont pas
de nom particulier ; le jour du mariage et les
sept jours que durent les noces, on les appelle *anesdiben* « nouveau marié ».

Ficelle. (Grosse) *Ahelloum oua andherren*
« petite corde ». — (Mince) *tinelli* « fil ».

Fidèle (être). (Être de confiance, honnête)
*Eslakh** (*eslakher'*, *islakh*) (n.). *Eslakh* ne se dit que
des p. ; son s. pr. est « être fidèle ».

Fier (être). On traduit par « grandir son âme ».
Il est fier, *Issimr'ar iman nit* « il grandit son
âme ».

Fierté. On traduit par « agrandissement de l'âme »
Simr'ar n iman (*simr'ar* « action de grandir [quel-
qu'un] ») (m.).

Fièvre. *Taz'z'ak'* (v. MALADIE).

Figue. *Ahar* (v. CULTURE).

Figuier. *Tahart* (v. CULTURE).

Figure. *Oudem* (v. VISAGE).

Fil. (A coudre) *Tinelli*, pl. *tineloua* (f.).

Filer. (Du poil, de la laine, du lif, toute matière
pouvant se filer) *Illem* (*ellemer'*, *illem*) (act.).

Filet. (A poissons) *Echchebket**, pl. *echchebketin* (f.). — (De toute sorte) *tila*, pl. *titatin* (f.).

Fille. (Ma fille) *Illi*. — (Fille, accompagné d'un pr. aff.) *illi*. Ta fille, *illi k* ; leur fille, *illi sen*. — Mes filles, *echché*. — (Filles, accompagné d'un pr. aff.) *echché*. Tes filles, *echché k* ; ses filles, *echché s* ou *echché ch*. — (Fille, non accompagné d'un pr. aff.) *oult*, pl. *chet* ou *echchit*. Ma sœur, *oult ma* « la fille de ma mère » ; la fille de Mousa, *oult Mousa* : Tar'ichat, fille d'Ibdakan, *Tar'ichat oult Ibdakan*. — (Jeune fille, petite fille, enfant du sexe fém.) *tabarat'* (v. ENFANT). — (Petite-fille, fille du fils ou de la fille) *tahiaout*, pl. *tiheiaouin*.

Fils. (Accompagné d'un pr. aff.) *Rour*, pl. *meddan*. Mon fils, *rour i* ; tes fils, *meddan ek*. — (Non accompagné d'un pron. aff.) *aou*, qu'on prononce souvent *ag*, pl. *ait*. Mousa, fils d'Amastan, *Mousa ag Amastan* ; une personne, *aou Adem* « fils d'Adam » ; démon, *ag esouf* « fils de l'isolement » ; des personnes, *ait Adem* « fils d'Adam ». — (Petit-fils, fils du fils ou de la fille) *ahaia*, pl. *iheiaouen*.

Fin. (Subst.) (Fait d'être achevé) *Tameddaout* (f.) (de *emdou*, « être fini »). — (La dernière partie ; opposée à commencement) *harraiet* (m.) (de *harai*, « être à la suite »). La fin du mois, *harraiet en tallit* (v. TEMPS).

Finir. (Être anéanti) *Aba* (T. a.) (v. ANNULÉ). — (Être fini, terminé, complet, achevé, accompli) *emdou* (*emdir'*, *imda*) (n.). Le s. pr. de *emdou* est « être fini ». — (Finir, terminer, compléter, achever, accomplir entièrement, ar. « kemmel ») *semdou* (*essemder'*, *issemda*) (act.) (de *emdou*, « être fini »). — Le v. *emdou* est d'un emploi très fréquent ; c'est de lui qu'on se sert ordinairement pour exprimer les idées de « tous, toutes, tout entier, complètement, entièrement ». La terre entière, *amadhal imda* « la terre elle est finie » ; la tribu entière, *tak'k'abilt temda* ; tous les hommes, *madden emdan* ; toutes les femmes, *tidhidhin emdanet* ; il est complètement sec, *ik'k'or imda*.

Flairer. (Sentir en flairant avec force) *Enseg'* (*enseg'er'*, *inseg'*) (act.).

Flambeau. (Lumière artificielle quelconque, lampe, torche de toute matière, tout ce qui sert à éclairer la nuit) *Taftilt**, pl. *taftilin* (f.).

Flamber. (N.) (brûler avec une grande flamme) *Fileg'leg'* (*ifileg'leg'*) (n.).

Flâner. (S'attarder à des riens, passer le temps à s'amuser à des riens) *Hel* (v. AMUSER).

Flatter. *Amel* « louer ».

Flatterie. *Tamouli* « louange ».

Fleur. *Tit' n achek* « œil de plante », pl. *tit'-t'aouin n ichkan* (f.).

Fleurir. (Produire des fleurs) on traduit « il fleurit » par « il éclate (il s'ouvre), il fait des yeux » (l'arbre fleurit, *achek ilaffer'*, *ig'a tit't'aouin*) (v. ÉCLATER).

Fleuve. (ar. « bah'ar ») *Egériou* (v. TERRAIN).

Flexible. (Souple) *Lemmidhen* (v. MOU).

Flûte. *Taz'emmart**, pl. *tiz'emmarin* (f.). Jouer de la flûte, *ouot taz'emmart*.

Fogara. *Ifeli* (v. CULTURE).

Foi. (Foi religieuse, confiance) *Tafelest* (s. sans pl.) (de *feles*, « avoir foi en »). *Tafelest* est l'éq. de notre mot « foi », dont il a tous les sens. — (Bonne foi) *tidet* (v. VÉRITÉ, VÉRIDIQUE).

Foi (avoir). (Avoir la foi religieuse, avoir confiance en, croire en) *Feles* (*feleser'*, *ifeles*) (act.). Il a foi en ma parole, *ifeles aoual in* ; il a foi en Mousa, *ifeles Mousa*. Le s. pr. de *feles* est « avoir foi en ».

Foie. *Aousa* (v. CORPS).

Fois. *Asihei*, pl. *isiheien* (m.). Cette fois, *asihei ouarer'* ; trois fois, *keradh isiheien*.

Folie. On traduit : « est en lui le génie, le djenn », *Ihi elhin* (*elhin*, ar. « djenn ») (m.).

Foncé. On traduit par *ikaouelen* « noir » (v. VERT).

Fond. On traduit par « extrémité » *Idir*. Le fonds du puits, *idir n anou* ; le fond du sac, *idir ne tir'erirt*.

Fondre (se). (Se liquéfier) *Efsi* (*ifsi*) (n.). *Efsi* se dit de la graisse, du beurre, de toute chose demi-solide qui se fond.

Force. (Force physique, santé, solidité, vigueur, fermeté physique) *Essahat**, pl. *essahetin* (f.) (de *essoh* (T. a.), « être fort physiquement »). *Essahat* se dit des p., an. et ch.

Forêt. *Tamtek'* (v. R'ABA à l'art. TERRAIN).

Forgeron. *Inedh* « artisan ».

Fort (être). (Être fort physiquement, bien portant, solide, ferme physiquement) *Essoh** (T. a.) (*essohir'*, *issohet*) (n.). *Essoh* (T. a.) se dit des p., des an. et des ch. ; son s. pr. est « être fort physiquement ».

Fort. (Adj.) *Issohin**, pl. *issohetnin* (de *essoh* (T. a.), « être fort »).

Fortement. *Houllan* « beaucoup ».

Forteresse. *Lek'esbet** (v. GUERRE).

Fortifier. (La santé) *Sisoh**(T.a.)(*sisohir'*,*isisohet*) (act.) (de *essoh* (T. a.), « être fort »). — (Munir de fortifications) *sisoh* (T. a.) (*sisohir'*, *isisohet* (act.).

Fortune. (Avoir, de quelqu'importance qu'il soit) on traduit par « ce qu'il a », *oua ilan* « ce que ayant », ou par « ce qui est chez lui », *oua illan r'our es* « ce qui étant chez lui ». — (Bien d'une certaine importance) *ihiri* « troupeau de moutons ou chèvres ». Toute sa fortune, *ihiri nnit imda*. — (Heureuse fortune, heureuse chance, grande richesse, bonheur) *tabar'ort* (f.) (de *abar'er*, « être fortuné »).

Fossé. (Fosse, trou en terre) *Abatoul*, pl. *ibetal* (m.). — (Fossé de fortification) *akhfir*, pl. *akhfiren* (m.).

Fou (être). On traduit par *ihi elhin* « est en lui le génie, le djenn ».

Fou. On traduit par « il est fou », *ihi elhin* « est en lui le djenn ».

Foudre. *Issam* (v. ATMOSPHÈRE).

Foule. (Peuple) *Takhlek**, pl. *tikhellak* (f.).

Fouler. (Marcher sur) *Koukel* (*ekoukeler'*, *ikoukel*) (act.).

Fourmi. *Anelloug'* (v. ANIMAL).

Fourneau. (De forgeron) *Ahensaoua* (v. USTENSILE). — (Foyer composé de trois pierres, ar. « kanoun ») *Isefrag'* (v. FOURNEAU à l'art. USTENSILE).

Foyer. (ar. « kanoun »), composé de trois pierres dont chacune s'appelle *Asefreg'*, pl. *isefrag'* (m.) (v. FOURNEAU à l'art. USTENSILE).

Français. *Fransis** (v. Nom pr.).

France. *Fransa**.

Franchement. On traduit par « avec vérité » *S tidet*.

Frange. *Ilil* (v. Vêtement).

Frapper. (ar. « dhereb ») *Ouot* (*ouoter'*, *iouot*) (act.).

Fraternité. *Tañet* (f.) (de *aña*, « frère »).

Frère. *Aña*, pl. *añaten* ou *ait ma* « fils de la mère ». Votre frère, *aña kouen* ; leur frère, *aña ssen*.

Frissons. *Tisas* (v. Maladie).

Frissonner. On traduit « je frissonne » par « les frissons m'ont trouvé », *Egraounet i tisas* « ont trouvé moi les frissons ».

Froid (être). (Être frais) *Sammedh* (*sammidh*) (n.). *Sammedh* ne se dit au pr. que des ch. ; il ne se dit des p. qu'au fig. — (Avoir froid) (v. Froid, subst.). — (Faire froid) (v. Froid, subst.).

Froid. (Adj.). *Sammidh*, pl. *sammidhen*.

Froid. (Subst.). *Esamidh* (m.). — (Avoir froid) « j'ai froid » se traduit *iaur' i esamidh* « me tue le froid ». — (Faire froid) *sammidh* « être froid ».

Froisser. (Faire de la peine) (v. Affliger). — (Froisser entre les mains [des peaux pour les assouplir, des épis pour en faire sortir les grains, etc.]) *Feffer* (T. a.) (*effouffarir'*, *iffouffaret*) (act.).

Fromage. *Takammart* (v. Nourriture).

Front. *Timmi* (v. Corps).

Fruit. On désigne chaque fruit par son nom particulier. Pas de nom général.

Fuir. (S'enfuir) *Erouel* (*eroueler'*, *irouel*) (n.). Il fuit l'ennemi, *irouel dar' iheng'a*.

Fuite. *Taraoula* (f.) (de *erouel*, « fuir »).

Fumée. *Ahou*, pl. *ahouten* (m.).

Fumier. *Ar'errag'* (v. CULTURE).

Fusil. *Labaroudh** (v. ARME).

G

Gagner. On traduit par *ermes* « saisir ».

Gaïla. (Méridienne) *Takellaout* (v. MÉRIDIENNE).

Gain. *Errebakh**, pl. *errebkhen* (m.).

Gale. *Ahiodh* (v. MALADIE).

Galet. *Ifertes* (v. TERRAIN).

Galeux (être). *Ahiodh* (*ehiodher'*, *ihiodh*) (n.).

Galeux. *Ihiadhen*, pl. *ihiadhenin* (de *ahiodh*, « être galeux »).

Galoper. « Il galope » se traduit « il court tant qu'il veut », *Iouhal a t id iren* (v. CHAMEAU). (à toute allure, aller à la charge (n.) *beder'* (T. a.) (v. CHAMEAU).

Gara. *Tadrak'* (v. TERRAIN).

Garçon. *Abaradh* (v. ENFANT).

Garde. (Terme militaire) *Tidhaf* (v. GUERRE). — (Gardien) *amagaz'* « gardien ». — (Prendre garde) « prends garde », *ouksadh foull iman nek* ; « il prend garde », *iksoudh foull iman nit* « il craint pour son âme ».

Garder. (Surveiller, veiller sur) *Agez'* (*ougazer'*,

iougaz') (art.). Ils veillent la nuit sur leurs troupeaux, *ougaz'en dar' chadh ihiri nesen* ; il garde sa parole, *iougaz' tidet ennit.* — (Garder des troupeaux) s'il s'agit de les garder en station, on se sert de *agez'*, comme ci-dessus ; s'il s'agit de les faire paître, on emploie le v. *adhen*, « faire paître » (v. PAÎTRE). — (Conserver) *r'erah* « conserver ».

Gardien. *Amagaz'*, pl. *imagaz'en* (m.) (de *agez'*, « garder »).

Gâté (être). *R'chad** (v. ABÎMER).

Gâter. *R'chad** (v. ABÎMER).

Gauche. (Subst.) (côté de la gauche) *Tchalg'i* (inv.) (f.).

Gazelle. *Ahenkadh* (v. ANIMAL).

Gémir. *Sekelel* (v. PLEURER).

Gémissement. *Takalilt* (v. PLEURS).

Gendre. *Adheggal* (v. BEAU-PÈRE).

Genou. *Afoud* (v. CORPS).

Gens. *Eddounet**(pl. sans s.). (m.). Le mot *eddounet* est employé pour exprimer les idées de « famille, parenté, tribu, entourage, peuple, nation » ; c'est un mot à sens large et d'un emploi fréquent ; son s. pr. est « gens ».

Gibier. *Taouak'k'ast* (v. ANIMAL).

Girafe. *Amder'* (v. ANIMAL).

Glace. (Eau congelée) *Ar'eris* (v. ATMOSPHÈRE). — (Miroir) *tisit* « miroir ».

Gloire. (Puissance très grande, éclat de la grandeur, ar. « medj ») *Terna* (f.) (de *ernou*, « vaincre »).

Gomme. *Tainoust* (v. PÂTURAGE).

Gommier. *Abesar'* (v. PÂTURAGE).

Gonflé (être). *Kef* (*kefer'*, *ikef*) (n.). *Kef* se dit des p., des an. et des ch.

Gonfler. (Quelque chose en soufflant dedans avec la bouche) *Askef* (*askefer'*, *iskef*) (act.) (de *kef*, « être gonflé »). J'ai gonflé l'outre [en soufflant dedans], *askefer' abaior'*.

Gorge. *Ag'ourch* (v. Corps).

Goudron. *Berkenda* (m.). Le *berkenda*, que les gens du Tidikelt appellent « akoua », est un goudron très fort, très bon médicament contre la gale des chameaux, que fabriquent les Touaregs en faisant bouillir des pépins du fruit de la coloquinte.

Goût. (D'une personne) *Akrebbi* (m.) (de *krebb* (T. a.), « goûter). — (D'une chose, saveur) *tindhi* (f.).

Goûter. *Krebb* (T. a.) (*krebbir'*, *ikrebbet*) (act.).

Goutte. (D'eau, de pluie, de toute chose) *Tit'ebt*, pl. *tit'l'ab*) (f.).

Gouverneur. *Elkhakem**, pl. *elkhokkam*.

Gouvernement. *Elkhokmet** (f.).

Gouverner. *Ennehedh* « décider ».

Grâce. (Grâce [dans le sens de bonté, compassion], compassion, pitié, tendresse de cœur, grâce extérieure, aspect gracieux, agrément à la vue) *Tamella* (f.). (Il a le caractère doux, *tehé tamella* « est en lui la grâce, la compassion » ; il a eu compassion de lui, *ig' as tamella* ; aie pitié de moi, *ag' ahi tamella* ; il est gracieux à la vue, *ila tamella*). Le s. pr. de *tamella* est « grâce ». L'expression « avoir pitié de » se traduit par *ag' tamella* « faire pitié ». Aie pitié de Mousa, *ag' tamella i Mousa*. — (Grâce de Dieu) on traduit

par « secours de Dieu », *telilt n Mess inar'* (v.
Aide). — (Vie sauve accordée à quelqu'un, grâce
de la vie faite à un prisonnier de guerre) *ifassi* (m.)
(de *efes*, « recevoir grâce de la vie »).

Grâce (faire). (Donner la vie sauve) *Sefes* (*esfe-
ser', iesfes*) (act.). A la guerre, si on fait un prisonnier, il demande qu'on ne le tue pas, qu'on lui
fasse grâce, en disant *sefes i* « fais-moi grâce » ;
de celui qui l'a épargné on dit *iesfes t* « il lui a
fait grâce » ; de celui qui a été épargné, on dit
ifes « il a reçu grâce ».

Grâce (rendre). (A une personne) *Senemmer*
« remercier ». — (A Dieu) *amoui* (*amouier',
imoui*) (n.). Je rends grâce à Dieu, *amouier' i
i Mess inar'*. *Amoui* ne s'emploie qu'en parlant de
Dieu.

Grain. (De blé, de chapelet, de toute espèce)
Tadhak', pl. *tidhar'in* (f.) (de *adhar'*, « pierre »).—
(Grains, d'une manière générale, blé, orge, bechna,
etc.,ar. « ta'm ») *etter'am** (coll.), pl. *etter'amen* (m.).

Graisse. (De tout animal, ar. « cheh'am ») *Tadeut*
(f.) (*iden* « être graisseux »).

Graisser. (Salir avec de la graisse) *Iden* (*ida-
ner', idan*) (act.). *Iden* a aussi le sens de « être
graisseux, malpropre, sali par de la graisse ».

Graisseux (être). (v. Graisser).

Grand. *Imak'k'eren*, pl. *imak'k'ornin*, f. *timak'-
k'eret*, f. pl. *timak'k'ornin* (de *mak'k'ar*, « être
grand »).

Grand'mère. On traduit « mère du père », *ma s
en ti* ; « mère de la mère », *ma s emma*.

Grand'père. On traduit « père du père », *ti s
en ti* ; « père de la mère », *ti s emma*.

Grandir. (Croître) *Douel* « croître ». — (Act., élever) *simr'ar* (*essimr'arer'*, *issimr'ar*) (act.) (de *mak'k'ar*, « être grand »). Le s. pr. de *simr'ar* est « grandir » (act.) ; il est souvent employé dans le sens de « faire honneur à quelqu'un, bien accueillir » : Il accueille avec honneur son hôte, *issimr'ar amag'ar ennit* ; il est fier, *issimr'ar iman nit* « il se grandit ». — (Agrandir, augmenter) *sil* « accroître ».

Gras (être). *Edder* (T. a.) (*edderir'*, *idderet*) (n.). *Edder* (T. a.) se dit des p. et des an.

Gras. *Idderin*, f. *tedderit*, pl. m. et f. *idderetnin* (de *edder* (T. a.), « être gras »).

Gratification. (Salaire) *Alek*, pl. *aleken* (m.). *Alek* a pour s. pr. « salaire » ; il est syn. de *elkera** « prix de location ». — (Gratification non due) on traduit par « une chose » *haret ien*.

Gratis. On traduit par *bennan* « en vain (pour rien) ».

Gratitude. (Souvenir du bien) *Akouttou n elkhîr*. — (Avoir de la gratitude) *kettou* « se souvenir hab. ». (Il a de la gratitude de son bienfait, *ikettou elkhîr ennit*).

Gratter. *Zoukmah* (*ezzoukmaher'*, *izzoukmah*) (act.). *Zoukmah* signifie « gratter » (act.) et « se gratter ».

Gravier. (Petit caillou) *Trourrait* (v. TERRAIN).

Grêle. *Ar'eris* (v. ATMOSPHÈRE).

Grenouille. *Ag'rou* (v. ANIMAL).

Griffe. *Isker* « ongle ».

Grincer des dents. *Simekredh* (*simekredher'*, *isimekredh*) (n.).

Grincement de dents. *Asimekredh* (m.) (de *simekredh*, « grincer des dents »).

Gros (être). (Être épais) *Houhar* (*houharer'*, *ihouhar*) (n.). *Houhar* se dit des p., an. et ch.

Gros. (Épais) *Houhar*, pl. *houharen* (de *houhar*, « être gros »).

Grosseur. *Tezzouhert* (f.) (de *houhar*, « être gros »).

Grotte. *Ekaham* (v. CAVERNE à l'art. TERRAIN).

Guépard. *Amaias* (v. ANIMAL).

Guéri (être). *Ezzi* (*ezzier'*, *iezzi*) (n.).

Guérir. (Act.) *Zouzi* (*zouzier'*, *izouzi*) (act.) (de *ezzi*, « être guéri »).

Guérison. *Tamezzouit*, pl. *timezzouin* (f.) (de *ezzi*, « être guéri ».

Guerre. *Anemenr'i*, pl. *inemenr'a* (m.) (de *anr'*, « tuer ») *echcherr** « le mal » (m.). Ils sont en guerre, *echcherr g'si issen* (le mal est entre moi et eux).

Armée. (Tout corps de troupes régulières, quelle que soit sa force) *elmehellet**, pl. *elmehelletin* (f.).

Attaque. On traduit par « attaquer ». Ils nous ont attaqués, *oudhen foull ner'* « ils sont tombés sur nous », ou *oudhen foull ner' eg'edhel ichchadhen* « ils sont tombés sur nous une chute mauvaise ».

Bataille, *anemanr'i*, pl. *inemanra* (m.) (de *anr'*, tuer).

Camp. (De troupes régulières) *elmehellet**, pl. *elmehelletin* (f.). — (Tout autre camp) on traduit par *ihanan* « tentes ».

Combat, *amg'er*, pl. *img'aren* (m.) (de *g'er*, « jeter »).

Éclaireur. (v. GARDE).

Embuscade. On traduit en se servant du v. *ebbik* (T. a.) « être embusqué, s'embusquer ».

Embusqué (être). (S'embusquer) *ebbik* (T. a.) (*abbikir'*, *ibbiket*) (n.). Les ennemis sont en embuscade contre eux, *iheng'a abbekin asen*).

Ennemi, *aheng'ou*, pl. *iheng'a* (m.).

Expédition. (Faire une expédition contre, aller en
· r'ezzou contre) *adheg'* (*dhag'er'*, *idhag'*) (act.).

Forteresse. (ar. « kasba ») *lek'esbet**, pl. *lek'esbetin* (f.).

Garde. (Service de reconnaissance ou de garde, soit en
station soit en marche, avant‑garde, arrière‑garde,
grand'garde, sentinelle, vedette, éclaireur, ar. « chouf »,
en quelque nombre que ce soit, soit un seul homme,
soit un grand nombre) *tidhaf* (s. sans pl.) (de *et't'ef,*
« tenir »).

(Prendre la garde, monter la garde, faire le service de
« chouf », de vedette, être en sentinelle, en reconnaissance, en éclaireur) *ekkes tidhaf* (*ekkes* « ôter »).

(Placer ou envoyer une garde, une reconnaissance, des
vedettes, des éclaireurs, des « chouf », en quelque nombre que ce soit) *soukes tidhaf* (*soukeser'*, *isoukes*) (de
ekkes, « ôter »).

Pillage. (V. RAZZIA au même art.).

Razzia. (Razzia qu'on fait) (Action d'enlever par violence,
pillage qu'on fait) *ahar'*, pl. *ahar'en* (m.) (de *ahar'*,
« razzier »). — (Razzia qu'on subit, fait d'être enlevé par
violence, pillage qu'on subit) *amihar'*, pl. *imihar'en* (m.)
(de *ahar'*, « razzier »).

Razzier. (Piller, enlever par violence) *ahar'* (*ouher'er'*,
iouher') (act.). — (Etre razzié, subir une razzia, être
enlevé par violence) *emihar'* (*emihar'er'*, *imihar'*) (n.).

Renfort, *siti*, « accroissement ».

Rezzou. (Ar. « rezzou ») (v. TROUPE).

Sentinelle. (V. GARDE).

Siège (d'un lieu fortifié), *tazer'lit* (f.) (de *er'lai*, « entourer »).

Soldat (d'une troupe régulière), *elaskri**, pl. *elasker*.

Surprise, *tar'edert**, pl. *tir'eddart* (f.)(de *r'eder*,« trahir »).

(Attaquer par surprise) *r'eder** (*r'ederer'*, *ir'eder*) (act.).
Le s. pr. de *r'eder* est « trahir ».

Troupe (régulière, quelle que soit sa force), *elmehellet**,
pl. *elmehelletin* (f.).

« R'ezzou », troupe armée irrégulière réunie pour
razzier ou pour tout autre motif) *eg'en*, pl. *ig'enan* (m.).

Vedette. (V. GARDE).

Guide. *Amaner,* pl. *imenar* (de *ner*, « guider »).

Guider. *Ner (enerer'*, *iner*) (act.). Guide-les, *ner
ten.*

ⵀ

Habile (être). Se traduit par « savoir » *essen*.

Habiller (s'). *Els* « se vêtir ».

Habiller. *Sels* « vêtir ».

Habit. *Aselsou* « vêtement ».

Habitation. (En général, maison, tente, chambre, ar. « bît ») *Ehen*, pl. *ihanan* (m.). *Ehen* est l'éq. de « bît ». — (Tente) *ehen* « tente ». — (Maison) *tar'ahamt* « maison ».

Habiter. *Ezzar'* (*ezzar'er'*, *izzar'*) (act.).

Habitude. *Tenama*, pl. *tinamiouin* (f.) (de *enem*, « s'habituer à »).

Habituellement. On traduit en employant la forme d'habitude des verbes, ou bien par *ak ahel* « chaque jour ».

Habituer (s'). (Être habitué à) *Enem* (*enemer'*, *inem*) (act.) Je me suis habitué à Mousa, *enemer' Mousa* ; je me suis habitué au Touat, *enemer' Taouat* ; je me suis habitué au travail, *enemer' el khedmet*.

Habituer. (Act.) (Habituer à) *Senem* (*senemer'*, *isenem*) (act.). Habitue ton chameau à l'orge, *senem amis ennek timz'in* ; habitue ton fils au travail, *senem rour ik elkhedmet*.

Hache. *Tadheft* (v. USTENSILE).

Haie. *Afarra* (v. CULTURE).

Haïk. *Khaiki** (v. VÊTEMENT).

Haine. *Ag'ezzar,* pl. *ig'ezzaren* (m.) (de *g'ehar,* « haïr »).

Haïr. *G'ehar (g'eharer', ig'ehar)* (act.).

Hanche (Os de la). *Ar'ezzouk* (v. CORPS).

Hartani. *Azeggar'* (v. NOM PR.).

Hâte. *Armoudh* (m.) (de *ermedh,* « se hâter »). A la hâte, avec hâte, *s armoudh.* — (Avoir hâte) *rored* « être pressé ».

Hâter (se). *Ermedh (ermedher', iermedh)* (n.).

Hâter. (Act.) (Faire se hâter, accélérer, précipiter, presser) *Sermedh (essermedher', issermedh)* (act.) (de *ermedh,* « se hâter »).

Haut (être). *Heg'er* (T. a.) « être long ».

Haut. (Adj.) *Iheg'erin* « long ».

Haut. (Subst.) *Afella* (v. TERRAIN).

Hauteur. *Tazeg'eret* « longueur », ou *at'koul* « élévation ».

Herbe. *Ichkan,* pl. de *achek* « plante » (m.).

Héritage. *Tekasit,* pl. *tikasitin* (f.).

Hériter. *Ekkous* (T. a.) *(ekkousir, iekkouset)* (act.).

Heure. *Sar'et** (v. TEMPS).

Heureux (être). Cette expression n'a pas d'éq. ; on emploie une tournure comme celle-ci : « Dieu lui a donné la bénédiction », « Dieu lui a donné le bien ».

Hibou. *Bouhan* (v. ANIMAL).

Hier. *Endh ahel* (v. TEMPS).

Hirondelle. *Amestar'* (v. ANIMAL).

Histoire. (Chronique) on traduit par « nouvelles ».

isalan (m. pl.). — (Conte, historiette) *tanek'k'ist*, pl. *tinek'k'as* (f.).

Hiver. *Tag'erest* (v. Saison à l'art. Temps).

Homme. *Ales*, pl. *midden*.

Honnête. On traduit : « il est fidèle, de confiance » *Islakh** (v. Fidèle).

Honneur. (Considération) *Serho*, pl. *serhoten* (m.). Mousa est honoré, *Mousa ila serho* « Mousa a de l'honneur ». — (Coutume nationale dont on ne peut s'éloigner sans ridicule ou déshonneur, bonne tenue) *Ezzebou*, pl. *ezzebouten* (m.). Mousa est homme d'honneur, *Mousa ila ezzebou* « Mousa a de l'honneur ».

Honte. (Opprobre, déshonneur) *Elr'ar** (m.). — (Confusion, pudeur) *tar'echchimt** (s. sans pl.) (f.) (de *r'echchoum*, « avoir honte »).

Honte (avoir). (Être confus, pudique, rougir) *R'echchoum** (*er'ouchchemer', ir'ouchchem*) (n.).

Hoquet (avoir le). *Henek'* (T. a.) *(henek'k'ir', ihenek'k'et')* (n.).

Hoquet. *Tihenek'it* (f.) (de *henek'* (T. a.), « avoir le hoquet »).

Hors. N'a pas d'équivalent : on traduit par « il n'est pas dans », ou par « il est sorti de », ou par une autre tournure analogue.

Hospitalier (être). On traduit : « est dans lui l'hospitalité ». (Cet homme est hospitalier, *ales ouarer' ihé amag'arou*).

Hospitalité (recevoir l'). *Emg'ar* (T. a.) *(emg'arir', img'aret)* (n.).

Hospitalité (donner l'). *Semeg'our* (T. a.) *(semeg'arir', isemeg'aret)* (act.) (de *emg'ar* (T. a.), « recevoir l'hospitalité »).

Hospitalité. *Amag'arou*, pl. *imeg'oura*) (m.) (de *emg'ar* (T. a.), « recevoir l'hospitalité »). *Amag'arou* a aussi le sens de « repas d'hospitalité, ar. « dhîfa », et, par suite, il sert à désigner tout grand repas où il y a des invités.

Hôte. (Qui reçoit l'hospitalité) *Amag'ar*, pl. *imag'aren* (m.) (de *emg'ar* (T. a.), « recevoir l'hospitalité »).

Hoyau. *Ag'elhim* (v. USTENSILE).

Huile. *Hâtim* (v. NOURRITURE).

Humecter. *Sebedeg'* « mouiller ».

Humide (être). *Ebedag'* « être mouillé ».

Humide. *Ibedag'en* « mouillé ».

Humidité. *Abedouig'* « mouillure (fait d'être mouillé) ».

Hutte. *Ikeber* (v. MAISON).

Hyène. *Aridel* (v. ANIMAL).

Hypocrite. On traduit par *amar'dar** « traître ».

I

Ici. (Employé pour spécifier qu'une chose est rapprochée) *Direr'* (prononcé souvent *direk'*) ; *d* (prononcé souvent *ed* et *id*). — (Employé indifféremment pour une chose proche ou éloignée) *dider'*.

Idée. *Tourda* « pensée ».

Idiot. (ar. « a'goun ») *Elr'eggoun**, pl. *elr'eggounen*.

Idolâtre. *Akafer** « païen ».

Ignorant (être). On traduit par « ne pas savoir », *Our essin*.

Illicite. (Défendu par Dieu) *Kharam**, pl. *kharamen*.

Imbécile. *Our ili taitti* « il n'a pas d'esprit ».

Imiter. On traduit par « faire comme », *Ag' hound*.

Impatient (être). *K'ifezk'efez* (*k'ifezk'efezer'*, *ik'ifezk'efez*) (n.).

Impatienter. *Sk'ifezk'efez* (*sk'ifezk'efezer'*, *isk'ifezk'efez*) (act.).

Impie (être). On traduit : « il ne craint pas Dieu », *Our iksoudh Mess inar'*.

Importer. (Avoir de l'importance, de l'intérêt) on tourne par « se soucier », *Ekkoul*.

Impossible. On traduit par « ne pas pouvoir », *Our eddoub* (T. a.). — (Refus ou négation très énergiques : « Impossible ! Jamais de la vie ! Non, non ! ») *boubou*.

Impôt. *Tiousi* « tribut ».

Imprudence. *Gafa* « insanité (action dépourvue de sens) ».

Incendie. *Anatas*, pl. *inatasen* (m.) (de *entes*, « incendier »).

Incendié (être). On traduit par le prés. de l'ind. de *entes* « incendier » qui, à ce temps, a souvent le s. passif. *Ar'rem intas*, la ville a été incendiée.

Incendier. *Entes* (*enteser'*, *ientes*) (act.).

Inclinaison. (Fait d'être incliné) *Akoutter* « pente ».

Incliné (être). *Koutter* « pencher » (n.).

Incliner. (Act.) *Seketter* « faire pencher ».

Index. (Doigt) *Oua n ichehed* (v. Doigt à l'art. Corps).

Indiquer. *Amel* (v. Louer).

Informer. (Informer de, aviser de, annoncer, déclarer) *Eller'* (T. a.) (*eller'ir'*, *iller'et*) (act.). La chose dont on informe se met à l'acc., la personne qu'on informe au datif : Je les ai informés d'une chose, *eller'ir asen haret ien*. Le s. pr. de *eller'* (T. a.) est « informer de ». — (S'informer de) on traduit par « questionner », *sesten*.

Ingrat (être). On traduit « oublier le bien », *Ettaou elkhîr*.

Inintelligence. (Sottise, bêtise) *Iba n taitti* « manque d'esprit ».

Inintelligent (être). (Être sot) on traduit « il n'a pas d'esprit », *our illi taitti*.

Injure. (Insulte) *Tegget*, pl. *tiggad* (f.) (de *egged*, « insulter »).

Injurier. (Insulter) on traduit par « sauter sur », *Egged foull*. Tu m'injuries gravement, sans motif, *tegged foull i tegget lechchadhet bennan*.

Injuste (être). (Commettre une injustice contre, ar. « dhelem ») *Dhelam** (*dhelamer'*, *idhelam*) (act.). Il a commis une injustice contr'elle, *idhelam tet*.

Injuste. *Anadhelam**, pl. *inadhelamen* (de *dhelam*, « être injuste contre »).

Injustice. *Tadhlemt**, pl. *thidelmin* (f.) (de *dhelam*, « être injuste contre »).

Inoccupé (être). On traduit : « il n'a pas d'occupation ». *our ili aouaz'lou*.

Inquiet (être). (Craindre) *Ouksadh* « craindre ». — (Être soucieux) *ermer'* « être troublé ».

Inquiétude. (Crainte) *Touksedha* « crainte ». — (Souci) *tarremmik'* « troublé ».

Insanité. (Action sotte, imprudente, dépourvue de sens) *Gafa* (s. et pl.) (m.). (Faire une insanité, *ag' gafa*).

Insensé. *Ihi elhin* (v. Fou).

Insolent (être). *Adher* (*adherer'*, *iadher*) (n.). Par ext. *adher* signifie quelquefois « être hardi, audacieux, courageux ».

Instant. *Emir* « moment ».

Instruction. (Enseignement) *Aselmed** « enseignement ». — (Science) *mousnet* « science ».

Instruire. (Enseigner) *Selmed** (v. APPRENDRE). — (Informer) *eller'* (T. a.) « informer ». — (S'instruire) *elmed** (v. APPRENDRE).

Instrument. On traduit par « chose », *haret*.

Insulte. *Tegget* (v. INJURE).

Intelligence. *Tailti* « esprit ».

Intelligent (être). On traduit par « il a de l'esprit », *Ila tailti*.

Intention (avoir l'). *Abouk* (*abouker'*, *ibouk*) (n.). J'ai l'intention de voyager, *abouker i asikel* « j'ai l'intention du voyage ».

Interdiction. On traduit : « il a dit de ne pas faire », ou « il a lié » *iek'k'en*.

Interdire. On traduit : « dire de ne pas faire », ou « lier », *ek'k'en*.

Intérieur. (Le milieu, le dedans) *Ammas* (v. MILIEU).

Interrogation. *Sestan* « question ».

Interroger. *Sesten* « questionner ».

Interrompre (s'). (Être interrompu, être inter-mittent) *Enr'ettem (enr'attemer', inr'ettam)* (n.). *Enr'ettem* se dit des p., des an. et des ch., du bruit, des rivières, de tout ce qui peut être inter-mittent. Son s. pr. est « s'interrompre ».

Interrompre. *Senr'ettem (senr'attemer', isen-r'ettam)* (act.).

Intestin. *Adan* (v. CORPS).

Intrépide (être). *Hel* « être courageux ».

Inutile (être). On traduit : « ne pas être utile », *Our enfi.*

Inutilement. *Bennâm* « en vain ».

Inviter. On traduit par « appeler », *Ar'er.*

Irritation. (Ar. « rochch ») *Adeker*, pl. *idekran* (m.).

Irriter (s'). (Être irrité) on traduit : « est en lui l'irritation », *Ihé adeker,* ou « est entrée en lui l'irritation », *ig'g'eh t adeker.*

Isolement. (Fait d'être seul) *Asouf,* pl. *asoufen* (m.).

J

Jadis. *Eng'oum* « autrefois ».

Jalousie. (Amoureuse) *Tismit*, pl. *tisemitin* (f.) (de *asem*, « être jaloux [de jalousie amoureuse] »). — (Envie) *tamang'az't* (f.) (de *eng'az'*, « envier »).

Jaloux (être). (Un homme au sujet d'une femme, ou une femme au sujet d'un homme) *Asem* (*ousemer'*, *iousem*) (n.). Il est jaloux d'elle, *iousem foull as*. — (Etre envieux) *eng'az'* (*eng'az'er'*, *ing'az'*) (n.). Il est envieux de lui, *ing'az' as*.

Jamais. On traduit par « toujours », *Abadah*, accompagné d'une négation. — (Refus ou négation très énergiques ; jamais de la vie !) *boubou*.

Jambe. *Iler'* (v. CORPS).

Jardin. *Afarag'* (v. CULTURE).

Jaune (être). *Arar'* (*arar'er'*, *irar'*) (n.).

Jaune. *Irar'en*, pl. *irar'enin* (de *arar'*, « être jaune »).

Jésus. (Ar. « Aïssa ») *R'isa**.

Jeter. (A terre, ar. « loh' ») *Endhou* (*andhoer'*, *iandhô*) (act.). Par ext. *endhou* signifie « avorter » en parlant d'un animal. — (Lancer) *g'er* (*g'erer'*, *ig'er*) (act.). *G'er* a le double sens de « lancer (une pierre, un javelot, etc.) » et de « frapper (quelqu'un avec un objet lancé, pierre, javelot, balle, etc.) ». Lance la pierre sur l'homme, *g'er abelal foull ales* ; frappe l'homme de la pierre, *g'er ales s abelal*.

Jeter (se). (à terre ; dans quelque chose). Si c'est involontairement, on traduit par « tomber », *Oudh* ; si c'est volontairement, on traduit par « jeter sa personne ». Il s'est jeté dans l'eau, *iandhô iman nit dar' aman* « il a jeté sa personne dans l'eau ». — (Se jeter sur, se précipiter sur, attaquer) *oudh foull* « tomber sur » (v. TOMBER).

Jeu. *Addel*, pl. *addelen* (m.) (de *edel*, « jouer »).

Jeudi. *Elr'emis** (v. TEMPS).

Jeune. *Andherren* (v. PETIT). — (Jeune homme, jeune fille) *abaradh*, f. *tabarat'* (v. ENFANT).

Jeûne. *Az'oum** (m.) (de *z'oum*, « jeuner »).

Jeûner. *Z'oum** (*az'oumer'*, *iz'oum*) (n.).

Joie. *Tedaouit* (f.) (de *eddiou* (T. a.), « être joyeux »).

Joli. *Ahousi* « beau ».

Joindre ensemble. *Aser'* (*ouser'er'*, *iouser'* (act.). Joins tes pieds, *aser' idharen nek*. *Aser'* se dit des p., des an. et des ch., quand on en joint deux ou plusieurs ensemble.

Jonc. *Ilegga* (v. PÂTURAGE).

Joue. *Ag'az'* (v. CORPS).

Jouer. *Tadel* (*taddeler'*, *itaddel*) (n.) (de *edel*, « jouer »). — (Jouer de la flûte, du tambour, du violon) on traduit par « frapper », *ouot* (v. FLÛTE, VIOLON).

Jour. (Journée) *Ahel* (v. TEMPS). — (Clarté) *afa* « clarté ».

Jour (faire). *Effou* (*ieffo*) (n.). Il fait jour, *ieffo*.

Journée. *Ahel* (v. JOUR à l'art. TEMPS). — (Journée de marche) on traduit par « nuit », *ehadh*. Quatre journées de marche, *okkoz' ihadhan*. —

(Demi-journée de marche) on traduit par *takelicout*, « méridienne, chemin parcouru avant la sieste, ar. megil ». (v. HEURE à l'art. TEMPS).

Joyeux (être). *Eddiou* (T. a.) (*eddiouir'*, *iddiouet*) (n.). — (Rendre joyeux, réjouir (act.), faire plaisir à) *sedou* (T. a.) (*seddouir'*, *isedouet*) (act.).

Juge. (Non musulman) *Elkhakem** « gouverneur ».— (Musulman, cadi) *elk'adhi**, pl. *elk'odhia*).

Jugement. (Sagesse, rectitude d'esprit) on traduit par « esprit », *Taïtti*. — (Opinion) on traduit par « pensée », *tourda*. — (Décision, arrêt, sentence par laquelle est tranchée une affaire) *tanat'* « décision ». — Jour du jugement dernier, *ahel oua ilkamen* « le dernier jour » (de *elkem*, « suivre »).

Juger. (Estimer que, être d'avis que) *Ourd* « penser ».—(Rendre un arrêt) *ennehadh* « décider ».

Juif. *Elihoud** (v. NOM PROPRE.).

Jument. *Tibeg'aout* (v. ANIMAL).

Jurer. (Prêter serment) *Ahedh* (*ahedher'*, *ihadh*) (n.).

Jusqu'à. *Ar* ; *ar* est souvent employé dans le sens de « si ce n'est, excepté ».

Juste. (En parlant d'une personne) on traduit « il craint Dieu », *Iksoudh Mess inar'*. — (En parlant d'une chose) *ez'z'alen* « droit ».

Justice. (Loi musulmane, ar. « cher'à ») *Cherir'a** (s. sans pl.) (m.). — (Rectitude d'une personne) on traduit « crainte de Dieu », *touksedha n Mess inar'*. — (Rectitude d'une chose) *tamez'z'oult* « droiture ».

L

Là. (Employé indifféremment pour ce qui est près et ce qui est loin) *Dider'*. — (Employé pour indiquer l'éloignement, là-bas) *in, hin, dinder'*. — (Par là-bas) (sans mouv.) *dih* ; (avec mouv.) *sih*.

Lac. *Ag'elmam* (v. REDIR à l'art. TERRAIN).

Lâche (être). (Sans courage) on traduit : « entrer dans la lâcheté », *Eg'g'eh tar'elamt*. — (Etre relâché, large) *emiri* « être large ».

Lâche. (Sans courage) *Amoug'ehen tar'elamt* « entreur dans la lâcheté ».

Lâcher. *Ei* « laisser ».

Lâcheté. *Tar'elamt* (f.).

Laid (être). *Echchadh* « être mauvais ».

Laine. (De mouton et poil de chameau) *Tadhouft* (s. sans pl.) (f.).

Laisser. (Lâcher, abandonner, omettre) *Ei(oiier', ioiia)* (act.). Le s. pr. de *ei* est « laisser ».

Lait. *Akh* (v. NOURRITURE).

Lampe. *Taftilt** (v. FLAMBEAU).

Lance. *Allar'* (v. ARME).

Lancer. *G'er* « jeter ».

Langue. (Organe, idiome) *Iles*, pl. *ilessaouen* (m.). *Iles* a tous les sens du mot « langue » ; il est employé aussi dans le sens de « pointe (d'une épée) ».

Lanière. (En cuir, de toute sorte) *Az'emi*, pl *iz'eman* (m.).

Large (être). *Emiri (emirer', imira* (n.) (de *ar.* « ouvrir »).

Largeur. (Ouverture, écartement) *Amiri* (m.) (de *ar,* « ouvrir »). — (Largeur opposée à longueur) *ag'aouir,* pl. *ig'aouiren* (m.).

Larme. *Amil'* (v. PLEURS).

Lassé (être). (Être entièrement lassé de, excédé de, ar. « hacel », au pr. et au fig.) *R'essel* (er'seler', ier'sel)* (act.). Je n'en puis plus de la marche, *er'seler' tikli.*

Lasser. (Excéder) (act.) *Ser'essel* (esser'seler, isser'sel)* (act.).

Laurier-rose. *Ilel* (v. PÂTURAGE).

Lavé (être). *Irad (arider', iarid)* (n.). *Irad* ne s'emploie qu'en parlant du corps.

Laver (le corps ou les vêtements). *Sirid (sirider', issoured)* (act.). — (Se laver) on traduit par *sirid* « laver » en lui donnant pour régime la partie du corps qu'on lave. Lave-toi la figure, *sirid oudem ennek ;* lave-toi la peau, *sirid ilem ennek.*

Lécher. *Eller' (eller'er', iller')* (act.).

Lecture. (Action de lire des caractères touaregs) *Ounoun,* pl. *ounounen* (m.) (de *ennen,* « lire du tifiŋar' »). — (Action de lire de l'arabe) *tir'eri** (f.) (de *ar'er,* « lire [de l'arabe] »).

Léger (être). (Être leste, prompt, faire promptement) *Ifsas (efsaser', ifsas)* (n.). Le s. pr. de *ifsas* est « être léger ».

Léger. (Leste, prompt, rapide, léger d'esprit,

inintelligent) *Fesous*, pl. *fesousen* (de *ifsas*, « être léger »).

Légèreté. (Promptitude, vitesse) *Tefessi* (f.) (de *ifsas*, « être léger »).

Légume. *Elfikiet** (v. Culture).

Lendemain. *Toufat* (v. Demain à l'art. Temps).

Lent (être). *Iz'z'ai* « être pesant ».

Lent. *Iz'z'aien* « pesant ».

Lentement. *Soullan* « doucement ».

Lenteur. *Az'ouk* « pesanteur ».

Léser. (Léser injustement, commettre une injustice contre, nuire injustement à) *Dhelem** (*adhelamer'*, *idhelam*) (act.). *Dhelem* a pour s. pr. « léser injustement ». Il ne s'emploie qu'en parlant des personnes ; la personne lésée se met à l'accus. — (Abîmer, gâter) *r'chad** « abîmer ». — (Blesser) *sbouis* « blesser ».

Lésion. (Action de nuire, de faire du mal) *R'chad** « dégât ». — (Blessure) *abouis* (v. Maladie).

Lettre. (Caractère d'écriture) *Asekkil** (v. Caractère). — (Missive) *tiraout*, pl. *tera* (f.) (de *ari*, « écrire » [peu us.]). *Tiraout* sert à désigner toute sorte d'écritures et de dessins.

Levain. *Takaia* (f.).

(Lever se). S'éveiller, se soulever, se révolter, ar. « qoum ») *Enker* (*enkerer'*, *ienker*) (n.). (Il s'émeut, *inker oul ennit* « son cœur se lève »). Le s. pr. de *enker* est « se lever » ; il est l'éq. de l'ar. « qoum ». — (Faire se lever, éveiller, pousser à la révolte, relever, envoyer, ar. « qîm ») *senker* (*senkerer'*, *issenker*) (act.). Fais lever le chameau, *senker amis*.

Lever. (v.) (act.) *El'kel* (v. PORTER).

Lever. (Subst.) (Du soleil, de la lune, des étoiles) *Ag'moudh* « sortie ». — (Des p: et des an.) *tanekra* (f.) (de *enker*, « se lever »).

Lèvre. *Adhaloi* (v. CORPS).

Liberté. (Condition libre, bonne éducation, politesse) *Elellou* (m.) (de *elloul* (T. a.), « être de condition libre »). — (Indépendance, fait de faire ce qu'on veut) *elellou foull iman nit* « liberté pour soi-même ».

Libre (être). (Être de condition libre [par naissance], être bien élevé, poli) *Elloul* (T. a.) (*elloulir', illoullet*) (n.). *Elloul* (T. a.) ne s'emploie pas pour indiquer la condition des esclaves affranchis; on se sert pour eux du mot « affranchi » ou du mot « hartani ». — (Etre indépendant, faire ce qu'on veut) « il est indépendant », *illoulet foull iman nit* « il est libre de sa personne ». — (Etre en liberté, en parlant des p. et des an.) on traduit: *itarag'ah foull iman nit* « il marche hab. pour lui-même (à sa fantaisie) ».

Libre. (De condition libre) *Ililli*, pl. *ilillan* (de *elloul* (T. a.), « être de condition libre »). *Ililli* signifie par ext. « bien élevé, poli ». — (Indépendant, en pouvoir de faire ce qu'on veut) *ililli foull iman nit* « libre pour soi-même ».

Licite. (Permis par Dieu) *Khalal,** pl. *khalalen*.

Lier. *Ek'k'en (ek'k'ener', iek'k'en)* (act.). — (Être lié) *ek'k'en* « lier » employé au prés. de l'ind. C'est lié, *ilek'k'an*).

Lieu. *Edeg*, pl. *ideggen* (m.).

Lièvre. *Tameroualt* (v. ANIMAL).

Lif. *Asan* (v. CULTURE).

Ligne. (Toute ligne, droite, courbe, de toute espèce, sur le papier, l'étoffe, le terrain, etc.) *Tisarret'*, pl. *tisarradh* (f.).

Lime. *Azezoua* (v. USTENSILE).

Limer. *Zezzou* (T. a.) (*azzezzaouir'*, *izzezouet*) (act.).

Limite. *Amesiouar'*, pl. *imisaouar'en* (m.) (de *aouor'*, « arrêter »).

Limon. *Ilouk* (v. VASE à l'art. TERRAIN).

Linceul. *Tifit*, pl. *tifiten* (f.).

Linge. (Petit morceau d'étoffe quelconque, chiffon) *Akerhouadh*, pl. *ikerhouadhen* (m.).

Lion. *Ahar* (v. ANIMAL).

Lire (du tifinar') *Ennen* (*ennener'*, *innen*) (act.). — (De l'ar. « qera ») *ar'er** (*ar'erir'*, *ir'era*) (act.).

Lisse (être). (Être poli, uni) *Selouf* (*iselouf*) (n.).

Lisse. (Poli, uni) *Iseloufen*, pl. *iseloufenin* (de *selouf*, « être lissé »).

Lit. (Amas de sable en forme de lit que l'on fait dans la tente dressée pour de nouveaux mariés et qui sert de lit nuptial ; on fait ce lit dans tout mariage, et on ne le fait jamais en dehors des cérémonies du mariage) *Adebni*, pl. *idebnan* (m.). — (Lit formé de quatre piquets plantés en terre sur lesquels reposent des perches horizontales recouvertes de nattes et d'étoffes) *tadebout*, pl. *tideba* (f.). — (Couverture, peaux cousues ensemble, ou toute autre chose qu'on étend pour se coucher ou s'asseoir dessus, ar. « frach ») *taftak'*, pl. *tifettar'* (f.) (de *efter'*, « étendre [quelque chose pour se coucher ou s'asseoir dessus] », ar. « ferrech »).

Livre. (Écrit) *Elkettab** « écrit ».

Livre. (Poids) *Ardhel** (v. COMMERCE).

Loi. (Loi musulmane, ar. « cherä' ») *Cherir'a* (s. sans pl.) (m.). — (Toute autre loi) *tanat'* « décision ».

Loin (être). (Être éloigné de, s'éloigner de) *Ag'eg'* (*oug'eg'er'*, *ioug'eg'*) (act.). La pers. ou le lieu dont ont est loin se met à l'accus. Eloigne-toi de moi, *ag'eg'i*. Le s. pr. de *ag'eg'* est « être loin » ; il est l'opposé de *ahaz'* « être près ».

Loin. Se traduit par « être loin ». — (De loin) *S a ioug'eg'en* (de *ag'eg'*, « être loin »).

Lointain. (Subs.) (Éloignement) *a ioug'eg'en* « ce qui étant loin » (de *ag'eg'*, « être loin »). Dans le lointain, *dar' a ioug'eg'en*.

Long (être). (Être haut, profond, ar. « t'ouil ») *Heg'er* (T. a.) (*heg'erir'*, *iheg'eret*) (n.). *Heg'er* (T. a.) est l'éq. de « t'ouil ».

Long. (Haut, profond, ar. « t'ouil ») *iheg'erin*, pl. *iheg'eretnin* (de *heg'er* (T. a.), « être long »).

Longtemps. On traduit par : « des nuits nombreuses », *Ihadhan eg'g'outenin*. — (Aussi longtemps que) *sar'et a**, « heure que » (v. PENDANT).

Longueur. (Hauteur, profondeur, ar. « t'oul ») *Tazeg'eret* (f.) (de *heg'er* (T. a.), « être long »).

Lorsque. *As* « que ».

Louange (faite à l'homme, flatterie). *Tamouli*, pl. *timoulaouin* (f.) (de *amel*, « louer »). — (Louange faite à Dieu) *elkhamdou** (m.). Louange à Dieu, *elkhamdou lillahi**.

Louer (un homme, flatter). *Amel* (*oumaler*, *ioumel*) (act.). *Amel* signifie « louer » et « indiquer ». Il loue Mousa, *ioumel Mousa* ; je lui ai indiqué le chemin, *oumaler' as abarek'k'a.* — (Prendre en location, donner en location) *ekri* ekreier', ikrei*) (act.). — (Louer Dieu) *khamed* (khamader', ikhmad*) (n.). Je loue Dieu, *khama-dher' i Mess inar'.*

Lourd (être). *Iz'z'ai* « être pesant ».

Lourd. *Iz'z'aien* « pesant ».

Loyal. *Ez'za'len* « droit ». On traduit aussi par « bon », *ioular'en*, ou par « véridique », *en tidet.*

Loyer. (Prix de location, salaire) *elkera**, pl. *elkaraten* (m.).

Lumière. (Clarté) *Afa* « clarté ». — (Lumière artificielle, flambeau) *taftilt** « flambeau ».

Lumineux. On traduit : « Est en lui la clarté », *ihé afa.*

Lundi. *Litni** (v. TEMPS).

Lune. (Pleine ou non) *Eior* (m.).

Lunette. *Tisit* « miroir ».

Lutter. (Corps à corps) *Bellen (hellener', ibel-len)* (n.).

ℳ

Mâcher. *Effez' (effez'er', ieffez')* (act.).

Mâchoire. *Amadel* (v. CORPS).

Magasin. (De commerçant) *Ehen en tadellalt* (v. BOUTIQUE). — (Cellier, lieu où on conserve les provisions) (v. MAGASIN à l'art. MAISON).

Magicien. *Amechchakhaou* « sorcier ».

Magie. (Sort jeté par magie, sortilège) *Echcha-khaou* « sort ».

Maigre (être). (Maigrir, en parlant des p. et des an.) *Elmoz'* (*elmaz'er'*, *ilmaz'*) (n.).

Maigre. (En parlant des p. et des an. ; ar. « bagui ») *Ilemaz'en*, pl. *ilemaz'enin*.

Maigrir. *Elmoz'* « être maigre ».

Main. *Afous* (v. Corps).

Maintenant. *Dimarder'*.

Mais. *Bechchân*.

Maïs. *Engafouli* (v. Culture).

Maison. (En briques, pierres, terre ou toute autre matière, grande ou petite ; tout édifice maçonné quelle que soit sa dimension) *Tar'ahamt*, pl. *tir'ahmin* (f.) (de *r'im*, « rester »).

Brique. (De terre séchée au soleil, ar. « toub »), *out't'ib*, pl. *out't'iben* (m.).

Hutte. (Ar. « zriba », case en branches, roseaux ou berdi), *ikeber*, pl. *ikebran* (m.).

Magasin. Les Touaregs ont trois espèces de magasins pour leurs provisions et objets précieux : 1° la *tahak'k'a*, pl. *tihar'ouin* (f.) « cellier », qui est une maison maçonnée ; 2° l'*ekaham*, pl. *ikahman* (m.) « caverne », grotte naturelle ; 3° l'*anou* « puits », nom désignant un trou en terre creusé de main d'homme, renfermant les objets qu'on veut cacher, et soigneusement recouvert de terre et de pierres ; au-dessus de ce trou, pour le dissimuler et le reconnaître, on fait un amas de pierres ayant l'apparence d'un *idebni* (tombeau anté-islamique) ou d'un *ag'ror* (enclos de pierres sèches d'environ un mètre de diamètre servant à enfermer les chevreaux). — Il y a un grand nombre de cavernes et un nombre plus grand encore de trous en terre servant de magasins dans le massif central du Hoggar. — Les cavernes et les trous en terre servant de magasins sont appelés *aseg'g'efer*, pl. *iseg'g'efar* (m.) « cachette ». J'ai caché dans ma cachette, *efferer' dar' asseg'g'efer in*.

Mortier, *talak'* (s. sans pl.) (f.) (de *ilouk*, « limon »).

Mur, *elkhiadh*, pl. *elkhiadhen* (m.).

Perche. (V. Poutre).

Plafond. Se traduit par *asfel* « toit ».

Porte, *taflout,* pl. *tifloutin* (f.).

Poutre. (De tout bois et de toute dimension), *afag'g'ag'*, pl. *ifeg'g'ag'en* (m.).

    (De bois de palmier) *ahak'k'or*, pl. *ihak'k'ar* (m.).

    (Support central d'une zriba ou d'une chambre), *taman-kait,* pl. *timankan* (f.).

Terrasse. (V. Toit).

Toit, *asfel,* pl. *isfelen* (m.).

Maître. *Mess,* pl. *messaou.*

Maîtresse. *Messa,* pl. *messaouat.* — (Amie) on traduit par « amie» *temerit* ou *tamidit.*

Mal. (Subst. ; mal moral) *Echcher** (subst.) (s. sans pl.) (m.). — (Subst. ; mal matériel) on traduit par « quelque chose de mauvais », *haret ien ichchadhen,* ou par « malheur, maladie, souffrance, etc. ». — (Particule inv. ; au moral) *a ichchadhen* « ce qui étant mauvais »). Ce que tu dis est mal, *tennid a ichchadhen* « tu dis ce qui étant mauvais ». — (Particule inv. ; pour les choses matérielles) : il n'y a pas d'équivalent, on tourne la phrase différemment (par ex. : « j'ai mal dormi » se traduit « je n'ai pas dormi si ce n'est un peu » ; « tu marches mal » se dit « tu ne marches pas du tout » ; « tu travailles mal » se dit « tu ne travailles pas » ou « tu ne travailles pas bien ».

Mal (faire). (Faire le mal, mal faire au moral) *Ag' a ichchadhen* « faire ce qui étant mauvais ». — (Mal faire une chose matérielle) on tourne par « faire un mauvais travail », *ag' elkhedmet techchadhet,* ou une autre tournure analogue: Ce travail est mal fait, *our imous haret arer' a teknid* « cela ne vaut rien ceci que tu as fait ». — (Faire mal, faire souffrir, au phys.) *kem (kemmir', ikema)* (act.). Ma tête me fait mal, *ikem i ir'ef in* ; qu'est-ce qui te fait mal ? *ma kai ikeman ?* Mousa lui a fait mal, *Mousa ikemi.* — (Faire avoir mal) *sekem (sekemer', isekem)* (act.). La marche m'a fait avoir mal à la tête, *likli lesekem ahi ir'ef.* — (Faire du mal à, nuire à) (v. NUIRE).

Mal (avoir). On tourne de manière à se servir du verbe *kem* « faire mal ». J'ai mal à la tête, « ma tête me fait mal », *ikem i ir'ef in.* — (Faire avoir mal) (v. FAIRE MAL).

Malade (être). *Eran (eriner', irin)* (n.). — (Rendre malade) *seren (seriner', iseren)* (act.) (de *eran*, « être malade »).

Maladie. *Tourna,* pl. *tournaouin* (f.) (de *eran*, « être malade »).

Abcès, *touksi,* pl. *touksaouin* (f.) (de *ekkous*, « être chaud »).

Ampoule, *tabaiok',* pl. *tibiar'* (f.) (*abaior'* « outre »).

Aveugle, *aderr'al,* pl. *iderr'alen* (de *derr'el*, « être aveugle »).

Bandage, *outoul,* pl. *outoulen* (m.) (de *ettel*, « enrouler »).

Bile, *tarour'i* (f.) (s. sans pl.) (de *arar'*, « être jaune »).

Blessure, *abouis,* pl. *ibouisen* (m.) (de *abouis*, « être blessé »).

Bouton. (V. ABCÈS).

Cécité, *taderr'elt* (f.) (de *derr'el*, « être aveugle »).

Clou. (Furoncle), *timezelelt,* pl. *timejjoulal* (f.).

Enflé (être), *hedhedhi,* (*hedhedhier, ihedhedhi*) (n.).

Enflure, *ihadhedhi* (m.) (de *hedhedhi*, « être enflé »).

Enrouement. On traduit par « il est enroué », *our'erasen ig'orhaien nit* « est égorgée sa gorge ».

Epilepsie, *takarraouat* (f.).

Evanouissement, *tanr'alift,* pl. *tinr'oulaf* (f.) (de *enr'alef*, « être évanoui »).

Fièvre, *taz'z'ak',* pl. *taz'z'ar'in* (f.).

Folie. On traduit : *ihi elhin* « est en lui le génie, le djinn ».

Frissons, *tisas* (pl. sans s.) (f.).

Gale, *ahiodh* (m.) (de *ahiodh*, « être galeux »).

Gonorrhée, *talaouait* (f.).

Linge. (Petit morceau d'étoffe quelconque, chiffon), *akerhouadh,* pl. *ikerhouadhen* (m.).

Malade. (Subst.) *amiren,* pl. *imirenen* (de *eran*, « être malade »).

(Être malade), *eran (eriner', irin)* (n.).

(Rendre malade), *seren (seriner', iseren)* (act.).

Médecin, *adhabib*, pl. *idhebab* (m.).

Médecine. (V. Remède).

Muet, *ebéi*, pl. *ibéien* (m.).

Névralgie. (A la tête), *amaz'ela*, pl. *imaz'elan* (m.).

Pansement. (V. Bandage).

Paralytique, *anabedoun*, pl. *inebedan* (de *abeden*, « être paralytique »).

Pus. (Suppuration), *enneg'el* (s. sans pl.) (m.).

Remède, *asafar*, pl. *isefran* (m.).

Rhumatisme, *tesemdhi* (f.) (de *sammedh*, « être froid »).

Rhume. (De poitrine) (v. Toux).

(De cerveau), *g'abourou*, pl. *g'abourouten* (m.).

Rougeole, *loumet* (f.).

Séné, *tag'arg'art*, pl. *tig'erg'erin* (f.).

Soigner. (Donner des remèdes, panser), *tasafar (tassafarer', itassafar)* (n.) (de *asafar*, « remède »).

Soufre, *aoudhis* (s. sans pl.) (m.).

Sourd, *amz'ag'*, pl. *imz'ag'en* (m.) (de *mez'ag'*, « être sourd »).

Syphilis, *amahar* (s. sans pl.) (m.).

Teigne, *korkor* (m.).

Tousser, *tousou (tousour', itousou)* (n.).

Toux, *tesout*, pl. *tesoutin* (f.) (de *tousou*, « tousser »).

Ulcère. (V. Abcès).

Urine, *ahida*, pl. *ihidan* (m.).

Ver de Guinée, *z'egeremi* (m.).

Vérole (petite), *bedi* (m.).

Vertige, *teg'az'z'ain* (pl. sans s.) (f.).

Vessie, *aseias*, pl. *isiasen* (m.).

Vomissement, *touk'k'out* (f.) (de *ouk'k'a*, « vomir »).

Mâle. *Éi*, pl. *éian.*

Malédiction. (Prière à Dieu pour qu'Il châtie quelqu'un, ar. « dà'oua ») *Edder'ouot**, pl. *edder'ouotin* (f.). *Edder'ouot* signifie par ext. « malheur, calamité ».

Malgré. (En parlant des pers.) on traduit par « contrainte » *Echchil.*

Malheur. (Calamité, ar. « bela ») *Elbela*,* pl. *elbelaouen* (m.) ; *edder'ouot** « malédiction ».

Malheureux. On traduit par *Mess inar' ikfi elbela* « Dieu lui a donné le malheur », ou *ig'raou t elbela* « l'a trouvé le malheur ».

Malingre (être). *Lemmedh* « être mou ».

Mamelle. *Ifef* (v. Corps).

Mamelon. (V. Colline à l'art. Terrain).

Mandataire. (Représentant, fondé de pouvoirs) *Elouakil**, pl. *elouakilen* (m.).

Manger. *Ekch* (*ekchir'*, *ikcha*) (act.). — *Ekch* est l'éq. de l'ar. « koul » et est, comme lui, employé dans le sens de « mordre » : un chien m'a mordu, *aidi ikcha hi*, et dans celui de « piller, voler » : ils ont pillé une caravane, *ekchen tirakaft*. — (Manger habit.) *tatt* (*tatter'*, *itatt*) (act.).

Manier. (Se servir de) (v. Se servir).

Manque. *Iba* « annulation ».

Manquer. (Manquer de, ne pas posséder) on traduit par « cela n'existe pas », *Abat* (v. Annulé). — (Avoir besoin de) *ouser* « avoir besoin de ».

Manteau. *Abernouh** (v. Vêtement).

Marchand. (Commerçant) *Amesdellal** « commerçant ». — (Celui qui vend) *oua iziñhen* « celui vendant », pl. *oui izeñhenin* (de *ziñh*, « acheter, vendre ») (v. Acheter).

Marchandise. (Ar. « esselâ'a ») *Esselr'et**, pl. *esselr'atin* (f.).

Marche. *Tikli*, pl. *takliouin* (f.).

Marché. *Essouk**, pl. *essouken* (m.).

Marcher. *Erg'eh* (*erreg'eher'*, *irreg'eh*) (n.). — (Marcher habit., se promener) *tarag'ah* (*tara-*

g'aher, *itarag'ah*) (n.). — (Marcher sur, fouler aux pieds, piétiner) *koukel* « fouler ».

Mardi. *Ettenata** (v. SEMAINE à l'art. TEMPS).

Mari. *Ales* « homme ».

Mariage. *Tidaout*, pl. *tidaouin* (f.) (de *eddiou*, « accompagner »).

Marie. *Mariam**.

Marié (être). (Se marier) *Eddouben* (*eddoubener'*, *iddouben*) (n.). *Eddouben* signifie « être marié » et « se marier ».

Marié. *Iedouben*, pl. *iedoubenin*, f. *teddoubenet*, f. pl. *teddoubenin*. — (Nouveau marié) *anesdiben*, pl. *inesdibenin*, f. *tinesdibent*, f. pl. *tinesdibenin* ; on ne donne le nom d'*anesdiben* que le jour du mariage et les sept jours que durent les noces.

Marier (se). *Eddouben* « être marié ».

Marier. (Sa fille, ou une femme sur laquelle on a autorité) on traduit par *ekf* « donner ». J'ai marié ma fille à Mousa, *ekfir' illi Mousa*. — (Son fils, ou un homme sur lequel on a autorité) on traduit par *aoui tamet' i* « prendre une femme pour ». J'ai marié mon fils, *eouier' tamet' i rour i* (*aoui* « apporter »).

Marmite. *Ir'ir* (v. USTENSILE).

Marqué (être). (Porter un « t'aba' », une marque faite au feu ; ne se dit que des animaux) *Houel (ihouel)* (n.).

Marque. (Ar. « t'aba' », marque faite au feu sur un animal) *Ahouel*, pl. *ahoualen* (m.) (de *houel*, « être marqué d'un « t'aba' »). — (Toute marque faite sur un objet quelconque pour le reconnaître) *nihal*, pl. *nihalen* (m.).

Marquer (au feu un animal, mettre un « t'aba' » sur un animal) *Zihouel (zihoueler', izihouel)* (act.). — (Mettre une marque sur un objet quelconque) on traduit « mettre une marque », *ag' nihal*.

Marteau. *Afadhis* (v. USTENSILE).

Masculin. On traduit : « celui de mâle », *oua n éi*, pl. *oui n éian*.

Matin. *Toufat* (v. TEMPS).

Matinée (de marche, ar. « meg'îl »). On traduit par *takellaout* « méridienne », ar. « gaïla », qui signifie par ext. « megîl », temps de marche accompli avant la « gaïla ». — (Partie du jour qui s'écoule avant midi) on traduit en indiquant telle ou telle heure de la matinée ou en disant « avant midi » (v. HEURE à l'art. TEMPS).

Maudire. On traduit par « prier hab. contre ». Maudire un homme, *tatter dar' ales*.

Mausolée. (Ar. « qoubba ») *Erraoudhet**, pl. *erraoudhetin* (f.).

Mauvais (être). *Echchadh (echchadher', ichchadh)* (n.). Le s. pr. de *echchadh* est « être mauvais »; on l'emploie aussi dans les sens de « être méchant, être laid ». C'est un mot très usité, se disant des p., des an. et des ch.

Mauvais. (Méchant, laid) *Ichchadhen*, pl. *ichchadhenin*, f. *techchadhet*, f. pl. *tichchadhenin* (de *echchadh*, « être mauvais »).

Méchanceté. *Ouhoudh* (m.) (*echchadh* « être mauvais »).

Méchant. *Ichchadhen* « mauvais ».

Médecin. *Adhabib** (v. MALADIE)..

Médecine. (Médicament) *Asafar* (v. MALADIE).

Médicament. *Asafar* (v. MALADIE).

Médire. *En a ichchadhen* « dire ce qui étant mauvais ». Il a médit de moi, *inna dar' i a ichchadhen*.

Médisance. *A ichchadhen* « ce qui étant mauvais ».

Méhari. *Amis oua n tarik* ((v. CHAMEAU).

Meilleur (être). (Être mieux, valoir mieux, aller mieux) *Ouf (oufer', iouf)* (act.). Il est meilleur que Mousa, *iouf Mousa*. Le s. pr. de *ouf* est « être meilleur » ; il se dit des p., des an. et des ch.

Meilleur. (Préférable) *Ioufen*, pl. *ioufenin* (de *ouf*, « être meilleur »). (Le meilleur, le préférable, le mieux) *a ioufen* « ce qui étant le meilleur », *oua ioufen* « celui qui étant meilleur ».

Mélange. (Trouble, agitation, discorde, ar. « khlot' ») *Tasertit*, pl. *tirettai* (f.) (de *ertai*, « être mêlé »). Le s. pr. de *tasertit* est « mélange ».

Mêlé (être). *Ertai (ertaier', irtai)* (n.).

Mêler. (Mélanger) *Serti (serteier', isertei)* (act.) (de *ertai*, « être mêlé »).

Même (le). On traduit soit en se servant du verbe *oul* « être pareil », soit par *ien* « un », soit par des tournures analogues. Leurs bracelets sont les mêmes, *ihebg'an nesen oulan* « sont pareils » ; ils habitent la même zriba, *han ikeber ien* « ils sont dans une zriba unique » ; c'est la même chose, *oulan* « ils sont pareils ».

Même. On traduit par *ar* « jusqu'à ». Ils ont tué même les femmes, *enr'en ar tidhidhin* « jusqu'aux femmes ». — (Pas même) on traduit par *oula* « ni ». Je ne demande pas même la moindre chose, *our g'ammier' oula andherren* « je ne demande ni un peu ».

Mémoire. (Faculté de se souvenir) *Takataoul*, pl. *tikatoutin* (f.) (de *ektou*, « se souvenir »).

Menace. *Ihiouog'* (m.) (de *eheouog'*, « menacer »).

Menacer. *Eheouog'* (*heouog'er'*, *iheouog'*) (n.). Menace-le du bâton, *eheouog' foull as se tebourit*.

Mendiant. On traduit par « pauvre » *talek'k'i*, ou par « il cherche hab. chez les gens » *ig'ammi r'our eddounet*.

Mendier. On traduit par « chercher hab. » *g'ammai*, ou par « chercher hab. chez les gens » *g'ammai r'our eddounet*.

Mener. On traduit par « conduire » *eloui*, ou « apporter », ar. « djib » *aoui*.

Mensonge. *Bahou*, pl. *bahouten* (m.).

Mensonger. On traduit par « de mensonge » *en bahou*. Nouvelles mensongères, *isalan en bahou*.

Menstrues. *Ba n amoud* « annulation de la prière ». — On leur donne ce nom parce que les femmes ne font pas la prière canonique pendant leur durée.

Menteur. *Anesbahou*, pl. *inesbahouten*, f. *tanesbahout*, f. pl. *tinesbahoutin* (de *bahou*, « mensonge »).

Menthe. *Ennar'nar'** (v. CULTURE).

Mentir. On traduit par « dire mensonge » *en bahou*. Il a menti, *inna bahou*. Tu mens, *bahou nnek* « mensonge de toi ».

Menton. *Tamart* (v. CORPS).

Mépris. *Telko* (f.) (de *elkou*, « mépriser »).

Mépriser. *Elkou* (*elkir'*, *ilka*) (act.).

Mer. *Eg'ériou*, pl. *ig'éréouan* (m.).

Merci. *Tannemirt !* « remerciement » ! (de *senemmer*, « remercier »).

Mercredi. *Enardha* (v. Semaine à l'art. Temps).

Mère. *Ma*, pl. *mat.* — (Grand'mère) *ma s en ti* ou *ma s emma* (v. Grand).

Méridienne. (Ar. « gaïla », temps de grande chaleur du jour, sieste, action de passer le temps de la grande chaleur du jour) *Takellaout* (v. Heure à l'art. Temps). — (Passer la méridienne, faire la méridienne, ar. « gîl ») *ekel* (*eklir'*, *ikla*) (n.).

Mérite. (Devant Dieu) *Amerkid*, pl. *imerkiden* (m.).

Mériter (devant Dieu). On traduit « avoir du mérite » *El amerkid*. — (Etre digne de) *enheg'* « être convenable ».

Messager. *Amahal* « envoyé ».

Mesure. (Quantité, nombre, totalité) *Eket* (m.) (de *eket*, « mesurer »). Combien ? *ma n eket* « quoi de la mesure ? quoi de la quantité ? ». Le s. pr. de *eket* est « mesuré ».

Mesurer (avec toute espèce de mesure). *Eket* (*eketer'*, *iket*) (act.). — *Eket* signifie par ext. « faire l'aumône », c'est-à-dire « mesurer [aux pauvres de la nourriture] » ; il s'emploie non seulement pour la nourriture mais pour toute espèce d'aumône.

Mettre. *Ag'* « faire ». — (Mettre sur) *souar* (v. Etre sur).

Meule. *Tahount* (v. Ustensile).

Meurtre. (Action de tuer) *Tiner'i*, pl. *tiner'iouin* (f.) (de *anr'*, « tuer »).

Meurtrier. *Ig' iman* « il a fait une personne » pl. *g'en iman*.

Mezoued. *Ag'era* (v. Ustensile).

Midi. *Tarout dinder' id ier'ber alem eidi* (v. HEURE à l'art. TEMPS).

Miel. *Touraout* (v. NOURRITURE).

Miettes. *Ir'eroumen* (v. NOURRITURE).

Mieux (être). *Ouf* « être meilleur ».

Mieux. On traduit par le v. *Ouf* « être meilleur ». — Tant mieux, *elkhamdou lillahi**. — Le mieux, « *ioufen* « ce qui étant meilleur ».

Milieu. (Centre, le dedans, l'intérieur) *Ammas*, pl. *ammasen* (m.).

Millet. *Ineli* (v. CULTURE).

Mince (être). (Être fin, être maigre) *Sedid* (*sedider'*, *isedid*) (n.). Dans le sens de « être maigre », *sedid* ne se dit que des p.

Mince. (Fin) *Isediden*, pl. *isedidenin* (de *sedid*, « être mince »).

Minuit. *Ammas n chadh* (v. HEURE à l'art. TEMPS).

Miracle. *Tekount* (v. ADMIRATION).

Mirage. *Eilel* (v. ATMOSPHÈRE).

Miroir. (Glace, verre, lunette de toute espèce) *Tisit*, pl. *tisatin* (f.).

Miséricorde. (Divine) *Rakhma**(f.). — (Humaine) *tamella* (v. GRÂCE).

Miséricordieux. (En parlant de Dieu) *Errakh-man**. — (En parlant d'un homme) on traduit « est dans lui la grâce » *ihi tamella,* ou « il a la grâce » *ila tamella* (v. GRÂCE).

Mite. *Tamadi* (v. ANIMAL).

Mobilier. *Ilalen* « effets ».

Mœurs. *Ig'iten*, pl. de *ig'i* « action » (m.) (de *ag'*, « faire »).

Moins. Se traduit par *Daou* « sous », ou bien par une périphrase (il est moins grand que moi, il n'est pas grand comme moi). — (A moins que) *koundeba s* « excepté que » (pour *koud aba s*) ; *koud aba*.

Mois. *Tallit* (v. TEMPS).

Moisir. *Erk* « être pourri ».

Moisson. *Afaras* (v. CULTURE).

Moissonner. (Couper) *Feres (fereser', iferes)* (act.). Le s. pr. de *feres* est « couper ».

Moissonneur. *Iferresen* (v. CULTURE).

Moitié. *Ar'il* (v. CÔTÉ).

Moïse. *Mousa** (v. NOM PROPRE).

Mollesse. (Faiblesse, souplesse, manque de consistance) *A lemmidhen* « ce qui étant mou (quelque chose de mou) ».

Moment. (Instant) *Emir*, pl. *imiren* (m.). Alors, *emir ouarer'* « à ce moment » ; quand ? *ennes emir* « à quel moment ? » ; quelquefois, *emir emir*.

Monde. (Le globe terrestre, l'univers, la vie de cette terre, ici-bas, ar. « eddounia ») *Eddounia** (s. sans pl., m. et f.). — (Les gens) *eddounet** « gens ».

Monnaie. *Az'ref* (v. COMMERCE).

Montagne. *Adrar* (v. TERRAIN).

Montée. *Aggan* (v. COLLINE à l'art. TERRAIN).

Monter. (Sur toutes choses sur lesquelles on peut monter, maisons, arbres, montagnes, etc., mais non sur les animaux, ar. « t'elâ' ») *Aouen (eouaner', iéouan)* (act.). Il est monté sur la montage, *ieouan adrar*. — (Sur une monture, cheval, chameau, etc., ar. « erkeb ») *ar'er* (*our'e-rir'*, *iour'er*) (act.). Je suis monté sur mon chameau, *our'erir' amis in.* — (Faire monter sur [un animal], aider à monter sur [un animal]) *ser'er* (*sour'erer'*, *isour'ar*) (act.).

Montrer. *Seken* (*essekener'*, *issekni*) (act.). Les deux rég. de *seken* se mettent à l'accus. Mousa lui a montré cela, *Mousa a t issekenen ouarer'*.

Moquer (se). (Railler) *Dhaz'z'* « rire habit. ». Il se moque de lui, *idhaz'z' foull as.*

Moquerie. (Raillerie) *Tahandhaz'z'it* « plaisanterie ».

Morceau (de pain, viande, sucre, sel, bois, etc.). *Afres*, pl. *ifersen* (m.) (de *feres*, « couper »). — (Pièce d'étoffe ou de peau pour raccommoder) *tikest*, pl. *tikesin* (f.) (de *ekkes*, « ôter »).

Mordre. *Ekch* « manger ».

Morsure. *Titeti*, pl. *titetaouin* (f.) (de *tall*, « manger hab. »). *Titeti* signifie « action de manger, de mordre ».

Mort. (Subst. f.) *Tamettant* (f.) (de *emmet*, « mourir »).

Mort. (Subst. m.) *Emmouten*, pl. *iemmoutenin* (m.) (de *emmet*, « mourir »).

Mortier. (A piler) *Akabar* (v. USTENSILE).

Mortier. (A bâtir) *Talak'* (v. MAISON).

Mosquée. *Tamejjida** (v. ORATOIRE).

Mot. *Tifirt*, pl. *tifir* (f.).

Motif. *Essebet** « cause ».

Motte. (De toute substance pouvant se mettre en motte : de terre, de sucre, de dattes, etc.) *Abellor'*, pl. *ibellar'en* (m.).

Mou (être). (Être tendre, sans consistance, mou au toucher, faible, souple, au pr. et au fig. ; pers., an. et ch.) *Lemmedh (lemmidher', ilemmidh)* (n.). — (Etre humide) *ebedag'* « être mouillé ».

Mou. (Tendre, faible, souple) *Lemmidhen*, pl. *ilemmidhenin* (de *lemmedh*, « être mou »).

Mouche. *Ehi* (v. ANIMAL).

Moudre. (Broyer avec un moulin) *Az'ed (az'eder', iez'ed)* (act.).

Mouflon. *Oudad* (v. ANIMAL).

Mouillé (être). (Être humecté, humide) *Ebedag' (ebedag'er', ibedag')* (n.). — (Etre mouillé abondamment) on traduit en tournant par l'actif. J'ai été mouillé par la pluie, *ag'enna a hi idaouen* « la pluie ce qui m'ayant mouillé ».

Mouillé. *Ibedag'en* (de *ebedag'*, « être mouillé »).

Mouiller. (Humecter) *Sebedeg' (sebedeg'er', issebedeg')* (act.). — (Mouiller abondamment, baigner [dans le sens de mouiller abondamment]) *Edou (edouer', idaou)* (act.). La sueur me baigne, *tedaou ahi tidi* ; j'ai baigné mes vêtements dans l'eau, *edouer' iselsa hi dar' aman*.

Mouillure. (Fait d'être mouillé) *Abedouig'* (m.) (de *ebedag'*, « être mouillé »).

Moulin. *Tahount* (v. USTENSILE).

Mourir. *Emmet (emmouter', iemmout)* (n.). *Emmet* signifie « mourir » et « être mort ».

Mousse. (Du lait qu'on vient de traire, du savon) *Takoufi* (f.).

Moustaches. *Imesouan* (v. CORPS).

Moustique. *Tadast* (v. ANIMAL).

Mouton. *Ekrar* (v. ANIMAL).

Moyen. (Adj.) (ni bon ni mauvais, ni grand ni petit, etc.) *Oua n g'erig'eri* « celui de la moyenne ».

Moyen. (Subst.) *Debara**, pl. *tidebbar* (f.).

Muet. *Ebéi* (v. MALADIE).

Multitude. (Grand nombre) *Eg'g'out* « abondance ».

Mur. *Elkhiadh** (v. MAISON).

Mûr (être). *Iña* « être cuit ».

Murmurer. (Contre quelqu'un ou quelque chose) *Andhar (andherer', iandhar)* (n.). J'ai murmuré contre Mousa, *andherer' foull Mousa.*

Musc. *Lemesek** (m.).

Musulman. *Aneslem** (v. NOM PROPRE).

Mutuellement. On traduit par « entr'eux », *g'er issen.*

Mystère. (Secret humain, mystère de la religion) on traduit : « cacher habit. », *Taffer* (v. SECRET).

n

Nager. *Andheb (andheber', iandheb)* (n.).

Naguère. *Eng'oum* « autrefois ».

Naissance. *Tiouit*, pl. *tiouitin* (f.) (de *ou*, « naître »).

Naître. *Ou (ouir', ioua)* (n.).

Narine. *Tiñhart* (v. CORPS).

Natte. (De cheveux) *Tahokkot'* (v. CHEVEU à l'art. CORPS). — (De merkeba, servant de paravent) *iseber* (v. **Tente**). — (Pour s'asseoir ou se coucher) *tiousit*, pl. *tiousatin* (f.).

Natter (les cheveux). *Arsem* « tresser ».

Nazareth. *Nasr'a**.

Naturel. (Subst.). *Tar'ara* « caractère ».

Négociant. *Amesdellal** « commerçant ».

Nègre. (Nègre esclave) *Akli* « esclave ». — (Nègre libre) *Azeggar'* « hartani ».

Neige. *Ar'eris* (v. **Atmosphère**).

Ne pas. *Our.* Je ne sais pas, *our essiner'*.

Ne que. On traduit par « si ce n'est » *ar*. Je ne demande que peu de chose, *our g'ammier' ar andherren* « je ne cherche si ce n'est un peu ».

Nerf. *Az'ar* (v. **Corps**).

Nettoyer. (Laver) *Sirid* « laver ». — (Oter les souillures) *zezzeg'* « purifier ».

Neuf (être). *Ainai* « être nouveau ».

Neuf. (Adj.) *Iainaien* « nouveau ».

Neveu. (Fils du frère) *Rour is n aña*, pl. *meddan es n aña*. — (Fils de la sœur) *ag' elet ma*, pl. *ait elet ma*.

Névralgie. *Amaz'ela* (v. **Maladie**).

Nez. *Ang'our* (v. **Corps**).

Ni. *Oula. Oula* veut dire « ni, sans, pas même ».

Nid. *Essouk*, pl. *issouken* (m.).

Nièce. (Fille du frère) *Illi s n aña*, pl. *echchi ch n aña*. — (Fille de la sœur) *illi s n oulet ma*, pl. *echchi ch n oulet ma*.

Nier. (Dire non) on traduit : « dire non » *En kala*.

Noble. (Appartenant à une des tribus touarègues nobles) *Ahaggar*, pl. *ihaggaren*.

Noce. On traduit par « tente se nouant », *Ehen oua ikerresen* (v. NOUER).

Nœud. *Takerrist*, pl. *tikerras* (f.) (de *keres*, « nouer »). Le plur. *tikerras* est employé dans le sens de « duperie, tromperie ».

Noir. *Iset't'efen*, pl. *iset't'afenin* (de *set't'ef*, « être noir ») ; *ikaouelen*, pl. *ikaouelnin* (de *kaouel*, « être noir »).

Noircir. (Rendre noir) *Z'ouz'z'ef* (*az'ouz'z'efer'*, *iz'z'ouz'z'ef*) (act.). — (Devenir noir) on traduit par *kaouel* « être noir » (*kaoueler'*, *ikaouel*) (n.).

Nom. *Isem**, pl. *ismaouen* (m.). Quel est ton nom ? Comment t'appelles-tu ? *isem ennek*.

Nom propre.

Adrar (Pays des Ifor'as), *Adhar'*.
Agadez, *Ag'adeh*.
Aïr, *Aïr*.
Alger, *Dezaïr**.
Arabe, *Arab**, pl. *Araben*.
Azger (Pays de l'), *Ajjer*.
      (Habitants de l'), *Kel Ajjer*.
Chrétien, *Nesr'âni**, pl. *Nesâr'a*. La plupart du temps, les Touaregs désignent les chrétiens, non par le nom de *Nesr'âni*, mais par celui de « païen », *akafer**, pl. *ikoufar*.
Egypte, *Maser**.
Fezzan, *Targ'a*.
Français, *Fransis** (s. et pl.).
France, *Fransa**.
Hartani, *Azeggar'*, pl. *izeggar'en* (de *haggar'*, « être rouge »).
Hoggar (Pays du), *Ahaggar*.
      (Habitants du), *Kel Ahaggar*.
Jésus, *R'isa**.
Juif, *Elihoud**, pl. *Elihouditen*.
Marie, *Mariam**.

Moïse, *Mousa.*

Musulman, *Aneslem**, pl. *ineslemen.*

Nazareth, *Nasr'a*.*

Paris, *Bariz*.*

Soudan. (Les bords du Niger, Tonbouktou, Gogo, etc., « le fleuve »), *ég'ériou* « la mer ».

Taïtoq, *Taitok'* (inv.).

Tidikelt (et Touat), *Taouat.*

Touareg. (Homme), *amahar'*, pl. *imouhar'*, f. *tamahak'*, f. pl. *timouhar'.*

    (Langue), *tamahak'* (f.).

    (Écriture), *tifinar'* « caractères touaregs » (v. CARAC-TÈRE).

Nomade. On traduit : *Iha tiniri* « il est dans la plaine », pl. *han tiniri.*

Nombre *Eket* « mesure ». — (Grand nombre) *eg'g'out* (m.) (de *eg'* (T. a.), « être nombreux »). — (Petit nombre) *derous* (m.) (de *derous*, « être peu nombreux »).

Nombreux (être). *Eg'* (T. a.) (1re p. pl. *neg'g'et*, 2^e p. m. pl. *teg'g'im*, 3^e p. m. pl. *eg'g'in*) (n.).

Nombreux. *Eg'g'outen*, pl. *eg'g'outenin* (de *eg'* (T. a.), « être nombreux »).

Nombreux (être peu). *Derous* (3^e p. pl. *derou-sen*) (n.).

Nombreux (peu). *Derousen*, pl. *derousenin* (de *derous*, « être peu nombreux »).

Nombril. *Taboutout* (v. CORPS).

Nommer. On traduit : « faire nom », *Ag' isem.* Donne-lui le nom de Mousa, nomme-le Mousa, *ag' as isem Mousa* « fais-lui nom Mousa ».

Non. *Kala.* Veux-tu, oui ou non ? — Non ! *Terid mir' kala ? — Kala.*

Non pas. *Ourg'ir'* « nullement ».

Nord. *Foi* (v. TERRAIN).

Nouer. (Dresser [une tente] ; duper [quelqu'un]) *Keres (kereser', ikeres)* (act.). *Keres ehen* « dresser, nouer une tente » est employé dans le sens de « se marier, faire une noce », parce qu'une des principales cérémonies du mariage est le dressement de la tente du nouveau couple. Noce, *ehen oua ikerresen* « tente se dressant » ; je vais à la noce, *ekkir' ehen oua ikerresen.* Le s. pr. de *keres* est « nouer ».

Nourrir. (Donner la nourriture) on traduit « donner la nourriture » *Ekf amekchi.* — (Allaiter) *senkes* « allaiter ».

Nourriture. *Amekchi*, pl. *imekchan* (m.) (de *ekch*, « manger »).

Beurre. (Frais, ar. « zebda »), *tasendout*, pl. *tisendouin* (f.). (Fondu, ar. « dehen »), *oudi*, pl. *oudiaouen* (m.).

Bouillie. (En général, ar. « 'asida », couscoussou, etc., toute bouillie épaisse), *esink*, pl. *esinkaouen* (m.).
(Ar. « 'asida »), *taraouait*, pl. *tiraouaien* (f.) (de *aroui*, « brouiller »).
(Bouillie claire, ar. « ahsa »), *alioua*, pl. *iliouan* (m.).

Café, *elɣaoua** (m.).

Croûte. (De pain), *ir'eremr'eram* (pl. sans s.) (m.) (*ir'eroumen* « miettes de pain »).

Dattes, *téini* (coll.), pl. *tainiouin* (f.).

Déjeûner. (Petit déjeuner très léger du matin), *taɣ'imɣ'imt* (f.).
(Repas de midi), *ameklou*, pl. *imekliouen* (m.) (de *ekel*, « passer la méridienne »).

Dîner. (Repas du soir), *amensou*, pl. *imensouten*, (m.) (de *ens*, « se coucher »).

Drin (Grains de), *oulloul* (coll.), pl. *oulloulen* (m.).

Farine, *eg'il* (m.).

Fromage, *takammart*, pl. *tikammarin* (f.).

Fruit. On désigne chaque fruit par son nom partic. Pas de nom général.

Grains, *etter'am** (v. CULTURE).

Graisse. (De tout animal, ar. « cheh'am »), *tadent* (f.) (de *iden*, « être graisseux »).

Huile, *hatim*, pl. *ihoutam* (m.).

Lait. (En général), *akh* (m.).

    (Frais, ni cuit, ni aigri), *akh oua kefaien* « lait étant frais » (de *kafai*, « être blanc comme le lait »).

    (Aigre, ar. « leben »), *akh oua iz'z'en* « lait étant aigre » (de *ez'z'a*, « être aigre »).

Légumes, *elfikiet** (v. CULTURE).

Merkeba (Grains de), *afez'ou* (coll.), pl. *ifez'ouan* (m.).

Miel. (D'abeilles), *touraout*, pl. *touraoutin* (f.).

    (De dattes, de fersig), *tament*, pl. *tamenin* (f.).

    (De telhaia, c.-à-d. gomme), *tainoust*, pl. *tiinousin* (f.).

Miettes. (De croûte de pain), *ir'eroumen* (pl. sans s.) (m.).

Mousse. (Du lait qu'on vient de traire), *takouji* (f.).

Pain, *tag'ella*, pl. *tig'ellouin* (f.) *(eg'il* « farine »).

Potage. (Ar. « cherba », « merga », tout liquide se mélangeant avec un aliment plus sec pour le mouiller), *adharaz'*, pl. *idharaz'en* (m.) (de *adhrez'*, « mêler » [un liquide avec une chose plus sèche pour la mouiller]).

Repas. (V. DÉJEUNER, DÎNER).

Sauce. (V. POTAGE).

Sel, *tisemt*, pl. *tisemin* (f.) (v. COMMERCE).

Souper. (V. DÎNER).

Sucre, *essouker** (coll.) (m.).

Thé, *at'ei** (m.).

Viande, *isan* (pl. sans s.) (m.).

Vin, *elkhemer** (m.).

Vinaigre, *elkhell** (m.).

Nouveau (être). (Être neuf, récent, ar. « djedid ») *Ainai (ainaier', iainai)* (n.). *Ainai* se dit des ch., non des p. ni des an.

Nouveau. *Iainaien*, pl. *iainainin*, f. s. *tainaiet*, f. pl. *iainainin* (de *ainai*, « être nouveau »).

Nouveauté. *A iainaien* « ce qui étant nouveau ».

Nouvelles. *Isalan* (pl. sans s.) (m.) (de *sel*, « entendre »). Informer, donner des nouvelles, *ag' isalan* « faire des nouvelles » ; bonnes nouvelles, *isalan ioular'enin, isalan n elkhîr*. Le mot *isalan* sert à exprimer l'idée d'« histoire, chronique ».

Noyau. (De datte et de tout fruit) *Akebbou*, pl. *ikoubba* (m.).

Nu (mettre à). *Ezzef (ezzafer', iezzaf)* (act.). *Ezzef* a le sens de « mettre à nu » et celui de « être nu ». Je t'ai mis à nu, *ezzafer' kai ;* je suis nu, *ezzafer'*.

Nuage. *Ag'enna* (v. ATMOSPHÈRE).

Nudité. *Ouzouf* (m.) (*ezzef* « mettre à nu »).

Nuire. (Léser injustement, nuire injustement, commettre une injustice contre) *Dhelem** (v. LÉSER). — (Abîmer, gâter) *r'ehad** « abîmer ». — (Faire du mal) on traduit par « faire une chose mauvaise ». Il m'a nui, *ig'a dar' i haret ien ichchadhen* « il a fait contre moi une chose mauvaise ».

Nuit. *Ehadh* (v. TEMPS).

Nuitée. *Tinessi,* pl. *tinessiouin* (f.) (de *ens*, « être couché »).

Nullement. *Ourg'er*.

O

Obéir. (En parlant des p.) *Seg'ed* « écouter ». — (En parlant des an.) *ounan* « être dressé ».

Obéissance. (En parlant des p.) *Ajjed* (m.) (de *seg'ed*, « écouter »). — (En parlant des an.) *tounount* « docilité, fait d'être bien dressé ».

Objet. *Haret* « chose ».

Obligation. (Imposée par Dieu) *Feredh** (s. sans pl.) (m.).

Obligatoire (être). (En vertu de la volonté divine) *Faradh** (*iferadh*) (n.). Il est obligatoire pour moi, *iferadh foull i.* — (En vertu d'une

volonté humaine) on traduit : « il est sur moi »,
iouar foull i, ou bien : « on m'a dit de », « on veut
que », « on me contraint ». (V. DIRE, VOULOIR,
CONTRAINDRE).

Obliger. (Imposer l'obligation de). On traduit
par « vouloir que », ou « contraindre à », ou
« mettre sur » (v. ETRE SUR »).

Obscurité. *Tihai* (v. ATMOSPHÈRE).

Observer. *Akid* « examiner ».

Obstacle. On traduit : *Inked ahi haret ien
oulr'ot,* « il vient au-devant de moi quelque chose
de difficile ».

Obtenir. On traduit par « acquérir » *ekerah,*
« saisir » *ermes,* ou « trouver » *eg'raou.*

Occupation. (Affaire) *Aouaz'lou,* pl. *iouaz'lan*
(m.) (de *aouz'el,* « être occupé »). Il a de l'occupation, *ila aouaz'lou.*

Occupé (être). (Être affairé) *Aouz'el* (T. a.)
(*aouz'elir', iaouz'elet*) (n.).

Odeur. On traduit par « vent », *Adhou.* — (Bonne
odeur, parfum) *adhou az'iden* « odeur douce »,
pl. *adhouten az'idenin.* — (Mauvaise odeur, puanteur) *erk adhou* « odeur pourrie ». — (Avoir de
l'odeur [bonne ou mauvaise]) *ouihenhen* (v. SENTIR).

Œil. *Til'* (v. CORPS). — (Mauvais œil) *tohot'* (f.).

Œuf. *Tasedalt,* pl. *iisedalin* (f.).

Œuvre. *Amouken* « arrangement ».

Offrir. On traduit par *ekf* « donner ».

Oindre. *Ahoui (ahouier', iahoui)* (act.).

Oiseau. *Igedhidh* (v. ANIMAL).

Oisif (être). (Ne pas travailler) on traduit :

Ik'k'im iz'z'al idharen nit « il est assis, il étend ses pieds ». — (Etre paresseux) *essounded* « être paresseux ».

Oisiveté. (Fait de ne pas travailler) *Tar'imit* « séjour » (action d'être assis) ». — (Paresse) *asindad* « paresse ».

Ombrager. On traduit : « faire de l'ombre », *ag' teli*.

Ombre. *Teli*, pl. *tiliouin* (f.).

Omettre. On traduit par « laisser », *Ei*.

Omission. *Tataout* « oubli ».

Onagre. *Ahoulil* (v. ANIMAL).

Oncle. (Paternel) *Aña s en ti*, pl. *ait ma s en ti*. — (Maternel) *añet ma*, pl. *añet ma*. Mon oncle maternel, *añet ma* ; ton oncle maternel, *añet ma k* ; mes oncles maternels, *añet ma oui i* ; tes oncles maternels, *añet ma oui k* ; ses oncles maternels, *añet ma oui s*.

Ongle. (Des p. et des an. ; griffe) *Isker*, pl. *iskaren* (m.).

Opprobre. (Déshonneur) *Elr'ar** « honte ».

Or. (Métal) *Ouror'*, pl. *ourar'en* (m.) (de *arar'*, « être jaune »).

Orage. *Tag'arak* (v. ATMOSPHÈRE).

Oratoire. (Église, temple, mosquée, tout oratoire ou lieu de prière quel qu'il soit) *Tamejjida**, pl. *timejjidaouin* (f.).

Ordinairement. *Ak ahel* « chaque jour » (v. HABITUELLEMENT).

Ordonner. (Commander) *Ennchadh* « décider ». — (Arranger) *ken* « arranger ».

Ordre. (Commandement) *Tanat'* « décision ».— (Arrangement) *amouken* « arrangement ».

Oreille. *Tamez'z'ouk* (v. Corps).

Oreiller. *Asamou* (m.) (de *soum* (T. a.), « prendre pour oreiller »).

Orfèvre. *Inedh* « artisan ».

Orge. *Timz'in* (v. Culture).

Orgueil. *Simr'ar n iman* « fierté ».

Orgueilleux (être). *Simr'ar iman* « être fier ».

Orphelin. *G'ouhil*, pl. *ig'ouhilen*.

Os. (De l'homme et des an., quel qu'il soit) *Ir'es*, pl. *ir'esan* (m.).

Oser. On traduit par « pouvoir », *eddoub* (T. a.).

Oter. (Arracher, retirer, enlever, ar. « guelà ») *Ekkes* (*ekkeser'*, *iekkes*) (act.). Le s. pr. de *ekkes* est « ôter » ; il est l'éq. de l'ar. « gela' » ; on l'emploie souvent dans le sens de « supprimer, interdire, empêcher ».

Ou. (Ou bien) *Mir'*. Sais-tu cela ou non ? *Tessaned aouin, mir' kala ?*

Où. (Sans interr. et s. mouv.) *D.* Je ne sais où il est, *our essiner' d illa.* — (S. interr. et av. mouv.) *s*. Vous savez où ils sont allés, *tessanem s ekkan.* — (Av. interr. et s. mouv.) *mani d.* Où étais-tu ? *mani d tellid ?* — (Av. interr. et av. mouv.) *mani s.* Où vas-tu ? *mani s tekkid ?* — (Par où, d'où, dans quelle direction ?) *mani s.* Par où est-il parti ? *mani s igla.*

Oubli. *Tataout*, pl. *tataouin* (f.) (de *ettaou*, « oublier »).

Oublier. *Ettaou* (*ettouer'*, *iettou*) (act.).

Ouest. *Eg'edhel en tafouk* (v. Terrain).

Oui. *Eoualla.*

Ouïe, *Tiseli* (f.) (de *sel*, « entendre »).

Outre. *Abaior'* (v. Ustensile).

Ouverture. (Dans le sens de largeur ; largeur) *Amiri*, pl. *imiriten* (m.) (de *ar*, « ouvrir »).— (Dans le sens de bouche) *imi* (v. Bouche à l'art. Corps).

Ouvrier. *Anakhedam**, pl. *inakhedamen* (m.) (de *akhedem*, « travailler »). — (Artisan, forgeron, charpentier, etc.) *inedh* « artisan ».

Ouvrir. (Délier, délivrer, déplier, desserrer, élargir) *Ar* (*ouvir'*, *ioura*) (act.). Le s. pr. de *ar* est « ouvrir ». — (Etre ouvert, être large) *emiri* (*emirer'*, *imira*) (n.) (de *ar*, « ouvrir »).

P

Pacifier. On traduit : « faire la paix » *Ag' elr'afit.* Pacifier le pays, *ag' elr'afit dar' akal.*

Pacotille (d'un marchand) on traduit par « marchandise » *esselr'et**.

Pacte. *Echcheret'** (v. Convention).

Page (d'un livre) *Takardhi** (v. Papier).

Paiement. *Amekhellas** (m.).

Païen. *Akafer**, pl. *ikoufar*. C'est par le nom de « payen » *akafer* que les Touaregs désignent ordinairement les chrétiens.

Paille. *Aroummou* (v. Culture).

Pain. *Tag'ella* (v. Nourriture).

Paître. (Act. et n. ; être au pâturage [animaux] ; faire paître [en parlant des pasteurs]) *Aden* (*adhe-*

ner', *idhen*) (act.). Fais paître les chameaux, *adhen imnas* ; les chameaux paissent, *imnas dhanen*.

Paix. *Elr'afit** (f.).

Palme. (Ar. « djerid ») *Takarart* (v. CULTURE).

Palmier. (Dattier) *Tazzait* (v. CULTURE).

Palper. *Adah* « tâter ».

Panier. *Tisenit* (v. USTENSILE).

Pansement. *Outoul* (v. MALADIE).

Panser. *Tassafar* (v. SOIGNER).

Pantalon. *Kerteba* (v. VÊTEMENT).

Panthère. Inconnue au Hoggar.

Papier. *Elkadh**, pl. *elkadhen* (m.). — (Feuille de papier, page d'un livre) *takardhi**, pl. *tikar-dhiouin* (f.).

Paquet. *Akerroud*, pl. *ikerrouden* (m.) (de *kered*, « serrer fortement [une chose qu'on lie] »).

Par. (Préposition latine « ex ») *S*. Le *s*. pr. de *s* est « par » (dans le sens de « ex ») ; on l'em-ploie aussi dans les sens de « avec, au moyen de, pendant, à, dans, vers, vers où, où, depuis ».

Parabole. (Apologue) *Tangalt*, pl. *tangalin* (f.).

Paraître. *Amoun* « apparaître ».

Paralytique. *Anabedoun* (v. MALADIE).

Parc. *Afarra* (v. CLÔTURE à l'art. CULTURE).

Parce que. *Foull innin* « sur que » ; *idit* « puisque ».

Parcourir. *Ammer'* (*ammer'er'*, *iammer'*) (act.). Le *s*. pr. de *ammer'* est « parcourir » ; il est employé aussi dans les sens de « faire des recher-ches, rechercher, chercher, se promener ».

Pardon. *Asarouf*, pl. *insouroufen* (m.) (de *sourf*, « pardonner »).

Pardonner. *Sourf* (*essourefer'*, *issouref*) (act.). Il lui a pardonné ses péchés, *issouref as ibekkadhen nit*. *Sourf* a pour s. pr. « pardonner », il est employé aussi dans le sens d'« excuser ».

Pareil (être). (Être semblable, ressembler) *Oul* (*oulir'*, *ioula*) (n.). C'est la même chose, *oulan* « ils sont pareils » ; comment vas-tu ? *ma toulid* « à quoi es-tu pareil ? Je ne suis que poussière et cendre, *oulir' d amadhal d iz'ed* « je suis pareil à la terre et à la cendre ». On fait précéder le rég. de *oul* de la par. *d* « et, avec » ; le s. pr. de *oul* est « être pareil », il se distingue de *ouged* dont le s. pr. est « être égal ».

Pareillement. *A ioula* « ce qui est pareil » (*oul* « être pareil »).

Parent (être). *Enimehaz'* « être proche réciproquement » (v. PARENTÉ).

Parenté. (Famille) on traduit par *ait ma* « frères » ou par *eddounet** « gens ». — (Degré de parenté) on traduit : « ce qu'ils sont proches réciproquement », *aoua enimehaz'en* (de *ahaz'*, « être près »). Ma parenté avec Mousa, c'est que nous sommes fils de frères, *aoua annemehaz' nek ed Mousa ara n añaten*.

Parents. (Subst.) (le père et la mère) *Imeraouen* (v. ASCENDANT). — (Tous les autres parents) on traduit par *ait ma* « frères » ou par *eddounet* « gens ».

Paresse. (Fainéantise) *Asindad* (m.) (de *essounded*, « être paresseux »).

Paresseux (être). (Être fainéant) *Essounded* (*essoundeder'*, *issounded*) (n.).

Paresseux. (Fainéant) *Imessinded*, pl. *imessoun-dad* (de *essounded*, « être paresseux »).

Parfait. *Ioular'en koullan* « bon beaucoup ».

Parfois. *Emir emir* « moment moment ».

Parfum. *Adhou* (v. ODEUR).

Parler. *Sioul (essiouler', issiouel)* (n.) (*aoual* « paroles »).

Parmi. *G'er* « entre ».

Parole. *Aoual* « paroles » (coll.), pl. *aouaien* (m.) (*sioul* « parler »). *Aoual* signifie « paroles » d'une manière générale, qu'il s'agisse de paroles nombreuses ou non, sérieuses ou non. — (Mot) *tifirt* « mot ».

Part. *Tafoult*, pl. *tifoul* (f.). — (De la part de) *r'our* « chez, de chez », *ser* « vers, de vers ».

Partage. *Taz'ount*, pl. *tiz'ouniaouin* (f.) (de *ouzan*, « partager »). Le s. pr. de *taz'ount* est « partage »; il est employé aussi dans le sens de « part, partie, portion ».

Partager. (Distribuer, diviser) *Ouz'an (az'ou-ner', iaz'oun)* (act.). Le s. pr. de *ouz'an* est « partager »; au prés. de l'ind. il a souvent le sens passif « être partagé, se partager ».

Parti. (Fraction, ar. « soff ») on traduit : « ils se divisent en deux, trois », *ouz'z'anen foull essin, foull keradh*.

Partie. *Tafoult* « part ».

Partir. *Egel (eglir', igla)* (n.).

Partout. *Dar' ak edeg* « en tout lieu ».

Parvenir. *Aouodh* « arriver ».

Pas. (Subst.) (Empreinte de pied) *Tikkilt*, pl. *tikkal* (f.) (de *tikli*, « marche »). Pas à pas, *tikkilt tikkilt.* — (Vitesse de marche) *tikli* « marche ». — (Distance d'un pied à l'autre, longueur de pas, enjambée) *tesourift*, pl. *tisouraf* (f.). — (Allure du pas) *asikel* (v. Chameau).

Pas. (Négation) *Our* (v. Ne).

Passage. (Chemin) *Abarek'k'a* « chemin ». — (Action de passer) *akkai*, pl. *akkaien* (m.) (de *aki*, « passer »). *Akkai* a aussi le sens de « passage (des heures de la nuit sans dormir), veille (action de ne pas dormir) ».

Passant. *Amessakoul* « voyageur ».

Passé. (Subst.) *Tizaret* (f.) (de *ezzar*, « précéder »). — (Adj.) *oua ioukien* (de *aki*, « passer »). La nuit passée, *ehadh oua ioukien* ; l'année passée, *aouétai oua ioukien.*

Passer. (Être de passage, s'écouler, dépasser, excéder, être de trop, être passé, ar. « jaz », « fât ») *Aki* (*oukier*, *ioukai*) (act.). Le s. pr. de *aki* est « passer » ; il est l'éq. de « jaz » et de « fât ». Ce que tu as de trop, *oua kai ioukien* « ce qui te dépassant ». *Aki* a aussi le sens de « passer (des heures de la nuit sans dormir), veiller (ne pas dormir) ».

Passion (Amour) *Tera* « amour ».

Pasteur. (Pâtre) *Amadhan*, pl. *imadhanen* (de *adhen*, « faire paître »).

Patience. (Résignation) *Taz'idert* (f.) (de *z'eider*, « patienter ».)

Patient. *Amez'z'ider*, pl. *imez'z'ideren* (de *z'eider*, « patienter »).

Patienter. (Être résigné, attendre) *Z'eider* (*z'eiderer'*, *iz'z'eider*) (n.). Patiente avec moi, *z'eider foull i* ; patiente, attends un peu, *z'eider.* Le

s. pr. de *z'eider* est « patienter » ; il est l'éq. de
l'ar. « çber ».

Patrie. On traduit par *Akal* « pays ».

Pâturage. (D'une manière générale) *Amekchi*
(m.) (de *ekch*, « manger »). — (Très beau pâturage, très vert et très abondant [quelle que soit sa
composition]) *ill*, pl. *illen* (m.). — (Herbe, ar.
« 'acheb ») *ichkan*, pl. de *achek* « plante » (m.). —
(Pâturage d'à'cheb) *akesa* (coll.), pl. *ikesaten*. —
(Pâturage d'arbres ou d'arbustes persistants, élevés et denses) *tamtek'*, pl. *timetr'in* (f.). — (Forêt,
lieu avec beaucoup d'arbres) *tag'ourast*, pl. *tig'ou-
ras* (f.). — (Végétation en bordure du lit d'oued,
près de la berge) *tag'amait* (f.).

Arbre, *achek*, pl. *ichkan* (m.). Le mot *achek* signifie
« plante » en général ; il s'applique à tous les végétaux
sans exception. — Les principaux arbres qu'on rencontre
dans les pâturages du Hoggar sont :

GOMMIER (ar. « telhaia », pl. « teleh ») (mâle), *abesar'*,
pl. *ibesar'en* (m.) ; (femelle), *tamat*, pl. *timiouin* (f.).

TERFA (appelé aussi « fersig »), *az'aoua*, pl. *iz'aoua-
ten* (m.).

ETELEIA (pl. « etel »), *tabarekkat*, pl. *tiherekkatin* (f.).

TAICHET, *tabourak'*, pl. *tibourar'in* (f.).

AHTES, *ahtes*, pl. *ihetsan* (m.).

IRAK. (Grand arbre à feuilles très vertes et tendres dont
les chameaux sont friands ; ils produisent de petits
fruits rouges et sucrés en grappes ressemblant à des
grappes de groseilles : il y en a près de la petite
Silet), *tihak'*, pl. *tiher'in* (f.).

TAMARISC, *ag'ar*, pl. *ig'arren*, f. *tag'art*, f. pl. *tig'arrin*.

DJEDARI, *tahounek*, pl. *tihouneg'in* (f.).

KOROUNKA, *tourha*, pl. *tourhaouin* (f.).

Arbrisseau (persistant en tout temps), *achek*, pl. *ichkan*
(m.). — Les principaux qu'on rencontre dans les pâturages du Hoggar sont :

MERKEBA. (La plante entière, l'herbe, les grains), *afez'ou*
(coll.), pl. *ifez'ouan* (m.).

HÂD, *tahara* (coll.), pl. *tiherouin* (f.),

DEMRÂN, *tirahit* (coll.), pl. *tirahatin* (f.).

NSI, *ar'emmoud* (coll.), pl. *ir'emmouden* (m.).

GUETTAF, *a'emas* (coll.), pl. *iremsan* (m.).

ASKAF, *tassak* (coll.), pl. *tassakin* (f.).

DRIN (appelé aussi « sebet »), *toulloult* (coll.), pl. *toulloulin* (f.).

ZITA, *iaz'anfela* (coll.), pl. *tiz'enfelaouin* (f.).

ARTA, *arasou* (coll.), pl. *iresa* (m.).

DJEL, *issin* (coll.), pl. *issinen* (m.).

RESSAL, *talizza* (coll.), pl. *tilizzaouin* (f.).

CHIH, *tihereg'g'eli* (coll.), pl. *tihereg'g'eliouin* (f.).

JUJUBIER SAUVAGE (ar. « sedra »), *tabekat*, pl. *tibekatin* (f.).

ASABAI, *ena* (coll.), pl. *inaggen* (m.).

Acheb, *ichkan*, pl. de *achek* (m.) ; *ichkan* signifie de l'herbe, de l'a'cheb, en quantité quelconque, sur pied ou coupé. — Les principales herbes (ou « 'acheb ») des pâturages du Hoggar sont :

ALEMOZ, *alemoz'i* (coll.) pl. *ilemmoz'en*.

HABALIA, *asler'* (coll.) pl. *isler'en*.

CHEBREG, *aft'ez'z'en* (coll.) pl. *ift'ez'z'en*.

TARALAL, *adhrilal* (coll.), pl. *idhrilalen* (m.).

HARRA, *tanekfeit* (coll.), pl. *tinekfain* (f.).

TAGROUFT, *tag'erouft* (coll.), pl. *tig'eroufin* (f.).

ENTEL, *ihetes* (coll.), pl. *ihetesen* (m.).

JERJIR, *alouat* (coll.), pl. *ilouaten* (m.).

HEMMID, *tanesmimt* (coll.), pl. *tinesmimin* (f.).

OUCHAM, *tainast* (coll.), pl. *tainasin* (f.).

Plantes diverses qu'on rencontre aussi dans les campagnes du Hoggar :

BERDI, *taheli* (coll.), pl. *tihel* (f.).

ROSEAU (ar. « kseb »), *almes* (coll.), pl. *ilemsan* (m.).

JONC (ar. « semmar »), *ilegga* (s. et pl.) (m.).

DISS, *ibesto* (coll.), pl. *ibestaouen* (m.).

LAURIER-ROSE, *ilel* (coll.) (m.).

SÉNÉ, *tag'arg'art*, pl. *tig'erg'erin* (f.).

COLOQUINTE (la plante, non le fruit), *alkedh*, pl. *ilkedhen* (m.).

JUSQUIAME, *afelehleh* (coll.) (m.).

Produits de divers végétaux du Hoggar :

GOMME (du gommier, du telhaia), *tainoust*, pl. *tiinousin* (f.) ; (de la terfa), *tament*, pl. *tamenin* (f.).

FRUIT DE L'ETELIA (ar. « mekerkeba », servant à tanner), *tekourmest*, pl. *tikourmesin* (f.).

ÉCORCE DU DJEDARI (servant à tanner), *aoufer*, pl. *iouferen* (m.).

Grains du drin, *oulloul*, pl. *oulloulen* (m.).

Grains du merkeba, *afez'ou*, pl. *ifez'ouan* (m.).

Fruit du jujubier sauvage, *tadhak' ne tabekat* « grain de jujubier ».

Fruit de la coloquinte, *tag'ellet*, pl. *tig'ellatin* (f.).

Pauvre (être). *Ellouk'* (T. a.) (*ellouk'k'ir'*, *illouk'k'et*) (n.).

Pauvre. *Talek'k'i*, pl. *tilek'k'iouin*, f. *talek'k'it*, f. pl. *tilek'k'iouin* (de *ellouk'* (T. a.), « être pauvre »).

Pauvreté. *Ellouk'k'ou* (m.) (de *ellouk'* (T. a.), « être pauvre »).

Payer. *Khalles** (*khalleser'*, *ikhalles*) (act.).

Pays. *Akal*, pl. *ikallen* (m.). *Akal* est un mot très général, équiv. de l'ar. « bled ».

Peau. (De l'hom. et de tout an.) *Ilem*, pl. *ilemmaouen* (m.).

Péché. (Offense contre Dieu) *Abekkadh*, pl. *ibekkadhen* (m.).

Pécher. On traduit : « faire un péché », *Ag' abekkadh*.

Pécheur. *Anesbekkadh*, pl. *inesbekkadhen*, f. *tanesbekkat'*, f. pl. *tinesbekkadhin* (de *abekkadh*, « péché »).

Peigne. *Ascreiteg'*, pl. *iseriteg'en* (m.).

Peigner. (Avec un peigne) *Helenk* (T. a.) (*halenker'*, *ihalenket*) (act.). — (Coiffer) on traduit par *arsem* « tresser ».

Peine. (Affliction) (v. AFFLICTION). — (Travail, fatigue) (v. TRAVAIL, FATIGUE). — (Châtiment) *Aouddeb** « punition ».

Pèlerin. (Qui a été à la Mecque) *Imheg'g'eg'**, pl. *imchoug'g'ag'*.

Pencher. (n. ; se pencher, s'incliner) *Koutter* (*ekoutterer'*, *ikoutter*) (n.). — (Act. ; faire pencher, incliner [act.]) *seketter* (*sekatterer'*, *isikatter*) (act.). — (Pencher trop vers la terre par suite d'un excédent de poids, ar. « mîl » ; se dit d'une partie quelconque du chargement d'une bête de somme qui est trop lourde et rompt l'équilibre) *ellai* (*illai*) (n.).

Pendant. On traduit tantôt par *dar'* « dans », tantôt par *s* « par ». — (Pendant que, tant que) *sar'et as* « heure que ». Pendant que nous vivons, *sar'et as neddar*.

Pendre. (Suspendre) *Sili* « suspendre ».

Pendu (être). *Oulai* « être suspendu ».

Pénitence. (Repentir des péchés) *Tettoubet** (f.) (de *outab*, « faire pénitence »).

Pénitence (faire). (Se repentir de ses péchés) *Outab** (*atouber'*, *itoub*) (act.).

Pensée. *Tourda*, pl. *tourdaouin* (f.) (de *ourd*, « penser »). — (Réflexion) *imidhran* « réflexion ».

Penser. *Ourd* (*ourdir'*, *iourda*) (act.). — (Réfléchir) *semedhren* « réfléchir ». — (Conjecturer) *r'il* « conjecturer ».

Pente. (Montée) *Aggan* (v. MONTÉE à l'art. TERRAIN). — (Descente) *taserest* (v. DESCENTE à l'art. TERRAIN). — (Versant) *asarag'* (v. VERSANT à l'art. TERRAIN). — (Inclinaison, fait d'être incliné) *akoutter*, pl. *ikouttouren* (m.) (de *koutter*, « pencher (n.) »).

Percer. (Percer avec une arme tenue à la main, une aiguille, un instrument pointu) *Edeg'* (*edeg'ir'*, *ideg'*) (act.). — (Transpercer) *erder'* « transpercer ». — (Faire un trou dans un objet, non dans la terre) *badh* « trouer ». — (Creuser dans le sol) *ar'ih* « creuser ».

Perche. *Afag'g'ag'* (v. MAISON, TENTE).

Perdre. (Égarer, au pr. et au fig.) *Sekherek* « égarer ». — (Faire une perte matérielle, perdre un animal ou un objet quelconques) *ek'k'ouser* (*ek'k'ouserer'*, *ick'k'ouser*) (act.). J'ai perdu de l'argent, *ek'k'ouserer' az'ref* ; j'ai perdu un chameau, *ek'k'ouserer' amis*.

Perdre (se). (S'égarer, au pr. et au fig.) *Kherek* « être égaré ».

Père. (« Mon père ») *Abba* ; *ti*. — (« Père ») *ti* (s. et pl.). Ton père, *ti k* ; son père, *ti s* ; votre père, *ti kouen* ; leur père, *ti ssen*.

Perfide. *Amar'dar** « traître ».

Perfidement. *S tar'edert** « traîtreusement ».

Perfidie. *Tar'edert** « trahison ».

Perle. *Tamerouant* (v. VÊTEMENT).

Permettre. *Serrakh** (*serrakher'*, *issirrakh*)(act.). Je te permets d'aller à Insalah, *serrakher' ak s Insalakh*.

Permis. (Par la religion) *Khalal** « licite ». — (Par toute autre autorité) on traduit : « il est ouvert » *imira*.

Permission. (Donnée par Dieu) on tourne de manière à employer le mot « licite » *Khalal**. — (Donnée par une autorité humaine) *ettesrikh** (s. sans pl.) (m.) (de *serrakh*, « permettre »).

Personne. (Suivi d'un pr. aff.) *Iman* « âme ». Il est venu lui-même, *iousa d iman nit* « il est venu personne de lui ». — (Etre humain) *aou Adem* « fils d'Adam », pl. *ait Adem*. — (Pas un seul) se traduit par « aucun » *oul ien*.

Perte. *Akharak,* pl. *akharaken* (m.) (de *kherek,* « être égaré »).

Pesant (être). (Être lourd, lent, en retard, tardif, tarder) *Iz'z'ai* (*ez'z'aier'*, *iz'z'ai*) (n.). *Iz'z'ai* se dit des p., des an. et des ch. Son s. pr. est « être pesant ».

Pesant. (Lourd, lent) *Iz'z'aien,* pl. *iz'z'aienin* (de *iz'z'ai,* « être pesant »).

Pesanteur. (Poids, lenteur, retard) *Az'ouk,* pl. *az'ouken* (m.).

Peser. (Être pesant) *Iz'z'ai* « être pesant ». — (Act. ; peser quelque chose) *ouhen** (*ouhener'*, *iouhen*) (act.). — (Peser sur, faire tarder, retarder) *z'ouz'i* (*z'ouz'ier*, *iz'ouz'i* (act.) (de *iz'z'ai,* « être pesant »).

Petit. *Andherren,* pl. *imedhrouinin* (de *medher,* « être petit », ar. « çr'îr »). Par ext. *andherren* signifie « jeune » ; son s. pr. est « petit », il est l'éq. de l'ar. « çr'îr ».

Petit. (Subst.) (d'un animal) *Ara* « enfant ».

Pétrir. *Erbez'* (*erbez'er'*, *ierbez'*) (act.). *Erbez'* s'emploie pour tout ce qui se pétrit avec les mains : la pâte, les vêtements qu'on lave, etc.

Peu. *Andherren* (adj. *andherren* « petit » pris adverbialement). — (Un peu) *haret* « chose ». — (Un tout petit peu) *andhoukken* (adj. *andhoukken* « tout petit » pris adverbialement). — (Peu à peu) *andherren andherren.*

Peu (à peu près). *S emkata* « dans la mesure de », *tig'enin* « cela fait » (v. ENVIRON).

Peuple. (Accompagné du nom propre dont il s'agit) *Kel* (inv.) (m.). Peuple du Hoggar, *kel Ahaggar* Le s. pr. de *kel* est « peuple de ». —

(Nom accompagné du nom propre du peuple dont il s'agit) *eddounet** « gens ».

Peur. *Touksedha* « crainte ».

Peur (avoir). *Ouksadh* « craindre ». — (Faire peur) *souksedh* « effrayer ».

Peureux. *Amattesa* « craintif », pl. *imettesaten*.

Peut-être. (Il se peut que) *Ag'ender'*.

Pic. *Isek* « corne » (v. TERRAIN).

Pièce. (D'étoffe ou de cuir pour raccommoder) *Tikest* (v. MORCEAU). — (De monnaie) (v. MONNAIE à l'art. COMMERCE). — (Unité) se traduit par « un » *ien.* (Ils coûtent 3 mitr'al la pièce, « ils coûtent 3 mitr'al l'un »). — (Unité de longueur pour la vente des étoffes dans le commerce, ar. « bisa ») *tabourit* « bâton » (v. COMMERCE).

Pied. *Adhar* (v. CORPS).

Piège. (Pour prendre les animaux) *Tindherbat*, pl. *tendherbatin* (f.). Tendre un piège, *tak'k'en tindherbat* « lier hab. un piège ».

Pierre. *Abelal* (v. TERRAIN).

Piété. On traduit : « amour de Dieu » *Tera n Mess inar'*.

Piétiner. (Marcher sur, fouler aux pieds) *Koukel* « fouler ».

Pieux. On traduit : « il aime Dieu beaucoup », *Ira Mess inar' houllan*.

Pigeon. *Tidebirt* (v. ANIMAL).

Piler. (Broyer dans un mortier) *Edd* (*eddir', ilda*) (act.).

Pillage. (A la guerre, razzia) *Ahar'* (v. RAZZIA à l'art. GUERRE). — (En général) on traduit par

« action de manger », ar. « makla », *titeti*, pl. *tite-
'aouin* (f.) « action de manger hab. ».

Piller. (A la guerre, razzier) *Ahar'* (v. RAZZIER
à l'art. GUERRE). — (En général) on traduit par
« manger » *ekch*.

Pilon. *Ihar'en* (v. USTENSILE).

Piment. *Chit'a* (v. CULTURE).

Pinces. *Ir'emdan* (v. USTENSILE).

Piquer. (Percer avec une aiguille, un instrument
pointu, une arme tenue à la main) *Edeg'* « percer ».
— (En parlant d'un serpent, d'un scorpion, d'une
mouche, etc.) on traduit par « mordre » *ekch* (v.
MANGER).

Piquet. (Grand piquet, perche) *Ag'et* (v. TENTE).
— (Petit piquet) *tasettitit* (v. TENTE).

Piqûre. (Faite par un instrument pointu, une
arme tenue à la main, une aiguille) *Tidig'i*, pl.
tidig' (f.). — (Faite par un animal, serpent, scorpion, etc.) *titeti* « morsure ».

Piste. (Chemin) *Abarek'k'a* (v. TERRAIN). —
(Trace) *aderih* (v. TERRAIN).

Piste (suivre à la). *Hour* (T. a.) (v. SUIVRE).

Pistolet. *Elr'edri** (v. ARME).

Pitié. *Tamella* (v. GRÂCE).

Pitié (avoir). *Ag' tamella* (v. GRÂCE).

Place. *Edeg* « lieu ».

Placer. On traduit par *Ag'* « faire ».

Plafond. *Asfel* (v. MAISON).

Plaie. *Abouis* (v. BLESSURE à l'art. MALADIE).

Plaindre (se). (Gémir) on traduit par *Sekelel*
« pleurer bruyamment » (v. PLEURER). — (Récla-

mer auprès de quelqu'un, ar. « cheka ») *echk** « réclamer », ou *eg'mi r'our* « chercher (justice) chez », ou *eller'* (T. a.) « informer de ». — (Etre affligé) (v. AFFLIGÉ, AFFLIGER). — (Avoir mal) (v. MAL).

Plaine. *Tiniri* (v. TERRAIN).

Plainte. (Gémissement) *Takalilt* (v. PLEURS). — (Réclamation) on traduit par « chercher (justice) chez » *eg'mi r'our*, ou « informer de » *eller'* (T. a.), ou *echk** « réclamer ».

Plaire. *G'erez'* (*g'eraz'er'*, *ig'raz'*) (n.). Je lui plais, *g'eraz'er' as*.

Plaisanter. (Rire, se moquer, railler) *El's* « rire »; *dhaz'z'* « rire hab. ».

Plaisanterie. (Mot pour rire) *Tahandhaz'z'it* (f.) (de *el's*, « rire »). Par ext. *tahandhaz'z'it* signifie « raillerie, moquerie ».

Plaisir. *Tedaouit* « joie ».

Plaisir (faire). *Sedou* (T. a.) (v. JOYEUX).

Plante. (Végétal en général, végétation de toute espèce, arbre, arbrisseau) *Achek*, pl. *ikchkan* (m.). On se sert souvent du pl. *ichkan* pour désigner l'herbe verte et fraîche, l'*acheb*; ce même pl. *irhkan* sert à désigner les légumes verts.

Plat (être). (Être uni, égal, en parlant du sol) *Ouged* « être égal ».

Plat. (Subst.) *Tar'ahout* (v. USTENSILE).

Plat. (Adj.) *Ougeda* (v. TERRAIN).

Plateau. *Tasili* (v. TERRAIN).

Plein (être). *At'kar* (v. REMPLIR).

Plein. *At'karen*, pl. *it'karenin* (de *at'kar*, « remplir »).

Pleurer. (Avec larmes, sans bruit) *Semel'l'ou* (*simil'l'aouer'*, *isimil'l'ou*) (n.). — (Bruyamment, gémir) *sekeiel* (*sekeleler'*, *isekelel*) (n.).

Pleurs. (Larme) *Amil'*, pl. *imil'l'aouen* (m.) (*semel'l'ou* « verser des larmes »). — (Pleurs bruyants, gémissements) *takalilt*, pl. *tikalilin* (f.) (*sekelel* « pleurer bruyamment »).

Pleuvoir. On traduit « il pleut » par : « le ciel frappe » *iouot ag'enna* (v. PLUIE à l'art. ATMOSPHÈRE).

Plomb. *Ahalloun* (m.).

Pluie. *Ag'enna* (v. ATMOSPHÈRE).

Plume. (D'oiseau) *Afraou*, pl. *ifraouen* (m.). *Afraou* signifie « plume », « aile » et « feuille ». — (Pour écrire) *ar'anib*, pl. *ir'ounab* (m.).

Plus. (Degré de comparaison) on traduit, selon le sens de la phrase, par *foull* « sur », ou *daou* « sous », ou par le verbe *oug'er* « être supérieur ». — (Davantage) *a ioug'eren* « davantage ». — (Accompagnant une négation : « ne... plus ») on traduit tantôt par *our mada* « ne plus », tantôt par la nég. *our* accompagnée de *abadah* « toujours ». Je ne parlerai plus, *our essiouler' abadah* « je ne parlerai jamais ».

Plusieurs. (Quelques, quelques-uns) *Ouiodh* (v. QUELQUE, QUELQU'UN).

Poche. *Elhib** (v. VÊTEMENT).

Poésie. (Pièce de poésie) *Tesaouit*, pl. *tisiouai* (f.) (de *aoui*, « apporter »). On appelle *tesaouit* toute pièce de poésie courte ou longue.

Poids. *Az'ouk* (v. COMMERCE).

Poignard. *Tilek'* (v. ARME).

Poignée. (Ce que peut contenir la main, ar. « kemcha ») *Tibbiz't*, pl. *tibbaz'* (f.) (de *abez'*, « prendre à poignée »). — (Poignée de main) *tik'k'ist*, pl. *tik'k'as* (f.) (de *ek'k'as*, « frapper la main »). — (Donner une poignée de main) *ek'k'as* « frapper la main » (*ek'k'aser'*, *ik'k'es*) (n.). Je lui ai donné une poignée de main, *ek'k'aser' as*. — (Prendre à poignée) *Abez'* (*abez'er'*, *ioubez'*) (act.). *Abez'* a le même sens que *ermes* « saisir », avec la spécification que c'est à « poignée » que l'on saisit la chose.

Poil. (Des personnes) se traduit par « cheveu » *imz'ad*. — (Des chameaux) *tadhouft* « laine ». — (Des chèvres et des an. en général) *ihafilen* (pl. sans s.) (m.).

Poinçon. *Tistant* (v. Ustensile).

Point. (Subst.) (de couture) *Tiddik*, pl. *tiddag'* (f.) (de *edeg'*, « piquer »). — (Toute petite tache, point, ar. « neqt'a ») *tatebek'k'it*, pl. *titebek'k'a* (f.). — (Point d'écriture) *tikkilt*, pl. *tikkilin* (f.).

Pointe. (D'un bâton, d'une aiguille, d'une lance, d'un clou) *Imi* « bouche ». — (D'une épée) *iles* « langue ».

Poison. *Essem** (s. sans pl.) (m.).

Poisson. *Asoulmi* (v. Animal).

Poitrine. *Idmaren* (v. Corps).

Polaire (étoile). *Leñchem* (v. Terrain).

Poli (être). (Être bien élevé) *Elloul* (T. a.) « être libre ». — (Être lisse) *selouf* « être lisse ».

Poli. (Bien élevé) *ililli* « libre ». — (Lisse) *iseloufen* « lisse ».

Politesse. *Elellou* « liberté ».

Poltron. *Amoug'eh en tar'elamt* « lâche ».

Porc. *Az'ibara* (v. ANIMAL).

Portant (être bien). *Essoh** (T. a.) « être fort ».

Porte. *Taflout* (v. MAISON).

Porter. (Lever, soulever, élever, enlever, emporter, ar. « erfed ») *Et'kel* (*at'keler'*, *iat'kel*) (act.). *Et'kel* a pour s. pr. « lever » et « porter »; il est l'éq. de « erfed ». — (Porter à) *aoui* « apporter ». — (Se porter) (v. ALLER).

Portion. *Tafoult* « part ».

Posé (être). On traduit par « être » *Emous*, ou « être sur » *ouar*, ou « être dans » *eh*.

Poser. On traduit par *ag'* « faire ».

Posséder. *El* « avoir ».

Possible (être). On tourne de manière à employer le verbe « pouvoir » *Eddoub* (T. a.). (Cela n'est pas possible, « personne ne peut faire cela »; cela est possible, « quelqu'un peut faire cela ».)

Pot. *Akous* (v. VAISSELLE à l'art. USTENSILE).

Potage. *Adharaz'* (v. NOURRITURE).

Potier. On traduit : « un arrangeant les marmites » *ien ikannen tir'irin*.

Pou. *Tillik* (v. ANIMAL).

Pou (de chameau). *Tasellouft* (v. ANIMAL).

Poudre. (A fusil) *Atou* (v. ARME)..

Poule. *Takahit* (v. ANIMAL).

Poumon. *Tarout* (v. CORPS).

Pour. *Foull* « sur ». — (Dans le sens de « vers ») *s* « par ». — (Pour que) *as* « que », *foull as* « sur que ».

Pourboire. On traduit par « une chose » *Haret ien*, ou « gratification » *alek*.

Pourri (être). (Être corrompu, moisi, puer, être mauvais, pécher, au pr. et au fig.) *Erk (erkir', ierka)* (n.). Le s. pr. de *erk* est « être pourri ».

Pourri. (Corrompu, puant, mauvais) *Erk* (inv.) (de *erk*, « être pourri »). Mauvaise action, *erk igi* : mauvais homme, *erk aou Adem*.

Pourriture. *Terkaout*, pl. *tirekkaouin* (f.) (de *erk*, « être pourri »).

Poursuite. (En courant) *Asetar'*, pl. *isetar'en* (m.) (de *estor'*, « poursuivre »).

Poursuivre. (Suivre avec soin) *Ellil* (v. SUIVRE). — (Poursuivre en courant, courir après) *estor' (estor'er', iestor')* (act.). — (Suivre à la trace) *hour* (T. a.) (v. SUIVRE).

Pousser. (Pousser une p., un an., une ch. ; pousser devant soi, faire marcher en poussant devant soi, ar. « souq ») *Emhel (emheler', imhel)* (act.). Pousser les chameaux, *emhel imoug'ar*. En parlant d'an. *emhel* est l'éq. de « souq, conduire en poussant devant soi », comme *cloui* est l'éq. de « goud, conduire en tirant derrière soi ». — (Croître) *douel* « croître ».

Poutre. *Afag'g'ag'* (v. MAISON).

Pouvoir. *Eddoub* (T. a.) *(eddoubir', ieddoubet)* (act.).

Pouvoir. (Subst.) *Temr'ar* « autorité ».

Précautions (prendre des). *Ouksadh foull iman nek* « crains pour ton âme » (v. GARDE).

Précédemment. (Auparavant) *S a izzaren* « par ce qui précédant » (*ezzar* « précéder »).

Précéder. (Devancer) *Ezzar* (*ezzarer'*, *iezzar*) (n.). Le rég. de *ezzar* est précédé de la par. *i* « à ». Je précède Mousa, *ezzarer' i Mousa*. Le s. pr. de *ezzar* est « précéder ».

Précepte. *Tanat'* « décision ».

Précipiter. (Jeter à terre) *Endhou* « jeter ». — (Hâter) *sermedh* « hâter ». — (Se précipiter) « il se précipite » *iandhô iman nit* (v. SE JETER). — (Se précipiter sur, se jeter sur) *oudh foull* (v. TOMBER).

Prédestination. (Ne se dit que de Dieu) *Elk'odra**, pl. *elk'odratin* (f.)

Prédestiner. (Ne se dit que de Dieu) *K'edder** (3ᵉ p. s. *ik'edder*) (act.).

Préférable (être). *Ouf* « être meilleur ».

Préférer. *Essouf* (*essoufer'*, *issouf*) (act.) (de *ouf*, « être meilleur »).

Premier. *Oua izzaren*, pl. *oui izzarenin*, f. *ta tezzaret*, f. pl. *ti izzarenin* (de *ezzar*, « précéder »).

Premièrement. (D'abord) *S tizar* (de *ezzar*, « précéder »).

Prendre. (Saisir, accepter, recevoir, ar. « gebed ») *Ermes* « saisir ». — (Tenir, ar. « chedd ») *et't'ef* « tenir ». — (Oter, enlever, arracher, ar. « gela' ») *ekkes* « ôter ».

Préoccupation. (Grave souci, trouble) *Taremmik'* « trouble ». — (Souci moins grave, action de réfléchir beaucoup) *imidhran* « réflexion ».

Préoccupé (être). (Être troublé, gravement soucieux) *Ermer'* « être troublé ». — (Réfléchir beaucoup) *semedhren* « réfléchir ».

Préoccuper. (Gravement, troubler) *Sermer'*

« troubler ». — (Modérément, faire beaucoup, réflé-chir) on traduit « est dans moi hab. ma réflexion sur cela » *tih i imidhran in foull ouarer'*.

Préparer. *Ken* « arranger ». — (Se préparer) *Ken iman* « arranger la personne ». Prépare-toi, *ken iman nek*.

Près (être). (Être proche, s'approcher) *Ahaz' (ouhaz'er', ihouaz')* (act.). Le s. pr. de *ahaz'* est « être près » ; il est l'opposé de *ag'eg'* « être loin ».

Près. Se traduit par « être près » *Ahaz'*. — (De près) *s ehaz'*. — (Près de, à côté de) *idis* « côté ». — (A peu près) *s emkata* (v. ENVIRON).

Présent. (Cadeau) *Isouf* « don ».

Présent (être). *Hedher (ehedherer', ihelher)* (n.).

Présent. (Adj.) (En parlant du temps) on tra-duit : « étant sur nous » *Oua haner' iouaren*. L'an-née présente, *aouétai ouarer' haner' iouaren* ; la semaine présente, *eljemet tarer' haner' touaret*. (v. TEMPS).

Pressé (être). (Avoir hâte) *Rored (eroreder', irored)* (n.). — (Etre pressé contre quelque chose) on traduit par *kemem* « presser sur ». La pierre est pressée contre le bois, *abelal ikmem asar'ir* « la pierre presse sur le bois ».

Presser. (Hâter) *Sermedh* « hâter ». — (Se pres-ser) *ermedh* « se hâter ». — (Sur une p. ou sur une ch.) *kemem (ekmemer', ikmem)* (act.). Je l'ai pressé contre le mur, *ekmemak' s elkhiadh* ; cette pierre presse contre ce bois, *abelal ouarer' ikmem asar'ir ouarer'*. Le s. pr. de *kemem* est « presser (par côté) sur (une chose verticale) ».

Presque. *Deror'* « bientôt ».

Prêt (être). On traduit par *Ken* « arranger ».
La nourriture est prête, *amekchi ikna* « la nourriture est arrangée » ; je suis prêt, *eknir' iman in*
« j'ai arrangé ma personne ».

Prêt. (Subst.) (D'une chose ou d'un animal qu'on
doit rendre eux-mêmes après s'en être servi un
certain temps : par ex. un livre, un manteau) *Iffad*,
pl. *iffaden* (m.) (de *fed*, « prêter [une chose qu'on
doit rendre elle-même après s'en être servi] »). —
(D'une chose dont on rend l'équivalent et qu'on ne
rend pas elle-même, par ex. : de l'argent, du blé)
aserdhal, pl. *iserdhalen* (m.) (de *serdhel*, « prêter
[une chose qu'on ne rend pas elle-même, mais dont
on rend l'équivalent] »).

Prêter. (Une chose ou un animal qu'on doit rendre eux-mêmes après s'en être servi un certain
temps, par ex. : un chameau, un livre) *Fed* (*effe-
der'*, *iffed*) (act.). — (Une chose qu'on ne rend
pas elle-même, mais dont on rend l'équivalent,
par ex. : de l'argent, du blé) *serdhel* (*serdheler'*,
isserdhel) (act.). Prête-moi de l'argent, *serdhel i
az'ref.*

Preuve. (Démonstration, ar. « beina ») *Elbeina** (f.).

Prévenir. (Informer) *Eller'* (T. a.) « informer ».
— (Devancer) *Ezzar* « précéder ».

Prier. (Faire à Dieu la prière canonique, adorer
Dieu dans la prière) *Mouhoud** (*amouheder'*,
iemouhad) (n.). Il prie Dieu, *iemouhad i Mess inar'*.
— (Prier habit., adorer continuell.) *timouhoud*
(v. ADORER). — (Demander à Dieu dans la prière)
etter (*ettarer'*, *iettar*) (n.). On fait précéder le nom
de Dieu de la par. *s*. Prie Dieu pour moi, *etter i s
Mess inar'* ; demande à Dieu cette chose, *etter s
Mess inar' foull haret ouarer'*. *Etter* ne s'emploie

qu'en parlant de Dieu. — (Prier un homme) *eg'mi*
« chercher » ; *elr'ad* « supplier ».

Prière. (Canonique, acte d'adoration) *Amoud*.
pl. *mouheden* (m.) (*mouhoud* « faire la prière »).
— (Demande à Dieu dans la prière) *titter*, pl. *tittar*
(f.) (de *etter*, « prier »). — (Demande faite à un
homme) *ag'amai* (v. DEMANDE).

Printemps. *Tafsit* (v. TEMPS).

Prison. *Tekourmout*, pl. *tikourmoutin* (f.) (de
ekrem, « serrer »).

Prisonnier. On traduit : « il est dans la prison »
Iha tekourmout, ou « étant dans la prison » *ihan
tekourmout*.

Prix. *Atoug'* (v. VALEUR à l'art. COMMERCE).

Prochain. (Subst.) (le prochain, les autres) on
traduit par « frère » *Aña*, ou « frères » *ait ma*, ou
« gens » *eddounet*.

Prochain. (Adj.) (rapproché) *Iouhaz'en* « proche ». — (Le premier à venir, à arriver) *oua ilkemen* « le suivant », f. *ta telkemet* (de *elkem*, « suivre »), ou *oua d imalen* « le venant », f. *ta t temelet*
(de *mal*, « être [se rapportant à l'idée de lieu] »).
(L'année, la semaine, la nuit prochaine : v. ces
mots à l'art. TEMPS).

Proche (être). (Être près) *Ahaz'* « être près ».
— (Etre proche parent) *Enimehaz'* (v. PARENTÉ).

Proche. (Adj.) (rapproché) *Iouhaz'en*, pl. *iouha-
z'enin*, f. *touhaz'enet*, f. pl. *iouhaz'enin*) (de *ahaz'*,
« être près »).

Proches. (Subst.) (parents, famille) on traduit
par « frères » *ait ma*, ou « gens » *eddounet*.

Prodige. (Chose extraordinaire, miracle) *Tekount*
(v. ADMIRATION).

Prodigue. *Amar'had n ihiri* « gâcheur de biens » (*r'chad* « abîmer »).

Prodiguer. On traduit : *Ir'had ihiri nnit* « il gâche son bien » (*r'chad* « abîmer »), ou *ikch ihiri nnit* « il mange son bien ».

Profession. (v. TRAVAIL, TRAVAILLER, FAIRE) on traduit par « travail » *Elkhedmet**, ou par « ce qu'il travaille » *a ikhedem*, ou « ce qu'il fait hab. » *a itag'*.

Profit. *Elfaida** (s. sans pl.) (f.).

Profiter à. *Enfou* « être utile ».

Profond (être). *Heg'er* (T. a.) « être long ».

Profondeur. *Tazeg'eret* « longueur ».

Projet. On traduit par « avoir l'intention de » *Abouk*.

Prolonger. *Sit* « accroître ».

Promener (se). *Tarag'ah* « marcher hab. » *(tarag'aher', itarag'ah)* (n).

Promesse. *Abarag'*, pl. *ibarag'en* (m.). Promesse fausse, *abarag' en bahou* ; il tient sa promesse, *issemda abarag' ennit.' Abarag'* est souvent pris en mauvaise part dans le sens de promesse fausse, vanterie, fanfaronnade.

Prometteur. (Qui fait beaucoup de promesses, vraies ou fausses) *Anesbarag'*, pl. *inesbarag'en* (*barag'* « promettre »). *Anesbarag'* est souvent pris en mauvaise part dans le sens de « fais. de prom. fausses, vantard, fanfaron, orgueilleux ».

Promettre. *Barrag'*, (*barrag'er', ibarrag'*) (act.). Je lui ai promis deux chameaux, *barrag'er' as imnas essin. Barrag'* se dit également des promesses vraies et fausses, mais il est souvent pris en mauvaise part dans le sens de « faire des pro - messes fausses, se vanter, être fanfaron ».

Prompt. *Fesous* « léger ».

Promptement. *Hik* « vite ».

Promptitude. *Tefessi* « légéreté ».

Prophète. *Ennebi**, pl. *ennebiten.*

Propre (être). *Haddig'* « être pur ».

Propre. *Haddig'* « pur ».

Propreté. *Tezeg'i* « pureté ».

Propriétaire. *Mess* « maître ».

Protecteur. (Défenseur). On traduit par *Mesten* « protéger ». Mousa a été mon protecteur, *Mousa imesten i* « Mousa m'a protégé ».

Protection. (Défense). On traduit par *Mesten* « protéger ». Je te demande protection, *eg'maier' temestened ahi* « je cherche que tu me protèges ».

Protéger. (Défendre) *Meste.* ('mestener', *imesten*) (act.).

Prouvé (être). *Tebat** « être certain ». C'est prouvé, *itebat* ; c'est prouvé pour moi, *itebat foull i.*

Prouver. *Setebet** (*setebeter'*, *issitebet*) (act.) (de *tebat*, « être certain »). Prouve la vérité de ce que tu dis, *setebet foull i haret* « prouve-moi la chose » ; il m'a prouvé cela, *issitebet foull i haret ouarer'.*

Proverbe. *Anhi*, pl. *inhiouen* (m.).

Provisions. (De tente, qu'on tient en réserve dans la tente, ar. « nefqa ») *Tinefek**, pl. *tinefkin* (f.). — (De voyage, ar. « 'aouin ») *ezzad**, pl. *ezzaden* (m.). — (Que les Touaregs ont en réserve dans des maisons destinées à cet usage, dans des cavernes ou enterrées) n'ont pas de nom spécial ; ce qui est caché sous terre ou dans des cavernes est souvent désigné sous le nom d'*aseg'g'efer* « cachette », le contenant signifiant le contenu (v. MAGASIN à l'art. MAISON).

Proximité. (Voisinage, environs) *Ehaz'* (m.) (de *chaz'*, « être près »).

Prudemment. *Se saneg'eri* « avec prudence ».

Prudence. *Saneg'eri* (m.) (de *seneg'rou*, « être prudent »).

Prudent (être). *Seneg'rou (seneg'erer', isineg'era)* (n.).

Puanteur. *Erk adkou* (v. ODEUR).

Pudeur. *Tar'echchimt* « honte ».

Pudique (être). *K'echchoum* « avoir honte » (v. HONTE).

Puer. *Erk* « être pourri ».

Puis. *Didi.*

Puiser. (En tirant avec une corde) *Erkeb* « tirer ». — (Avec un vase) *elkou (lekouir', ilkou)* (act.). J'ai puisé de l'eau (avec un vase), *lekouir' aman.*

Puisque. (Parce que, car) *idit.*

Puissance. (Puissance victorieuse, force irrésistible, gloire) *Terna* (v. GLOIRE). — (Autorité) *temr'ar* (v. AUTORITÉ). — (Force) *essahat** « force ».

Puissant. (Très fort) *Issohin** « fort ».

Puits. *Anou* (v. TERRAIN).

Punaise. *Tasellouft* (v. POU DE CHAMEAU à l'art. ANIMAL).

Punir. (Châtier) *Ouddeb** *(ouddeber', iouddeb)* (act.). Je l'ai puni de cela, *ouddebek' foull ouarer'.*

Punition. (Châtiment) *Aouddeb**, pl. *iouddeben* (m.) (de *ouddeb*, « punir »).

Pur (être). (Être propre, sans mélange, ar. « çafi ») *Haddig'* (*haddig'er', ihaddig'*) (n.).

Pur. (Propre, sans mélange, ar. « çafi ») *Haddig',* pl. *haddig'en* (de *haddig,* « être pur »).

Pureté. (Propreté, fait d'être sans mélange) *Tezeg'i* (f.) (de *haddig',* « être pur »).

Purifier. (Rendre propre, nettoyer) *Zezzeg'* (*zezzag'er', iezzizeg'*) (act.) (de *haddig',* « être pur ».

Q

Qualité (être de mauvaise). *Eberes* (3e p. s. *iberes* (n.) *Eberes)* ne se dit que des an. et des ch.

Qualité (de mauvaise). *Anaberous,* pl. *ineberas* (de *eberes,* « être de mauvaise qualité »).

Quand. (Lorsque) *As* « que ». — (Quand ? avec inter.) *ennes emir* « à quel moment ? » Depuis quand ? *Ennes emir as.*

Quantité. *Eket* « mesure ».

Que. (Particule) *As.* Très souvent on n'exprime pas la par. « que » ; on la sous-entend chaque fois qu'on le peut sans nuire à la clarté. *As* a pour s. pr. « que », il est employé aussi dans les sens de « pour que, afin que, lorsque, dès que, comment (non inter.), selon que, suivant que ».

Quelque. On traduit par *ien,* f. *iet.* Quelque chose, *haret ien* ; quelque part, *dar' ien edeg.* — (Quelques) *ouiodh,* f. *tiodh.* — (Tout, chaque) *ak* « chaque ». — (Quiconque) *iri* « quiconque ».

Quelquefois. *Emir emir* « un moment, un moment ».

Quelqu'un. *Ien* « un », f. *iet*. — (Quelques-uns) *ouiodh* « quelques », f. *tiodh*.

Querelle. (Avec voies de fait) *Akennas* (v. Dispute). — (En paroles) *tegarout* (v. Dispute).

Quereller (se). (Avec voies de fait) *Eknes* (v. Se disputer). — (En paroles) *temgour* (T. a.) (v. Se disputer).

Question. *Sestan*, pl. *isestanen* (m.) (de *sesten*, « questionner »).

Questionner. *Sesten* (*essestener'*, *icssesten*) (act.).

Quiconque. *Iri* (inv.). On fait suivre *iri* du participe. Quiconque t'aime, *iri kai iran* « quiconque t'aimant ».

Quitter. (Abandonner, laisser) *Ei* « laisser ». — (Un lieu ou une personne, venir de) *fel* (*efeler'*, *ifel*) (act.). *Fel* ne s'emploie jamais sans régime; il faut toujours indiquer le lieu ou la personne que l'on quitte, lesquels se mettent à l'accus.

R

Rabaisser. *Seres* « abaisser ».

Rabot. *Asekredh* « racloir » (v. Ustensile).

Raboter. *Keredh* « racler ».

Raccommoder. (Des vêtements, des étoffes, des peaux) on traduit par « coudre » *az'mi*. — (Toute espèce de choses) on traduit par « arranger » *ken*.

Raccourcir. *Zeg'ehel* (*zeg'eheler'*, *iezzeg'ehel* (act.). Raccourcis la gandoura, *zeg'ehel takerbast*.

Racine. *Iki* (v. Culture).

Racler. *Keredh (akeredher', ikeredh)* (act.). *Keredh* signifie « racler » et par ext. « raboter ».

Racloir. *Asekredh* (v. USTENSILE).

Raconter. On traduit par « donner des nouvelles » *Ag' isalan,* ou par un des verbes « apprendre » *selmed*,* « dire » *en,* « informer » *eller'* (T. a.).

Rafraîchir. *Sisemedh* « refroidir ».

Raie. *Tisarret'* « ligne ».

Railler. *Edhes* « rire » ; *daz'z'* « rire habit. ».

Raillerie. *Tahandhaz'z'it* « plaisanterie ».

Raisin. *Ezzebib** (v. CULTURE).

Raison. (Sagesse, intelligence) *taitti* « esprit ». — (Le contraire de « tort ») on tourne de manière à employer le mot *tidet* « vérité ». Il a raison, *inna tidet* « il a dit la vérité ».

Raisonnable. *N taitti* « d'esprit » (v. SAGE).

Ralentir. On traduit : « faire doucement » *Ag' soullan.*

Ramasser. *Kem* (T. a.) *(ekkemir', ikkemet)* (act.).

Rameau. *Az'el* « branche ».

Ramener. (Des pers.) *Eloui* « conduire ». — (Des an.) *sour'el* (v. RENDRE).

Rancune. *Adeker* « irritation ».

Rancune (avoir de la). On traduit : « est en moi de l'irritation » *Iha hi adeker.* J'ai de la rancune contre lui, *iha hi adeker ennit.*

Ranger. *Ken* « arranger ».

Rapetisser. *Zeg'ehel* « raccourcir ».

Rapide. *Fesous* « léger ».

Rapidement. *Hik* « vite ».

Rapidité. *Tefessi* « légéreté ».

Rappeler (se). *Ektou* « se souvenir ».

Rappeler (à la mémoire). *Sektou* (v. SOUVENIR). — (Appeler de nouveau) on traduit par « appeler » *ar'er*.

Rapporter. (Apporter) *Aoui* « apporter ». — (Rendre) *sour'el* (v. RENDRE).

Rapprocher. *Z'ihaz'* (act.).

Rare (être). On traduit par « être peu nombreux » *Derous* (v. NOMBREUX).

Rarement. On traduit par « être peu nombreux » *Derous* (v. NOMBREUX). Cela arrive rarement. *ouarer' derous our ieg'* « ceci est peu nombreux, cela ne se fait pas »).

Rareté. (Petit nombre) *Derous* (v. NOMBRE).

Raser. *Efren* (*efrener'*, *ifren*) (act.). J'ai rasé ma tête, *efrener' ir'ef in*.

Rasoir. *Asemmahadh* (v. USTENSILE).

Rassasié (être). *Iouen* (*iouener'*, *iouen*) (act.). Je me suis rassasié de pain, *iouener' tag'ella*.

Rassasier. *Siouen* (*siouener'*, *isiouen*) (act.) (de *iouen*, « être rassasié »).

Rassemblement. *Asihar* (v. RÉUNION).

Rassembler. *Sedekkel* « réunir ».

Rat. *Akouti* (v. SOURIS à l'art. ANIMAL).

Ravager. On traduit par « razzier » *Ahar'* (v. GUERRE).

Ravin. *Inr'ar* (v. TERRAIN).

Razzia. *Ahar'* (v. GUERRE).

Razzier. *Ahar'* (v. GUERRE).

Récemment. (Dernièrement) on traduit par une tournure comme celle-ci : « cela est arrivé récemment » *Teg'a eng'oum, bechchan touhaz'* « cela s'est fait autrefois, mais cela est proche ».

Récent (être). *Ainai* « être nouveau ».

Récent. *Iainaien* « nouveau ».

Recevoir. (Prendre, accepter) *Ermes* « saisir ». — (Accueillir) *ermes* (v. ACCUEILLIR).

Réchauffer. (Act. ; en parlant des ch.) *Soukes* « chauffer ». — (Se réchauffer ; en parlant des p.) *ezz* « se chauffer ».

Recherche. *Ag'amai,* pl. *ig'emaien* (m.) (de *eg'mi,* « chercher »).

Rechercher. (Chercher) *Eg'mi* « chercher ». — (Faire des recherches pour trouver) *ammer'* « parcourir ».

Réciter (le Qorân). On traduit par : « lire (de l'ar.) » *ar'er**. — (Autre chose) on traduit par : « dire » *en,* ou « apporter » *aoui*.

Réclamation. (Plainte contre quelqu'un) on traduit par « réclamer » *Echk**.

Réclamer. (Contre quelqu'un, se plaindre de quelqu'un, ar. « cheka ») *Echk* (echkir', ichka)* (n.). Je veux me plaindre à toi de Daoud, *erir' echkir' serek foull Daoud.* On traduit aussi « réclamer à » par *eg'mi r'our* « chercher (justice) chez (quelqu'un) », ou *eller'* (T. a.) « informer de ».

Recommandation. *Aser'lef**, pl. *iser'lifen* (m.) (de *ser'lef,* « confier »).

Recommander. *Ser'lef** « confier ». Je te recommande Mousa, *ser'lefek' k'ai Mousa ;* je te recommande ma maison, *ser'lefek' k'ai tar'ahamt in ;*

je te recommande de m'apporter du blé à Silet, *ser'lefek' k'ai hi taouied ired dar' Silet.*

Recommencer. *Oules* (v. CONTINUER).

Récompense. *Elkhir** « bien ».

Récompenser. On traduit par *Ag' elkhir* « faire le bien ». Il m'a bien récompensé, *ig'a dar' i elkhir mak'k'oren.*

Réconcilier (se). *Mez'el (emaz'eler', immez'el)* (n.) (de *ez'z'el*, « être droit »). Je me suis réconcilié avec Mousa, *emaz'eler' de Mousa.*

Réconcilier. On traduit par « arranger entre » *Ken g'ir.*

Reconduire. (Une personne dont ont prend congé) *Ezmahal* « congédier ».

Reconnaissance. *Akouttou n elkhir* « souvenir du bien ».

Reconnaissant (être). On traduit : « il se souvient habit. » *Ikettou,* ou « il se souvient habit. du bien » *ikettou elkhir.*

Reconnaître. (Une pers. ou un lieu) *Ezzi* « connaître ».

Rectifier. *Ez'z'al* (v. ÈTRE DROIT).

Reculer. (Marcher en arrière) *Ek'k'el dheffer* « retourner derrière ». Recule, *ek'k'el dheffer ek.*

Redir. *Ag'elmam* (v. TERRAIN).

Redjem. *Amesakni* (v. TAS à l'art. TERRAIN).

Redresser. *Ez'z'al* (v. ÈTRE DROIT).

Réfléchir. *Semedhren (simedhrener', isimedhren)* (act.).

Réflexion. *Imidhran,* pl. *imidhranen* (m.) (de *semedhren,* « réfléchir »).

Refroidir. (Rafraîchir) *sisemedh (sisemedher', isisemedh)* (act.) (de *sammedh,* « être froid »).

Refus. *Toug'it* (s. sans pl.) (f.) (de *oug'i,* « refuser »).

Refuser. *Oug'i (oug'ir', ioug'i)* (act.).

Reg. *Asrir* (v. TERRAIN).

Regard. *Asaouadh,* pl. *isaouadhen* (m.) (de *souodh,* « regarder »).

Regarder. *Souodh (souodher', isouodh)* (act.).

Régler. (Rendre droit, organiser, parachever, payer) *Ez'el* « rendre droit » (v. DROIT).

Régner. (Être roi) *Menakel (aminakeler', iminakel)* (n.). — (Faire régner) *semenakel (semenakeler', isemenakel)* (act.).

Regret. (Des péchés qu'on a commis) *Tettoubet** « pénitence ». — (Repentir d'une action quelconque) *amoug'erez'* « repentir ». — (Regret d'une personne absente) *taz'ait* (s. sans pl.) (f.) (de *ez'z'oui* (T. a.), « regretter [une personne absente] »). — (Regret d'un mort) on traduit par « larmes » *imit'-t'aouen.*

Regretter. (D'avoir commis des péchés) *Outab** (v. PÉNITENCE). — Se repentir d'une action quelconque) *moug'rez'* « se repentir ». — (Regretter une personne absente, avoir le temps long après elle) *ez'z'oui* (T. a.) *(ez'z'ouier', iz'z'ouiet)* (n.). J'ai le temps long après lui, *ez'z'ouier' as.* — (Regretter un mort) on traduit par « pleurer sur » *semet't'ou foull.* Je le regrette, *simit't'aouer' foull as* « je pleure sur lui ».

Reins. *Isig'bas* (v. CORPS).

Rejeter. (Jeter à terre) *Andhou* « jeter ». — (Chasser, renvoyer, faire sortir) *seg'emedh* (v. SOR-

TIR). — (Repousser, ne pas vouloir, ne pas aimer)
on traduit par « ne pas aimer ». Il rejette son
amitié, *our iri tammidoua nnit*.

Rejoindre. (Atteindre) *Aouodh* « arriver à ».

Réjouir (se). *Eddiou* (T. a.) (v. JOYEUX).

Réjouir. *Sedou* (T. a.) (v. JOYEUX).

Relever. (Faire se lever, aider à se lever) *Senker*
(v. SE LEVER).

Religieux. (De toute religion, personne consa-
crée à Dieu, prêtre, marabout, musulman) *Aneslem**, pl. *ineslemen*, f. *tuneslemt*, f. pl. *teneslemin*
(de *islam*, « être sauvé »).

Religion. *Eddin** (m.). La religion de Dieu, *eddin
en Mess inar'*.

Relire. *Oules tir'eri* « recommencer la lecture ».
Relis-le, *oules as tir'eri* « recommence à lui la lecture ».

Remède. *Asafar* (v. MALADIE).

Remercîment. *Tannemirt,* pl. *tinnemirin* (f.)
(*senemmer* « remercier »).

Remercier. (Dieu) *Amoui* (v. GRÂCE). — (Une
personne) *senemmer (sennemerer', isinemmer)* (n.).
Remercie-le, *sennemer as*.

Remonter (une vallée). *G'oui (g'ouir', ig'oui)*
(act.).

Remplir. *At'kar (Af'kerer', iat'ker)* (act.).
At'kar au prés. de l'ind. a souvent le sens pass.
« être rempli, être plein ». — Remplir une outre,
Sesou abaior' « abreuver l'outre ».

Remuer. (N.) (se remuer) *Moussou (amousser',
icmoussa)* (n.). — (Remuer) (act.) *semessou (semes-
ser', ismessa)* (act.). *Semessen ir'faouen nesen.*
ils remuèrent la tête.

Renard. *Khɔrhi* (v. Animal).

Rencontre. *Amahiou,* pl. *timhia* (m.) (de *mahi* (T. a.), « rencontrer »).

Rencontrer. *Mahi* (T. a.) *(mahier', imhaiet)* (n.). Le rég. de *mahi* (T. a.) est précédé de *d* « et, avec ». J'ai rencontré Mousa, *mahier' ed Mousa* « je me suis rencontré avec Mousa ». — (Faire se rencontrer, réunir) *zemmahi* (T. a.) *(zemhier', izemhiet)* (act.). Que Dieu nous réunisse au ciel, *Mess inar' izemhiet nener' dar' elhennet.*

Rendez-vous. *Tak'k'en,* pl. *tak'k'anin* (m.) (de *ek'k'en,* « lier »).

Rendre. (Restituer, ar. « redd ») *Err (errir', ierra)* (act.). Le s. pr. de *err* est « rendre », il est l'éq. de « redd ».— (Retourner (act.), faire retourner, renvoyer, faire devenir, faire revenir, ar. « gelleb ») *sour'el (sour'eler', issour'el)* (act.) *(ek'k'el* « devenir »). Je lui ai rendu un chameau, *sour'eler' as amis.* Le s. pr. de *sour'el* est « retourner (act.) [dans le sens de renvoyer] » ; il est l'éq. de « gelleb » ; il s'emploie en parlant des an. et des ch., non en parlant des pers.

Rêne. *Tar'ant* (v. Bride à l'art. Chameau).

Renfermer. Se traduit par « mettre dans » *Ag' dar'.* — (Etre renfermé) se traduit par « être dans » *eh.*

Renforcer. *Sit* « accroître ».

Renfort. *Siti* « accroissement » (v. Guerre).

Renoncer. *Ei* « laisser ».

Renouveler. *Essounei (essouneier', issounei)* (act.) (de *ainai,* « être nouveau »).

Renverser. (Jeter à terre) *Endou* « jeter ». —

(Détruire, démolir, être détruit, être démoli) *erz*
« casser ».

Renvoyer. (Rendre, retourner (act.) ; en parlant
d'an. ou de ch.) *Sour'el* (v. RENDRE). — (Envoyer
de nouveau ; en parlant des p.) *essouk* « envoyer ».
— (Chasser, faire sortir) *seg'emedh* (v. SORTIR).

Répandre. *Senr'el* « verser ».

Réparer. *Ken* « arranger ».

Repas. (De midi) *Ameklou*, pl. *imekliouen* (m.)
(de *ekel*, « passer la méridienne ») (v. MÉRI-
DIENNE). — (Repas du soir) *amensou*, pl. *imensouten* (m.) (de *ens*, « se coucher »). — Les Touaregs prennent ordinairement un très léger repas
(de lait presque toujours) le matin de bonne heure
(ce petit déjeuner s'appelle *tag'img'imt* [f.], un
repas vers midi *(ameklou)*, et un repas à la nuit
close *(amensou)*. On appelle quelquefois le repas
de midi *tarout*, c.-à-d. « midi », et celui du soir
az'oz'eg', c.-à-d. « heure où la nuit est devenue
noire (heure de la traite) ».

Repas (prendre un). (Le repas de midi) *Ameklou
(ameklouer', imeklou)* (n.). — (Prendre le repas
du soir) *amensou (amensouer', iemmensou)* (n.).
— (Prendre le petit déjeuner du matin) *esg'img'im
(esg'img'imer', isg'img'im)* (n.).

Repentir. (Des péchés) *Tettoubet** « pénitence ».
— (D'une action quelconque) *amoug'erez'* (m.) (de
moug'rez', « se repentir »).

Repentir (se). (De ses péchés) *Outab** (v. PÉNI-
TENCE). — (D'une action quelconque) *moug'rez'
(ammoug'rez'er', immoug'rez'* (n.). Je me repents
d'avoir fait ce voyage, *ammoug'rez'er' dar' asikel
ouarer'*.

Répondre. (De vive voix) on traduit par « dire » *En*. — (Par écrit) on traduit par *ekteb** « écrire ».

Repos. *Tesounfat** (f.) (de *sounfes*, « respirer »).

Reposer (se). (Prendre du repos) *Sounfes** « respirer ». — (Se reposer d'une chose sur quelqu'un) *ettikal** (*ettikaler'*, *ittikal*) (n.) (de *ekkoul*, « se soucier »). Je me repose sur toi de cette chose, *ettikaler' foull ak ouarer' haret*.

Repousser. (Rejeter, ne pas vouloir, ne pas aimer) on traduit par « ne pas aimer ». Il repousse cela, *our iri ouarer'*. — (Vaincre) *ernou* « vaincre » ; *aouor'* « arrêter ». — (Ecarter, éloigner, chasser) *soug'eg'* « éloigner » ; *efredh* « balayer ».

Représentant. *Elouakil** « mandataire ».

Réprimande. On traduit par *Tegarout* « dispute (en paroles faite à quelqu'un) » (v. DISPUTE).

Réprimander. On traduit par *Eggour* (T. a.) « disputer (quelqu'un en paroles) » (v. DISPUTER).

Répudiation. *Oulouf*, pl. *ouloufen* (m.) (de *ellef*, « répudier »).

Répudier. *Ellef (ellefer', illef)* (act.). Il a répudié sa femme, *illef tamet' ennit* ; elle a répudié sa personne, elle a divorcé, s'est en allée d'elle-même de chez son mari, *tellef iman nit*.

Rerara. *Tir'crirt* (v. USTENSILE).

Réserver. *R'erah* « conserver ».

Réservoir. *Tihemt* (v. CULTURE).

Résignation. *Taz'idert* « patience ».

Résigné. *Amez'z'ider* « patient ».

Résister. (Refuser) *Oug'i* « refuser ». — (Combattre) *aouor'* « arrêter ».

Résolution. *Tanat'* « décision ».

Résoudre. *Ennehadh* « décider ».

Respecter. *Herek* (T. a.) *(herekir', ihereket)*(act.). Respecte ton père, *hereket ti k.*

Respiration. (Souffle, âme) *ounfas**, pl. *ounfasen* (m.).

Respirer. (Se reposer, ar. « tneffes ») *Soùnfes* (sounfeser', issounfes)* (n.). Le s. pr. de *sounfes* est « respirer ». On omet quelquefois l's et l'*n* et on prononce *sounf (sounfer', issounfa)* ou *souf (soufer', issoufa)*.

Resplendir. *Essar'* « briller ».

Ressangler. *Ek'k'en ahaif* (v. SANGLE à l'art. CHAMEAU).

Ressemblance. *Toulout* (f.) (de *oul*, « être pareil »).

Ressembler. *Oul* « être pareil ».

Ressentir. *Oufrai* « sentir ».

Resserrer. (Rétrécir) *Z'ekrez'* « rétrécir ». — (La sangle, ressangler) *ek'k'en ahaif* (v. SANGLE à l'art. CHAMEAU). — (Un lien quelconque) *ek'k'en* « lier ». — (Etre rétréci, être étroit) *karroz'* « être étroit ».

Rester. (Séjourner, ar. « ga'd ») *R'im* (ak'k'imer', ik'k'im)* (n.). Le s. pr. de *r'im* est « rester » ; il est l'éq. de « ga'd », et, comme lui, signifie aussi « s'asseoir, durer » ; il a en outre le sens de « se mettre à ». Il se mit à parcourir les villes, *ik'k'im ir'lai ikallen.*

Résurrection. (Moment de la résurrection générale au jugement dernier) *Tir'err'ert* (f.).

Retard (être en). *Iz'z'ai* « être pesant ».

Retard. *Az'ouk* « pesanteur ».

Retarder. (Act. ; faire tarder) *Z'ouz'i* « peser ».

Retenir. (Tenir, garder, ne pas rendre) *Et'l'ef* « tenir ». — (Empêcher de partir, d'avancer) *Aouor'* « arrêter ». — (Ralentir) *ag' soullan* (v. RALENTIR). — (Empêcher de tomber, soutenir) *kebel* « soutenir ».

Rétif (être). *R'errem*, 3ᵉ p. s. *ir'errem* (n.).

Rétif. *Ier'arremen*, pl. *ier'arremenin*.

Retirer. (Oter, ar. « gela' ») *Ekkes* « ôter ».

Retour. *Our'oul*, pl. *our'oulen* (m.) *(ek'k'el* « retourner »).

Retourner. (N. ; revenir, ar. « oulla ») *Ek'k'el* (v. DEVENIR). — (Act. ; mettre à l'envers, ar. « gelleb ») *seberg'ouel (seberg'oueler', issebreg'ouel)* (act.).

Retraite. (Heure du coucher) *Tisout'sin* (v. HEURE à l'art. TEMPS). — (Solitude) *asouf* « isolement ». — (Fait de battre en retraite) se traduit par « départ » *tagellaout,* ou par « fuite » *taroula*

Retrancher. (Oter, arracher) *Ekkes* « ôter ».— (Diminuer) *ektem* « diminuer ».

Rétrécir. *Z'ekrez' (az'ekrez'er', iz'z'ekrez')* (act.) (de *ekrez'*, « être étroit »). — (Etre rétréci) *karroz'* « être étroit ».

Retrouver. *Eg'raou* « trouver ».

Réunion. (Assemblée) *Eljamat** (s. et pl.) (f.).— (Réunion quelconque, nombreuse ou non, rassemblement) *asihar* « association ». — (Réunion de distraction) *ahal*, pl. *ihallen* (m.) (de *hel*, « amuser »).

Réunir (se). (S'assembler, être rassemblé ; des

p., an. ou ch.) *Dekkel* (1ʳᵉ p. pl. *nedoukkel*, 3ᵉ p. pl. m. *edoukkelen*) (n.). — (Se réunir ; des p. en nombre quelconque) *eddiou* « faire compagnie » (v. ACCOMPAGNER).

Réunir. (Assembler, rassembler ; des p., an. ou ch.) *sedekkel (sedoukkeler', isedoukkel)* (act.).— (Des p., des an. et des ch. en nombre quelconque) *sedou (sedouer', isedou)* (act.) (de *eddiou*, « faire compagnie ») (v. ACCOMPAGNER). Il a réuni les chameaux, *isedou imnas* : il a réuni les bagages, *isedou ilalen.*

Rêve. (Songe) *Teharg'it*, pl. *tiherg'a* (f.) (de *hareg'* (T. a.), « rêver »).

Rêver. (Songer, avoir un rêve) *Hareg'* (T. a.) *(hareg'ir', ihareg'et)* (act.).

Réveiller (se). *Enker* « se lever ».

Réveiller. *Senker* (v. SE LEVER).

Revenir. *Ek'k'el* (v. DEVENIR).

Revêtir. (Vêtir) *Sels* « vêtir ».

Révolte. *Tanekra* (f.) (de *enker*, « se lever »).

Révolter (se). *Enker* « se lever ».

Révolter. *Senker* (v. SE LEVER).

Rhumatisme. *Tesemdhi* (v. MALADIE).

Rhume. (De cerveau) *G'abourou* (v. MALADIE). — (Toux) *tesout* (v. MALADIE).

Riche. On traduit : *Ila ihiri ig'g'in* « il a fortune beaucoup », ou *ilan ihiri ig'g'in* « ayant fortune beaucoup ».

Richesse. (Fortune considérable) on traduit : *Ihiri a ig'g'in* « fortune beaucoup ».

Rien. On traduit par « chose » *Haret* accompagné d'une négation. Il n'y a rien, *our ili haret* « il n'est pas chose ».

Rire. (Ver.) *El's (et'sir', it'sa)* (n.). — (Faire rire) *set's (esset'ser', isset'sa)* (act.). — (Rire hab.) *dhaz'z' (dhaz'z'er', idhaz'z')* (n.). — (Rire de, se moquer, railler) *et's* « rire » ou *dhaz'z'* « rire hab. » suivis de *d* « et, avec », *dar'* « dans », ou *foull* « sur ». Il se moque de lui, *it'sa d es,* ou *idhaz'z' foull as.*

Rire. (Subst.) *Tadhez'z'a,* pl. *tidhez'z'iouin* (f.) (de *el's,* « rire »).

Rivage. (Rive) *Ag'enana.* (v. Bord à l'art. Terrain).

Rivière. *Ar'ahar* (v. Cours d'eau à l'art. Terrain).

Riz. *Tafar'at* (v. Culture).

Robuste. *Issohin** « fort ».

Rocher. *Ékadi* « pierre » (v. Terrain).

Roi. *Amenoukal,* pl. *imenoukalen* (m.) (de *menakel,* « régner »).

Rond (être). (Être en boule) *Ekrouri* « être en boule ».

Roseau. *Almes* (v. Pâturage).

Rôtir. (Faire cuire) *Señ* (v. Cuire).

Rouge (être). *Haggar' (haggar'er', ihaggar')* (n.).

Rouge. *Haggar',* pl. *haggar'en* (de *haggar',* « être rouge »).

Rougeole. *Loumet* (v. Maladie).

Rougir. (Avoir honte) *R'echchoum** (v. Honte).

Rouille. *Tinik,* pl. *tinikin* (f.).

Roulé (être). (Être empaqueté) on traduit par *ek'k'en* « lier ». — (Être enroulé) on traduit par *ettel* « enrouler », ou *adhren* « tourner, mettre en rouleau » (v. Tourner).

Rouler. (Act. ; enrouler autour de quelque chose) *Ettel* « enrouler » (v. TOURNER). — (Tourner (act.) ; mettre en rouleau, en bobine) *adhren* (v. TOURNER).

Rouler (se). *R'eranr'er* (T. a.) *(r'eranr'erir', ir'eranr'eret)* (n.).

Route. *Abarek'k'a* (v. CHEMIN à l'art. TERRAIN).

Royauté. *Tamenokla* (f.) (de *menakel*, « régner »).

Ruine. (Fait d'être abîmé, gâté, détruit) *R'ehad**, pl. *er'haden* (m.) (de *r'ehad*, « abîmer »).

Ruiner. (Détruire) *Erz'* « casser ». — (Abîmer, gâter) *r'ehad** « abîmer ».

Ruisseau. (Avec eau) *Teg'ert* (v. TERRAIN).

Rupture. *Tirez'z'i*, pl. *tirez'z'iouin* (f.) (de *erz'*, « casser »).

Ruse. *Tiittiouin* (v. ESPRIT).

Rusé (être). Se traduit par « avoir de la ruse ». Il est rusé, *ila tiittiouin* (v. ESPRIT).

Rusé. Se traduit par « de ruse » *n tiittiouin*, ou « ayant de la ruse » *ilan tiittiouin* (v. ESPRIT).

Rythme (poétique). *Aneia*, pl. *inicaten* (m.). *Aneia* signifie aussi « air de chant ».

S

Sable. *Edehi* (v. TERRAIN).

Sabre. *Takouba* (v. ÉPÉE à l'art. ARME).

Sac. *Tir'erirt** (v. RERARA à l'art. USTENSILE).

Sage. (En parlant d'une pers.) on traduit par « d'esprit » *N taitti*, ou par « ayant de l'esprit » *ilan tailti.* — (En parlant d'une chose) on traduit par « bon » *ioular'en,* ou « de vérité » *n tidet.*

Sagement. « Avec esprit » *S tailti.*

Sagesse. On traduit par « esprit » *Tailti.*

Saguia. (Conduite d'eau) *Teg'ouhamt* (v. CUL-TURE).

Saignée. *Oukous n aheni* « enlèvement du sang » (*ekkes* « ôter »).

Saigner. (Act. ; faire une saignée) « ôter du sang » *Ekkes aheni.* — (N. ; perdre du sang) on traduit : « le sang sort » *ig'medh aheni.*

Saisir. *Ermes (ermeser', .ermes)* (act.). Le s. pr. de *ermes* est « saisir »; il est l'éq. de l'ar. « ge-bed » ; c'est un mot très usité qui est employé dans tous les sens de « gebed », tels que « pren-dre, entreprendre, recevoir », etc.

Saison. *Tasemhoit* (v. TEMPS).

Salaire. On traduit par *Elkera** « loyer ».

Sale (être). On traduit : « sont sur moi des saletés » *ouaren i erden.*

Sale. On traduit par « être sale » ou « salir ».

Salé. On traduit « est dans lui du sel » *Tehi tisemt.*

Saler. On traduit « mettre du sel » *Ag' tisemt.*

Saleté. (Saletés, souillures, taches, malpropretés) *Erden* (pl. sans s.) (m.).

Salir. On traduit « mettre des saletés sur » *Souar erden* (v. ETRE SUR).

Salive. *Iliddaien* (pl. sans s.) (m.) (de *elouddei,* « saliver »).

Saliver. (Avoir beaucoup de salive) *elouddei (elouddeier', ilouddei)* (n.).

Saluer. *Houl (houler', ihoul)* (act.). Un homme te salue, *ien ales ihoul kai*. On n'emploie guère *houl* sans les par. sép. *ed* ou *in* ; on emploie *ed* quand une autre personne vous salue, et *in* quand on salue une autre personne : Mousa m'a salué, *Mousa ihoul ed i* ; j'ai salué Mousa, *houler' in Mousa*.

Salut. (Fait d'être sauvé, d'être sain et sauf ; se dit du salut éternel et du salut temporel) *Essalam**, pl. *essalamen* (m.) (de *islam*, « être sauvé »). — (Action de saluer) *tehoult*, pl. *tihoulaouin* (f.) (de *houl*, « saluer »).

Samedi. *Essebet** (v. SEMAINE à l'art. TEMPS).

Sandale. *Ar'atim* (v. VÊTEMENT).

Sang. *Aheni* (v. CORPS).

Sangle. *Ahaif* (v. CHAMEAU).

Sangler. *Ag' ahaif* (v. CHAMEAU).

Sanglier. *Az'ibara* (v. PORC à l'art. ANIMAL).

Sangsue. *Tadhelit* (v. ANIMAL).

Sans. *Oula*. *Oula* signifie « ni, sans, pas même ».

Santé. *Essahat** « force ».

Satan. *Iblis** (v. DÉMON).

Satisfaction. (Contentement) *Tedaouit* « joie ».

Satisfaire. (Contenter) *Sedou* (T. a.) « contenter ».

Sauce. *Adharaz'* (v. NOURRITURE).

Sauf (sain et). On traduit par le verbe « être sauvé » *Islam*.*

Sauf. (Donner la vie sauve, épargner, faire grâce) *Sefes* (v. GRÂCE).

Sauf. *Koundeba* « excepté ».

Saut. *Tiggit*, pl. *tiggad* (f.) (de *egged*, « sauter »).

Sauter. *Egged* (v. VOLER).

Sauterelle. *Tahouall* (v. ANIMAL).

Sauvé (être). (Être musulman, être sain et sauf : se dit du salut éternel et du salut temporel) *Islam*[*] *(selamer', islam)* (n.).

Sauver. (Se dit du salut éternel et du salut temporel) *Seslam*[*] *(seslamer', iseslam)* (act.).

Savant. (Subst.) (ar. « taleb, qâdhi ») *Elr'alem*[*], pl. *elr'oulema.*

Savant. (Adj.) on traduit par « il sait » *Issan.*

Saveur. *Tindhi* « goût ».

Savoir. (Verbe) *Essen (essaner', issan)* (act.).

Scarification. *Taousouist,* pl. *tiousouas* (f.).

Sceau. (Sur une lettre, ar. « t'aba' ») *Et't'abir'*[*], pl. *et't'abir'en* (m.)

Scie. (Inconnue chez les Touaregs).

Science. *Mousnet,* pl. *mousnetin* (f.) (de *essen,* « savoir »).

Scorpion. *Ir'irdem* (v. ANIMAL).

Sec (être). (Être dur, se sécher, se durcir) *Ek'k'or (ek'k'orer', iek'k'or)* (n.). *Ek'k'or* se dit des p., des an. et des ch. ; son s. pr. est « être sec ».

Sécher. (Act. ; faire sécher, faire durcir) *Ser'er (esser'erer', iser'er)* (act.) (*ek'k'or* « être sec »).

Secouer. *Semessou* (v. REMUER).

Secourir. *Ilal* « aider ».

Secours. *Telilt* « aide ».

Secret. (Action de cacher) *Oufour* (m.) (de *effer,* « cacher »). — (Chose cachée, mystère) on traduit « cacher hab. » *taffer* (de *effer,* « cacher »).

Dieu a beaucoup de mystères pour ses serviteurs, *Mess inar' itaffer a eg'g'in fooll iklan nit.*

Secret (en). *Dar' oufour* « dans le secret ».

Sécurité. *Elr'afit** « paix » ; *tafelest* « confiance ».

Sédentaire. *Ag' ar'rem* « fils du village, de la ville », pl. *kel ar'rem.*

Sein. (Mamelle) *Ifef* (v. CORPS). — (Intérieur, côté, ar. « jeneb ») *tég'éhé*, pl. *tig'éhiouin* (f.).

Séjour. *Tar'imit**, pl. *tir'imatin* (f.) (de *r'im*, « rester »).

Séjourner. *R'im** « rester ».

Sel. *Tisemt* (v. NOURRITURE, COMMERCE).

Selle. *Tarik* (v. CHAMEAU).

Selon. (Selon que, suivant que, d'après que) *As* « que ».

Semailles. *Assanr'el* (v. CULTURE).

Semaine. *Eljemet** (v. TEMPS).

Semblable (être). *Oul* « être pareil ».

Semelle. *Ir'it* (v. SANDALE à l'art. VÊTEMENT).

Semence. *Tifest* (v. CULTURE).

Semer. *Senr'el* « verser ».

Séné. *Tag'arg'art* (v. MALADIE).

Sentier. *Abarek'k'a* (v. TERRAIN).

Sentinelle. *Tidhaf* (v. GUERRE).

Sentir. (Avec l'odorat, ar. « chem ») *Serer'* (*aserer'er'*, *iserer'*) (act.). — (Avoir de l'odeur, bonne ou mauvaise) *ouihenhen* (*aouihinhener'*, *iouihenhen*) (n.). *Ouihenhen* se dit des p., an. et ch. — (Eprouver, ressentir) *oufrai* (*oufr'ier'*, *ioufrai*) (n.) Je ressens le froid, *oufraier' i esa-*

midh ; je ressens un coup, *oufraier' i tiouiti* ; j'ai senti ce malheur, *oufraier' i edder'ouot tarer'* ; je sens l'amour qui est au fond de mon cœur, *oufraier' i tèra teha ammas n oul in.*

Séparation. *Amezzi*, pl. *imezzien* (m.) (de *mazzi*, « être séparé »).

Séparé (être). (Se séparer) *Mazzi (emmezier', immmezi)* (n.). Je suis séparé de Mousa, *emmezier' ed Mousa.*

Séparer. *Zemmezi (ezmezzier', izemmezi)* (act.) (de *mazzi*, « être séparé »). J'ai séparé une page du livre, *ezmezzier' takar'dhi dar' elkettab.*

Sépulture. *Anabal* « enterrement ».

Serment. *Tahodhi*, pl. *tihodhaouin* (f.) (de *ahedh*, « jurer »).

Serpent. *Achchel* (v. ANIMAL).

Serrer. (Conserver avec soin) *R'crah* « conserver ». — (Lier, attacher, resserrer) *ek'k'en* « lier », ou *z'ekrez'* « rétrécir ». — (Prendre, tenir) *ermes* « saisir », ou *ett'ef* « tenir ». — (Presser) *kemem* « presser ». — (Serrer dans quelque chose de noué) *ekmes (ekmeser', ikmes)* (act.). *Ekmes* au prés. de l'ind. a souvent le s. pass. « être serré dans quelque chose de noué ». — (Comprimer) *ekrem (ekremer', ikrem)* (act.).

Service. (Travail, action de servir) *elkhedmet** « travail ». — (Aide qu'on prête, service qu'on rend, ar. « mezia ») on traduit par « bien » *elkhîr**. Rends-moi un service, *ag' ahi elkhîr.*

Servir (se). (Se servir de, manier, user de) on traduit en employant, au lieu du mot général « se servir », le mot particulier convenant à la chose dont on se sert. Je me sers d'un cheval « je monte un cheval » ; je me sers d'un livre « je lis un livre » ; je me sers de bois « je prends du bois ».

Serviteur. (De Dieu) on traduit par « esclave » *Akli*. — (D'un homme) on traduit tantôt par « compagnon » *amidi*, tantôt par « ouvrier » *anakhedam** ; lorsque « serviteur » est au pl. on traduit souvent par « gens » *eddounet**.

Seul. (Unique, solitaire) « un seulement » *ien r'as*.

Seulement. *R'as*. Il n'y a que du bien, « le bien seulement » *elkhîr r'as*.

Sévère (être). *Z'ekrez'* « rétrécir ». Je suis sévère envers lui, *az'ekrez'er' foull as*.

Sévère. On traduit par « étroit » *Karroz'*.

Sévérité. *Az'ekraz'* (m.) (de *ekrez'*, « être étroit »).

Sevré (être). *Oug'al* (*oug'aler'*, *ioug'al*) (n.). *Oug'al* se dit des p. et des an.

Sevrer. (Une p. ou un an.) *Soug'el* (*essoug'eler'*, *issoug'el*) (act.) (de *oug'al*, « être sevré »).

Si. (Exprimant la condition) *Kou, koud, koudit*. — (Tellement) (v. TELLEMENT).

Si ce n'est. *Selid*. On emploie souvent aussi dans le sens de « si ce n'est » le mot *ar* « jusqu'à » (*our g'ammier' ar andherren* « je ne demande si ce n'est un peu » je ne demande qu'une petite chose).

Siège. (Chaise, trône, etc.) *Elkersi** (v. CHAISE). — (D'une ville, d'un lieu fortifié) *taser'lit* (v. GUERRE).

Signal. (Signe) (v. SIGNE). — (Ar. « redjem ») *Amesakni* (v. TAS à l'art. TERRAIN).

Signe. (Fait de loin avec le bras pour appeler)

Tileft, pl. *tilefin* (f.) (de *ellef*, « faire signe de loin avec le bras pour appeler »). — (Petit signe pour se faire comprendre quand on ne veut ou on ne peut pas parler) *teg'oudamt*, pl. *tig'oudamin* (f.) (de *eg'g'oudem*, « faire de petits signes avec la main quand on ne peut ou on ne veut pas parler »). — (Marque faite sur un objet quelconque pour le reconnaître) *nihal* « marque ». — (Signe de reconnaissance, parole ou objet connus de deux personnes au moyen desquels elles reconnaissent l'authenticité d'une lettre ou d'un messager) *tamatart*, pl. *timitar* (f.).

Signe (faire). (De loin avec le bras pour appeler) *Ellef* (*elléfer'*, *illef*) (n.). Appelle-les en faisant signe de loin avec le bras, *ellef asen*. — (Faire de petits signes pour se faire comprendre quand on ne veut ou on ne peut pas parler) *eg'g'oudem* (*eg'g'ademer'*, *ig'g'ademer*) (n.).

Signification. *Elmir'na** (f.).

Silence. *Asousem*, pl. *isousemen* (m.) (de *sousem*, « se taire »).

Silencieux. *Anessisem*, pl. *inessisemen* (de *sousem*, « se taire »).

Silex. *Tafarast* (v. TERRAIN).

Sincère. « De vérité » *N tidet*.

Singe. *Abiddo* (v. ANIMAL).

Sinon. On traduit par « ou » *Mir'*, ou par « si ce n'est » *selid*.

Sitôt que. *As* « que, lorsque ».

Sœur. *Oult ma* « fille de la mère », pl. *chet ma* « filles de la mère ».

Soif (avoir). *Effad* (*effouder'*, *iffoud*) (n.). (Ayant soif) *iffouden*.

Soif. *Fad* (m.) (*effad* « avoir soif »).

Soigner. (Avoir soin de, faire attention à) *Tegez'* (*tagaz'er'*, *itagaz'*) (act.) (de *agez'*, « garder »). — (Donner des soins à un malade, médicamenter, panser) *tassafar* (*tassaferer'*, *itassafar*) (act.) (*asafar* « médicament »).

Soin (avoir). (v. SOIGNER).

Soir. *Tadeggat* (v. HEURE à l'art. TEMPS).

Soit ! (Avec plaisir ! volontiers !) *Houllan* « beaucoup ». — Passe ! j'y consens ! *brich*.

Sol. *Amadhal* (v. TERRAIN).

Soleil. *Tafouk* (f.).

Soleil (lever du). *Ag'moud en tafouk* « sortie du soleil ».

Soleil (coucher du). *Eg'edhel en tafouk* « chute du soleil ».

Solide (être). *Entem* (*entemer'*, *intem*) (n.). — (Rendre solide, consolider) *sentem* (*sentemer'*, *issentem*) (act.).

Solide. *Intem* « il est solide », pl. *entamen* « ils sont solides ».

Solidité. *Entoum* (s. sans pl.) (m.) (de *entem*, « être solide »).

Solitaire. (En parlant d'une p. ou d'un an.) *Ien r'as* « un seulement ». — (En parlant d'un lieu) « ne sont pas hab. dans lui des gens » *ou t tihau eddounet*.

Solitude. (Fait d'être seul) *Asouf* « isolement ».

Sombre. (En parlant d'un lieu, du temps, du ciel) on traduit : *G'an haret en tihai* « font quelque chose de ténèbres », il y a un peu de ténèbres. — (Foncé, en parlant de la couleur d'un

objet quelconque) on traduit par *ikaouelen* « noir »
(v. VERT).

Sommeil. (Action de dormir) *Idhes*, pl. *idhe-saouen* (m.) (de *et'l'es*, « dormir »). — (Avoir sommeil) *nouddem* « sommeiller ».

Sommeiller. (Dormir légèrement, avoir sommeil) *nouddem* (*nouddemer'*, *innouddem*) (n.).

Sommet. *Az'iakor* (v. TERRAIN).

Son. (Subst.) (de la voix ou de toute espèce de bruit, voix) *Imeseli*, pl. *imeseliouen* (m.) (de *sel*, « entendre »).

Songe. *Teharg'it* « rêve ».

Sorcier. *Amechchakhaou**, pl. *imechchakhaouin*, f. *tamechchakhaout*, f. pl. *timechchakhaouin* (de *echchakaou* (T. a.), « jeter un sort »).

Sort. (Chance) *Amellil* (v. CHANCE). — (Tirer au sort) « faire les morceaux de bois » *ag' isariren* (*isarer'* « bois »). On tire au sort avec plusieurs petits morceaux de bois d'inégale longueur. — (Sortilège nuisible) *echchakhaou**, pl. *ichchakhouen* (m.) (de *echchakaou* (T. a.), « jeter un sort »).

Sortie. *Ag'moudh*, pl. *ig'moudhen* (m.) (de *eg'medh*, « sortie »).

Sortilège. *Echchakhaou** « sort (jeté par magie) ».

Sortir. *Eg'medh* (*eg'medher'*, *ig'medh*) (act.). Il sort de la maison, *ig'medh tar'ahamt*. — (Faire sortir, renvoyer, chasser) *seg'emedh* (*seg'emedher'*, *iseg'emedh*) (act.).

Sot. (Inintelligent) *Our ili taitti* « il n'a pas d'esprit ».

Sottise. (Fait d'être inintelligent) *Iba n taitti* « manque d'intelligence ». — (Maladresse, action sotte, action malavisée) *gafa* « insanité ».

Sou. *Sordi** (v. Monnaie à l'art. Commerce).

Souci. (Préoccupation, tristesse, chagrin, inquiétude) *Taremmik'* « trouble », ou *imidhran* « réflexion », ou *touksedha* « crainte ».

Soucier (se). *Ekkoul** (*ekkouler'*, *ickkoul*) (n.). On fait précéder le rég. de *ekkoul* par la par. *d* « et, avec ». Je me soucie de cela, *ekkouler' d es* ; je ne m'en soucie pas, peu m'importe, cela m'est égal, *our ekkoulir' d es*.

Soucieux (être). (Être préoccupé, triste, chagrin) *Ermer'* « être troublé », ou *semedhren* « réfléchir ». — (Rendre soucieux, préoccuper) *sermer'* « troubler ».

Souffle. (Respiration) *Ounfas** « respiration ».

Souffler (sur). *Asadh* (*asadher'*, *isadh*) (act.). J'ai soufflé sur le papier, *asadher' elkadh*.

Soufflet. (Coup sur la joue) *Tez'ouggit*, *tez'ougga* (f.) (de *z'ougg* (T. a.), « souffleter »).

Soufflet. (De forgeron) *Tishadh* (v. Ustensile).

Souffleter. (Frapper sur la joue) *Z'ougg* (T. a.) (*az'z'ougir'*, *iez'z'ougget*) (n.). Je l'ai souffleté, *az'z'ougir' as*.

Souffrance. (Fatigue, malaise, tourment physique ou moral) *Toussist*, pl. *tioussisin* (f.) (de *ousas*, « faire souffrir »). *Toussist* signifie « souffrance » mais une souffrance moindre que *touz'z'irt*. — (Souffrance excessive, physique ou morale, souffrance qui met à bout de forces, à l'extrémité) *touz'z'ir't* (f.) (de *ouz'ar*, « souffrir excessivement, être à bout de forces, à l'extrémité »).

Souffrir. (Être fatigué, incommodé, tourmenté) *Ousas* « souffrir » (v. Faire souffrir). — (Souffrir excessivement, être à bout de forces, à l'extrémité)

Ouz'ar (ouz'arer', iouz'ar) (n.). Le s. pr. de *ouz'ar* est « souffrir excessivement, être à bout de forces, à l'extrémité » ; il se dit des souffrances physiques morales.

Souffrir (faire). (Fatiguer, incommoder, tourmenter) *Ousas (ousaser', iousas)* (act.). *Ousas* a pour s. pr. « faire souffrir », mais il indique une souffrance moindre que *ouz'ar* ; il se dit des souffrances physiques et morales ; il a le sens de « faire souffrir » et celui de « souffrir ». Cette maladie me fait souffrir, *tourna tarer' tousas ahi* ; Mousa souffre, *Mousa iousas*. — (Faire souffrir excessivement, mettre à bout de forces, mettre à l'extrémité) *z'ouz'ar (z'ouz'arer', iz'ouz'ar)* (act.) (de *ouzar*, « souffrir excessivement, être à bout de forces, à l'extrémité »).

Soufre. *Aoudhis* (s. sans pl.) (m.).

Souhaiter. *Er'hel* « désirer ».

Souiller. On traduit « mettre des souillures sur » *Souar erden* (v. ETRE SUR).

Souillure. *Erden** « saleté ».

Soulager. (Un animal, en diminuant sa charge) « alléger » *Sefses*. — (Une personne) on traduit : « Dieu l'a rafraîchi » *isisemedh foull as Ialla*.

Soulever. (Porter) *Et'kel* (v. PORTER). — (Pousser à la révolte) *senker* (v. SE LEVER). — (Se soulever, se lever, se révolter) *enker* « se lever. »

Soumettre. (Un peuple, une tribu) on traduit : « il met sous lui les gens » *Ig'a daou s eddounet*.

Soumis (être). (En parlant d'un peuple, d'une tribu) *Elkem* « suivre ». Ils nous sont soumis, *elkamen aner'*.

Soumis. (En parlant d'un peuple, d'une tribu)

on traduit : « il suit ». Une tribu soumise, *taousit telkam aner'* « une tribu elle nous suit ».

Soumission. *Alkoum* « action de suivre » (de *elkem*, « suivre »).

Souper. (Subst.) *Amensou* (v. REPAS).

Souper. (Verbe) *Amensou* (v. REPAS).

Soupir. *Tiheneffout*, pl. *tihaneffatin* (f.) (de *ahenef* (T. a.), « soupirer »).

Soupirer. *Ahenef* (T. a.) (*aheneffir'*, *iheneffet*) (n.).

Souple (être). *Lemmedh* « être mou ».

Souple. *Lemmidhen* « mou ».

Souplesse. *A lemmidhen* « ce qui étant mou ».

Source. *Tit'* (v. TERRAIN).

Sourcil. *Iner* (v. CORPS).

Sourd. *Amz'ag'* (v. MALADIE).

Sourire. *Dermes* (*ediramesir'*, *idirames*) (n.).

Souris. *Akouti* (v. ANIMAL).

Sous. *Daou* (qui se prononce aussi *dag*).

Soutenir. *Kebel* (*kebeler'*, *ikebel*) (act.). *Kebel* se dit de toute chose qu'on soutient pour qu'elle ne tombe pas ; il peut avoir pour sujet des p. ou des ch.

Souvenir. (Fait de se souvenir) *Akouttou* (m.) (de *ektou*, « se souvenir de »).

Souvenir (se). (Se souvenir de, se rappeler) *Ektou* (*ektir'*, *ikta*) (act.). *Ektou* ne s'emploie presque jamais sans le *d* séparable. Je me suis souvenu de ton père, *ektir' ed ti k* ; je me suis souvenu de toi, *ektir' ed ser ek* ; il se souvient d'une chose, *ikt ed foull haret ien*. — (Faire se souvenir de, rappeler à la mémoire) *sektou* (*esseke-*

ter', *issekta*) (act.). Je t'ai fait te souvenir d'une chose, *esseketek' k'i foull haret ien*. — (Se souvenir hab.) *kettou (kettouir', ikettou)* (act.).

Souvent. *A ig'g'in* « beaucoup ».

Stérile (être). (En parlant d'une femme ou d'un an.) *Khoubei (khoubeier', tekhoubei)* (n.). — (En parlant de la terre) on traduit : *our irou fô* « elle n'enfante pas du tout ».

Stérilité. (En parlant d'une femme ou d'un animal) *Takhabit*, pl. *tikhoubai* (f.) (de *khoubei*, « être stérile »).

Stipulation. *Echcheret'** « condition ».

Stipuler. *Acheredh** (v. CONDITION).

Suaire. *Tijit* « linceul ».

Sucre. *Essouker** (v. NOURRITURE).

Sud. *Dât* (v. TERRAIN).

Suer. On traduit : « la sueur me mouille » *tedaou ahi tidi* (*edou* « mouiller abondamment »).

Sueur. *Tidi* (f.).

Suffire. *Egedah (egedaher', igedah)* (n.). Mousa lui suffit, *Mousa igedah as* ; cela suffit à Mousa, *igedah i Mousa*.

Suite (être à la). (Être le suivant) *Harai (haraier', iharai)* (act.).

Suivant (le). (Qui vient à la suite) *Iharien*, pl. *iharienin* (de *harai*, « être à la suite »). Le jour suivant, *ahel oua iharien* ; le temps suivant, *harraiet* (subst. f.).

Suivant. (Prép.) (Suivant que, selon que) *As* « que ».

Suivre. (Ar. « teba' ») *Elkem (elkemer', ilkem)* (n.). On fait précéder le régime de *elkem* de la par. *i* « à ». Suis Dieu, (ar. « teba' rebbi ») *elkem i Mess inar'* ; suis cet homme, *elkem i ales ouarer'* ; suis mon conseil, *elkem i aoual in* « suis ma parole ». *Elkem* est un mot très usité ; il s'emploie dans tous les sens de notre mot « suivre » et du mot ar. « teba' ». — (Suivre avec soin, poursuivre) *ellil* (*elliler'*, *illil*) (act.). *Ellil* se dit des p. et des ch. ; il a souvent le sens de « poursuivre d'une créance, être créancier de ». Il suit soigneusement Mousa, *illil Mousa* ; Mousa lui doit de l'argent, *illil Mousa* « il poursuit Mousa d'une créance ». — (Suivre à la trace) *hour* (T. a.) (*chorir'*, *ihouret*) (act.).

Sultan. *Amenoukal* « roi ».

Supérieur. (Subst.) *Amr'ar* « chef ».

Supérieur (être). (Surpasser) *Oug'er* (*oug'erer'*, *ioug'er*) (act.). Mousa est supérieur à Daoud, *Mousa ioug'er Daoud*. Le s. pr. de *oug'er* est « être supérieur à ».

Supplier. (Dieu) *Etter* « prier ». — (Un homme) *elr'ad* (*elr'ader'*, *ilr'ad*) (act.).

Supporter. On traduit *Z'eider foull* « patienter sur ».

Supposer. *R'il* « conjecturer » ; *ourd* « penser ».

Supprimer, *Ekkes* « ôter ».

Sur. *Foull,* Le s. pr. de *foull* est « sur » ; on l'emploie aussi dans les sens de « au-dessus de, pour, contre, pour que, à cause de, comment ».

Sur (être). *Ouar* (v. ÊTRE). — (Mettre sur) *souar* (v. ÊTRE).

Sûr (être). (Être certain) *Tebat** (v. CERTAIN). — (Être sans danger, présenter de la sécurité, en parlant d'une p. ou d'une ch.) on traduit : *tehi* *tafelest* « est en lui la confiance ». Ce pays est sûr, *akal ouarer' tehi tafelest*. — (Etre de confiance, honnête, fidèle) *eslakh** (v. FIDÈLE).

Sûrement. (Avec certitude) *Ilebat** « certainement ». — (Avec sûreté) on traduit : « est en lui la confiance » *tehi tafelest*.

Sûreté. *Tafelest* « foi, confiance ».

Surface. On traduit par « le dessus » *Afella* (v. HAUT à l'art. TERRAIN).

Surpasser. (Etre supérieur) *Oug'er* « être supérieur ». — (Etre trop fort, trop difficile, trop lourd pour quelqu'un) on traduit par *ernou* « vaincre ».

Surprendre. (Attaquer par surprise) *R'adar** « trahir ». — (Etre surpris, étonné) *akoun* « admirer ».

Surprise. (Attaque par surprise) *Tar'edert* (v. GUERRE). — (Etonnement) *tekount* « admiration ».

Surveiller. *Agez'* « garder ».

Suspendre. (Pendre [act.]) *Sili (soulir', issouli)* (act.) (de *oulai*, « être suspendu »).

Suspendu (être). (Etre pend··) *Oulai (oulaier', ioulai)* (n.).

T

Tabac. *Taba** (f.).

Tache. *Erden* « saleté ».

Tacher. *Souar erden* « salir ».

Taille. (Dimension) on traduit par « longueur » *Tazeg'eret*, ou « largeur » *ag'aouir*, ou « hauteur » *at'koul*, ou « mesure » *ekel*. — (Taille d'homme, hauteur d'homme, ar. « ouaqefa ») *tihaddi* (v. MESURE à l'art. COMMERCE). — (Partie du corps où se met la ceinture) on traduit par *isig'bas* « reins ».

Taire (se). *Sousem (essousemer', issousem)* (n.).

Taïtoq. *Taïtok'* (v. NOM PROPRE).

Talion. *Er'a* (m.).

Talisman. *Tiraout* (v. VÊTEMENT).

Talon. *Azrih* (v. PIED à l'art. CORPS).

Tambour. (Gros tambour) *Et't'ebel**, pl. *et't'ebelen* (m.). *Et't'ebel* signifie proprement un « gros tambour » ; les chefs seuls en possèdent ; ce mot est devenu par là synonyme de « souveraineté, suzeraineté » ; par ext. il signifie l'ensemble des fractions payant tribut à un chef. — (Petit tambour) *ganga*, pl. *gangaten* (m.).

Tan. *Asifel* (coll.) (m.) (de *oufel*, « être tanné »).

Tanné (être). *Oufel* (3ᵉ p. s. *ioufel*) (n.).

Tanner. *Sifel (essoufeler', issoufel)* (act.) (de *oufel*, « être tanné »).

Tant. (Tellement) (v. TELLEMENT).

Tant mieux. « Louange à Dieu » *Elkhamdou lillahi**.

Tant que. (Aussi longtemps que) *Sar'et as* (v. PENDANT). — (En aussi grande quantité que, autant que) *hound* « comme ».

Tante. (Paternelle). *Oult ma s en ti*, pl. *echchit ma s en ti.* — (Maternelle) *oult ma s ne ma*, pl. *echchit ma s ne ma.*

Tapis. *Taftak'* (v. LIT).

Tard. On traduit par diverses tournures. Je me suis levé tard, *our enkerer' hik* « je ne me suis pas levé vite », *ez'z'aier' dur' idhes* « j'ai tardé dans le sommeil » ; il est tard, *igla ahel* « le jour est parti », *ioukai ahel* « le jour est passé ».

Tarder. (S'attarder, être tardif, être en retard) *Iz'z'ai* « être pesant ».

Tardif (être). *Iz'z'ai* « être pesant ».

Tarentule. *Az'iz'* (v. ANIMAL).

Tarir. *Ek'k'or* « être sec ».

Tas. (De pierres, ar. « redjem ») *Amesakni* (v. TAS à l'art. TERRAIN). — (Tas de n'importe quelles choses) « petit tas » *asedou*, pl. *isediouen* (m.) (de *sedou*, « réunir » ; de *eddiou*, « faire compagnie ») ; « gros tas » *asensi* (s. sans pl.) (m.) (de *ens*, « être couché »).

Tasse. *Akous* (v. USTENSILE).

Tâter. (Palper) *Adah* (*oudaher'*, *ioudah*) (act.).

Taureau. *Esou* (v. ANIMAL).

Teigne. *Korkor* (v. MALADIE).

Teindre. *R'em* (*ar'emir'*, *ir'ma*) (act.).

Teint (être). On traduit : cette chose est teinte, *haret ouarer' ikna tir'emi* « cette chose est arrangée en teinture » (*ken* « arranger »).

Teint (du visage). *Elloun** « couleur ».

Teinture. (Action de teindre) *Tir'emi* (f.) (de *r'em*, « teindre »). — (Couleur servant à teindre) *tar'emmaout*, pl. *tiremmaouin* (f.) (de *r'em*, teindre »).

Tellement. D'ordinaire il se sous-entend et l'idée qu'il exprime se rend en mettant le verbe au futur. Je t'aime tellement que j'en meurs, *erik' k'em houllan ad emmeter'* « je t'aime beaucoup j'en mourrai » ; quelquefois, on fait précéder le futur de « ainsi » *aouinder'*. Je suis tellement fatigué que je ne puis marcher, *edhdheher' aouinder' our eddoubir' tikli* « je suis fatigué ainsi que je ne pourrai la marche ».

Témoignage. *Tig'ouhi*, pl. *tig'ouhaouin* (f.) (de *eg'g'ah*, « être témoin »).

Témoigner. (Rendre témoignage) *Eg'g'ah* « être témoin ».

Témoin. *Tig'ouhi* « témoignage ». Amène deux témoins, *aoui essenatet tig'ouhaouin*.

Témoin (être). *Eg'g'ah* (*eg'g'aher'*, *ig'g'ah*) (n.).

Temple. *Tamejjida** « oratoire ».

Temps. (Durée, ar. « zeman ») *Ezzeman** (m.); *elkhal** « état » ; « des nuits », *ihadhan* ; « des années », *ioutian*. — (Etat atmosphérique) *elkhal** (v. ATMOSPHÈRE).

Année, *aouétai*, pl. *ioutian* (m).
L'année où nous sommes, *ti ni ouarer'*, ou *aouétai ouarer' haner' iouaren* « l'année celle-ci étant sur nous ».
L'année dernière, *naiadhan* (m.).
L'année prochaine, *az'en* (m.), ou *aouétai oua d imalen* « l'année venant ».

Commencement. (De l'année, du mois, de la semaine, du jour) *tizzaret* (f.) (de *ezzar*, « précéder »). Le commencement du jour, *tizzaret n ahel* ; le commencement de l'année, *tizzaret n aouétai* ; le commencement du mois, *tizzaret ne tallit*.

Demain, *toufat* (f.). *Toufat* signifie « demain », « lendemain » et « matin ».
Demain matin, *toufat s toufat*.
Après-demain, *ahel in sel toufat*.

Fin. (Dernière partie de l'année, du mois, de la semaine, du jour) *harraiet* (f.) (de *harai*, « être à la suite »). Fin du jour, *harraiet n ahel* ; fin de l'année, *harraiet n aouétai* ; fin du mois, *harraiet ne tallit*.

Heure, *sar'et**, pl. *essar'etin* (f.).
Matin. (D'une manière générale, par opposition à soir) *toufat* (f.).

Un peu avant le fedjer, moment où on appelle à la prière, *dat amoud* « avant la prière ».

Moment du fedjer, *elfejour** (m.).

Espace entre le fedjer et le lever du soleil, *taiñhit* (f.) *ñiñhi* « être entre le fedjer et le lever du soleil », ar. « bekker »).

Aurore, *ahokehak* (m.).

Lever du soleil, *ag'moudh en tafouk* « sortie du soleil ».

Deha, milieu de la matinée avant la chaleur, de 7 à 9 heures environ, *ag'edelsit* (m.). On dit aussi *ag'elsit*.

Gaïla, moment de la forte chaleur du jour, *takellaout* (f.) (de *ekel*, « faire la gaïla », ar. « gil »). *Takellaout* a aussi les sens de « sieste, matinée de marche, marche avant la sieste (ar. « megil »).

Espace entre le commencement de la gaïla et midi (pris par extension dans le sens de « gaïla » tout entière, par opposition à *toufat* « matin » et à *taddegat* « après-midi » *tarout*.

Midi, milieu du jour, *tarout dinder id ier'ber alem cidi* « la gaïla, là-bas quand le chameau frappe du pied le chien » (c.-à-d. heure où il n'y a d'ombre ni à droite ni à gauche du chameau en marche, mais seulement au-dessous de lui ; le chien s'y réfugie et le chameau en marchand lui donne des coups de pied).

Espace entre midi et le dhouhour, *ir'erioual* (m.), *az-zioual* (m.).

Dhouhour, *imer'ri* « appel à la prière » (de *ar'er*, « appeler ») ; *tizzar* « première prière » (de *ezzar*, « précéder »).

Espace entre le dhouhour et l'acer, *tadeggat* (f.) (de *adou*, « voyager dans l'après-midi », ar. « estedeba »). *Tadeggat* signifle aussi « après-midi, soir » d'une manière générale, par opposition à *toufat* « matin ».

Après-midi, soir. (D'une manière générale, par opposition avec matin) *tadeggat* « espace entre le dhouhour et l'acer ».

'Acer, *takkost* (f.).

Essifar, espace entre l'acer et le mar'reb, *az'ellouaz'* (m.).

Mar'reb, moment du coucher du soleil, *almoz'* (m.).

Moment où les troupeaux rentrent au campement, entre le coucher du soleil et la tombée de la nuit, *imindhar* (m.) (de *mendher*, rentrer au campement entre le coucher du soleil et la tombée de la nuit).

Espace entre le mar'reb et l'acha, c.-à-d. entre le coucher du soleil et la nuit noire, *dheffer almoz'*.

'Acha, moment où la nuit est devenue tout à fait noire, *az'oz'eg'* « heure de la traite » (m.) (de *az'z'eg'*, « traire »).

Moment du coucher, retraite, *tizout'sin* (pl.) (f.) *(et'es « dormir »).

Espace entre 10 heures du soir et minuit, *asember* (m.).

Milieu de la nuit, environs de minuit, *ammas n chadh* « milieu de la nuit ».

Hier, *endh e' l.*

Avant-hier, *ahel di sel endh ahel.*

Jour, *ahel,* pl. *ihilan* (m.).

Aujourd'hui, *ahel ouarer'* « ce jour ».

Le jour suivant, *ahel oua iharien* « jour suivant ».

Le jour passé, le jour précédent, *ahel oua roulien* « jour passé ».

Lendemain. (V. DEMAIN).

Mois, *tallit,* pl. *tilil* (f.).

Mois de Ramadhân, *az'oum'* (m.) « jeune ».
— elfeter, *tizesi* (f.) « action de boire ».
— dou'lqa'da, *g'er mouheden* « entre les prières».
— ela'ïd, *tafaski'* (f.) « fête ».
— à'chour, *tamessadhek* (f.) « dîme ».
— elkesir, *tallit taset't'afet* « mois noir ».
— elbiodh, *tallit tarar'at* « mois jaune ».
— rebia' ettani, *aouhim oua izzaren* (m.) « le faon de gazelle premier ».
— djoumada elaoul, *aouhim oua ilkemen* (m.) « le faon de gazelle suivant ».
— djoumada ettani, *sarat* (m.).
— redjeb, *tallit ti n teneslemin* « mois des religieuses ».
— chàban, *imezzihel* (m.) « le coureur ».

Mois de février. (Mois solaire correspondant à peu près à notre mois de février, mais commençant quelques jours plus tard). Ce mois est caractérisé par de grands vents soufflant tantôt d'un côté, tantôt de l'autre, *sobraier* (m.).

Mois de mars. (Mois solaire correspondant à peu près à notre mois de mars, mais commençant quelques jours plus tard, *mars** (m.).

Mois d'avril. (Mois solaire correspondant à peu près à notre mois d'avril, mais commençant quelques jours plus tard. Durant ce mois on récolte l'orge et le blé, *ibrir** (m.).

Mois de mai. (Mois solaire correspondant à peu près à notre mois de mai, mais commençant quelques jours plus tard. Ce mois finit un peu avant la maturité des premières dattes) *maio** (m.).

Le quinzième jour du mois, *hadhoun* (m.).

La moitié d'un mois, *hadhoun ne tallit.*

Un mois et demi, *tallit d hadhoun.*

Le mois présent, *tallit tarer' haner' touaret* « le mois
celui-ci étant sur nous ».

Le mois passé, *tallit ta teglet* « le mois parti ».

Le mois prochain, *tallit ta hi tebededet* « le mois
devant se tenir debout ».

Moment, *emir,* pl. *imiren* (m.).

Nuit, *chad,* pl. *ihadhan* (m.).

La nuit passée, *ehadh oua ioukien* « nuit passée ».

La nuit prochaine, *ehadh oua d imalen* « nuit venant ».

Saison, *tasemhoit,* pl. *tisemhai* (f.).

Hiver, *tag'erest,* pl. *tig'erras* (f.).

Printemps, *tafsit,* pl. *tifessai* (f.).

Eté, *éouilen,* pl. *iouilenen* (m.).

Automne, *amoan,* pl, *imoanen* (m.).

Semaine, *eljemet*,* pl. *eljematin* (f.).

Cette semaine-ci, *eljemet tarer' haner' touaret* « cette
semaine celle-ci étant sur nous ».

La semaine passée, *eljemet ta toukaiet* « la semaine
passée ».

La semaine prochaine, *eljemet tattemelet* « la semaine
venant ».

Dimanche, *elkhed** (m.).

Lundi, *litni** (m.).

Mardi, *ettenata** (m.).

Mercredi, *enardha** (m.).

Jeudi, *elr'emis** (m.).

Vendredi, *eljemet** (m.).

Samedi, *essebet** (m.).

Veille. (Le jour précédent) *ahel oua ioukien* « jour passé ».

Tenailles. *Ir'emdan* (v. PINCES à l'art. USTENSILE).

Tendre. (Ver.) (Tirer, étendre) se traduit par
Erkeb,* ou « étendre » *efser,* ou « rendre droit »
ez'z'al (v. DROIT).

Tendre (être). (De cœur) (v. GRÂCE). — (Au
toucher, mou) *lemmedh* « être mou ».

Tendresse (de cœur). (Compassion) *Tamella*
(v. GRÂCE). — (Affection) *tera* « amour ».

Ténèbres. *Tihai* (v. OBSCURITÉ à l'art. ATMOS-
PHÈRE).

Tenir (Retenir, soutenir, saisir, prendre, ar.

« *ichedd* ») *Et'l'ef* (*et'l'efer'*, *iet'l'ef*) (act.). Le
s. pr. de *et'l'ef* « est tenir » ; il est l'éq. de « chedd ».

Tente. (En général, ar. « bit ») *Ehen*, pl. *ihu-
nan* (m.).

Tente en poil, *iberg'en*, pl. *iberg'enen* (m.).

Dresser une tente, *ag' ehen* « faire une tente ».

Peau (qui sert à faire les tentes touarègues, lesquelles
sont toutes en peau) *ilem* « peau », pl. *ilemmaouen* (m.).
— (Ensemble des peaux cousues qui forme le toit de la
tente) *chakit* (v. TOIT).

Natte (en merkeba, se tenant verticale et servant de paravent. On en met d'ordinaire tout autour de la tente et à
tous les endroits qu'on veut protéger du vent ou du
soleil, près du foyer, des outres, etc. Elles ont environ
1 mètre de haut et 2 à 6 mètres de long) *iseber*, pl.
isebran (m.).

Piquet. Les piquets, perches ou supports qui servent à
dresser la tente touarègue sont de trois sortes : 1° le
support central ; 2° les supports du pourtour ; 3° les petits
piquets enfoncés dans le sol auxquels se fixent les cordes qui tendent la tente. Le support central est tantôt
une perche unique dressée verticalement au centre de la
tente ; on l'appelle *tamankait*, pl. *timankain* (f.) ; tantôt
deux arceaux en bois flexible appelés chacun *ag'eg'ou*,
pl. *ig'eg'an* (m.). Les supports du pourtour sont au nombre de douze : on en place trois à chaque point cardinal.
La tente touarègue est habituellement orientée du Nord
au Sud. Trois supports sont mis du côté Sud, trois du
côté Nord,
trois du côté
Est, trois du
côté Ouest.
Ceux de l'Est
et de l'Ouest
ont 1ᵐ à 1ᵐ30
de haut et por-
tent le nom de
tasdest, pl. *ti-
sedas* (f.). Les
trois du Nord

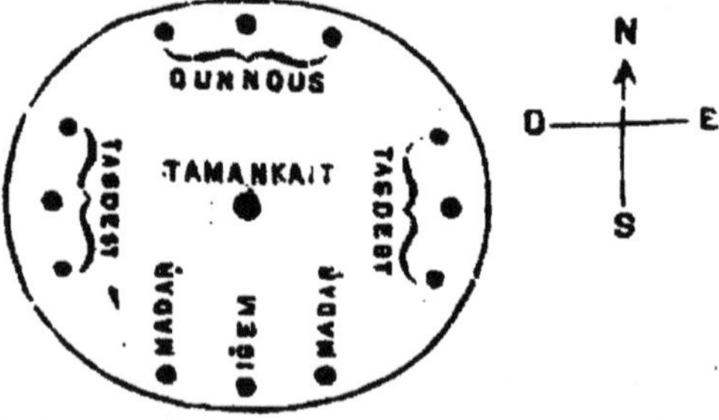

ont la même longueur que les six précédentes et portent
le nom d'*ounnous*, pl. *ounnousen* (m.). Les trois du Sud
s'appellent : celui du milieu, qui soutient la porte, *ig'em*,
pl. *ig'emaouen* (m.) ; les deux autres, *madar'*, pl. *imda-
r'en* (m.) ; le support *ig'em* est une forte perche qui a
souvent 2 mètres de haut ou davantage ; les deux *madar'*
sont un peu moins longs que l'*ig'em*, ils ont en général
0ᵐ40 ou 0ᵐ50 de moins que lui. Les petits piquets fixés

dans le sol sont en nombre variable et s'appellent *taset-titit*, pl. *tisettitai* (f.). La *tamankait* et les douze supports du pourtour de la tente portent tous le nom général de *ag'et*, pl. *ig'etten* (m.) « perche » ; on appelle la *tamankait* « le grand *ag'et* », les douze supports du pourtour « les petits *ag'et* ».

Toit (de tente en peau ; ensemble des peaux cousues ensemble formant le toit d'une tente) *chakit*, pl. *ihektan* (m.).

Tenter. (Mettre à l'épreuve, éprouver) *Arem* « éprouver ».

Terminer. *Semdou* « finir ».

Terrain. (Sol, terre, d'une manière générale) *Amadhal*, pl. *imedhelan* (m.).

Bas (« le bas », par opposition à *afella* qui signifie « le haut ») *iris* (s. sans pl.) (m.) (*eres* « descendre »).

Bassin. (Artificiel, ar. « madjen ») *tihemt*, pl. *tihemin* (f.).

Berge, *askater*, pl. *iskouttar* (m.) (*ekter* « revenir du point d'eau »).

Bord. (Rive, rivage) *ag'enana*, pl. *ig'enanaten* (m.).

Caillou. (De toute dimension, grand ou petit) *abelal* « pierre ».

Caverne, *ekaham*, pl. *ikahman* (m.).

Chemin, *abarek'k'a*, pl. *iberek'ka'ten* (m.).

Chemin de traverse, *tillit*, pl. *tallaiin* (f.) (de *ali*, « couper »).

Col, *tehi*, pl. *tahiouin* (f.).

Colline. (Pas de mot général). On se sert de noms particuliers propres aux diverses sortes de collines ; les plus usités sont : *tadrak'*, ar. « gara », pl. *tiderr'in*.

Colline rocheuse peu élevée, *irkah*, pl. *irkahen* (m.).

Elévation sablonneuse avec végétation, *eg'if*, pl. *ig'ifen* (m.).

Petite gara (de toute forme), *takasouart*, pl. *tikasouarin* (f.).

Colline blanchâtre de sable et pierres mêlées, *tekouit*, pl. *tikouiin* (f.).

Colline isolée, *taourirt*, pl. *tiouririn* (f.) (très peu usité).

Colline allongée à faite presqu'horizontal, *alous*, pl. *ilassen* (m).

Tertre de sable peu élevé, collection de petites dunes, ar. « nebka », *edeien*, pl. *edeienen* (m.).

Colline mélangée de sable et calcaire, *tag'elant*, pl. *tig'elanin* (f.) (de *ag'elan*, « de couleur crème »).

Chaines de montagnes, *adrar* « montagne ».

Chaine de collines peu élevées, *tiraf* (pl. sans s.) (f.).

Elévation, hauteur (en général), *at'koul*, pl. *iet'koulen* (m.)

Descente, *taserest*, pl. *tiseras* (f.) (de *eres*, « descendre »).

Montée, *aggan*, pl. *egganen* (m.) (de *aouen*, « monter »).

Confluent, *edeg oua d ennemferen* « lieu où confluent » (de *enemfer*, « confluer ») (n.).

Côte. (V. PENTE, VERSANT, DESCENTE, MONTÉE, au même article).

Cours d'eau. (Ar. « oued », toute vallée, grande ou petite, avec ou sans eau) *ar'ahar*, pl. *ir'aharan* (m.).

Filet d'eau permanent dans oued grand ou petit, *teg'ert*, pl. *teg'erin* (f.).

Eau courante, volume d'eau d'un cours d'eau, ar. «sil», *ang'i*, pl. *ing'iaouen* (m.) (de *eng'i*, « avoir de l'eau courante », ar. « sâl »). Par ext. *ang'i* signifie « crue, torrent, cours d'eau ayant de l'eau courante ».

Lit d'oued, *tar'ezzit*, pl. *tir'ezza* (f.) (de *ar'ih*, « creuser »).

Descendre (le cours d'un oued), *teram* (*teramer'*, *iteram*) (act.).

Remonter (le cours d'un oued), *g'oui* (*g'ouir'*, *ig'oui*) (act.).

Traverser (un oued), *g'er* (*g'erer'*, *ig'er*) (act.).

Aval, *ataram* (m.) (de *teram*, « descendre [un oued]»).

Amont, *afella* « le haut ».

Dalle. (V. ROCHER).

Débordement. On traduit par *ang'i* « eau courante » (ar. « sil ») (v. COURS D'EAU).

Défilé. On traduit par « chemin étroit » *abarek'k'a karroz'*.

Descente. (V. COLLINE).

Désert. (D'une manière générale, la plaine, l'extérieur, la campagne) *tiniri*, pl. *tinariouin* (f.). Le s. pr. de *tiniri* est « plaine ».

Vaste étendue absolument stérile, sans eau ni pâturage, *tanez'rouft*, pl. *tinez'raf* (f.).

Campagne, par opposition aux villages; Sahara, par opposition aux k'çour, *ag'ma*, pl. *ig'maten* (m.).

Distance. On traduit en indiquant le nombre de nuits de marche ou en servant du mot *ig'g'eg'* (m.) « éloignement ».

Dune (de sable). (V. SABLE).

Eau, *aman* (pl. sans s.) (m.).

Éminence. (V. COLLINE).

Est. (Orient) *elak'h'ablet* (f.).

Étape, *timerrahant*, pl. *timerrahanin* (f.).

Étranglement. (Défilé très étroit entre deux montagnes) *tar'ii*, pl. *tar'iin* (f.) (de *ar'i*, « étrangler »).

Flanc. (v. VERSANT).

Fleuve. (Très grand fleuve, comme le Niger ou le Nil, ar. « beh'ar ») *ég'ériou* « mer ».

Forêt. (V. R'ABA).

Galet, *ifertes*, pl. *ifertesen*.

Gara. (V. COLLINE).

Gravier. (Petit caillou, grain de gravier) *taourrait*, pl. *tiourrain* (f.).

Guide, *amaner*, pl. *imenar* (de *ner*, « guider »).

Hamada. (Sol pierreux et dur) *tasili*, pl. *tisiliouin* (f.).

Haut. (Le haut, le dessus, le sommet, par opposition à *iris* qui signifie « le bas ») *afella* (subst. s. sans pl.) (m.).

Hauteur. (Éminence) (v. COLLINE).

Hedeb. (Sol dur, plat sur une pente douce, un peu au-dessus du fond de la vallée) *isaouel*, pl. *issoudan* (m.).

Lac. (V. REDIR).

Lave (morceau de), *abelal en menzaz*. (*Menzaz* est invariable).

Mamelon. (v. COLLINE).

Mer, *ég'ériou*, pl. *ig'éréouan* (m.).

Mirage, *eilel*, pl. *eilelen* (m.).

Montagne, *adrar*, pl. *idraren* (m.).
  Montagne très escarpée, *tahort*, pl. *tahorin* (f.).

Montée. (V. COLLINE).

Nord, *foi* ; on appelle aussi le Nord *dheffer* « derrière », par opposition à Sud, *dât* « devant ».

Ouest, *eg'edhel en tafouk* « chute du soleil ».

Passage. (V. CHEMIN).

Pâturage. (V. l'art. spécial PÂTURAGE).

Pays. (Contrée, région, ar. « bled ») *akal*, pl. *ikallen* (m.). *Akal* est l'éq. de « bled », et, comme lui, est employé dans le sens de « ville, village ».

Pente, *akoutter*, pl. *ikouttouren* (m.) (de *koutter*, « pencher »).

Pic. On traduit par *isek* « corne ».

Pierre. (De toute dimension et de toute espèce) *abelal*, pl. *ibelalen* (m.) ; *ekadi*, pl. *ikadiouen* (m.).
  Grosse pierre, *takount*, pl. *tihoun* (f.). Par ext. *takount* signifie « meule, enclume ».

Piste. (V. CHEMIN, TRACE). — Dans le sens de l'ar-

« medjbed », étroite piste servant de chemin, on traduit par *tisarret'* « ligne ».

Plaine. (En général) *tiniri*, pl. *tinariouin* (f.).

Plat. (Terrain) *ougeda* (de *ouged*, « être égal »).

Plateau. (Vaste plateau élevé et pierreux) *tasili* (f.).
    Plateau supérieur d'une montagne, *etaouil*, pl. *itaouilen* (m.).

Polaire (étoile), *leñchem* (m.).

Précipice, *asaim*, pl. *isouiam* (m.).

Puits. (Ar. « hasi », tout puits profond ou non, coffré ou non, tout ce qui n'est pas « tilmas ») *anou*, pl. *ounan* (m.). Par ext. on appelle souvent *anou* n'importe quel trou en terre.
    Puits peu profond, *tag'nout*, pl. *tig'noutin* (f.).
    Tilmas. (Point où il suffit de gratter la terre ou de la creuser de 0 m. 50 ou de 1 m. pour trouver l'eau) *abankor*, pl. *ibenkar* (m.).

R'aba. (Pâturage d'arbres ou d'arbustes persistants, élevés et denses) *tamtek*, pl. *timetr'in* (f.).
    Lieu avec pâturage de « dhemran », *teramhi* (f.).
    Lieu avec beaucoup d'arbres, *tag'ourast*, pl. *tig'ouras* (f.).

Ravin, *inr'ar*, pl. *anr'aren* (m.).
    Petit ravin, *tinr'art*, pl. *tinr'arin* (f.).

R'edir. (Tout réservoir d'eau naturel, de quelque dimension et en quelque terrain qu'il soit, permanent ou temporaire) *ag'elmam*, pl. *ig'elmamen* (m.).

Redjem. (Pierre dressée indiquant un chemin, une piste) *amesakni*, pl. *imeseknan* (m.) (de *seken*, « montrer »). — (Signal assez haut construit en pierres sèches sur un sommet pour indiquer un point d'eau ou un passage important) *touknout*, pl. *tiknoutin* (f.).

Reg. (Plaine unie et stérile) *asrir*, pl. *isertren* (m.).

Rive. (V. Bord).

Rivière. (V. Cours d'eau).

Rocher, *ekadi*, pl. *ikadiouen* (m.) « pierre ».
    Grand rocher, ar. « kef », *az'rou*, pl. *iz'erouan* (m.).
    Roche glissante, dalle, *aseli*, pl. *iselan* (m.).
    Banc de roche formant un toit naturel, *itok'*, pl. *itok'k'en* (m.).
    Rocher à pic donnant de l'ombre, *eoueli, ioualiten* (m.).

Route. (V. Chemin).

Ruisseau. (Avec eau) *teg'ert*, pl. *teg'erin* (f.) (v. Cours d'eau).

Sable. (Soit peu, soit beaucoup, soit en plaine, soit en petites dunes) *edehi* (coll.) (m.).
    Dune de sable, *ig'idi*, pl. *ig'idan* (m.).

Tertre de sable peu élevé, collection de petites dunes, ar. « nebka », *edeien* (v. COLLINE).

Saguia, *teg'ouhamt,* pl. *tig'ouhamin* (f.).

Sentier. (V. PISTE).

Silex, *tafarast,* pl. *tifarasin* (f.) (de *feres,* « couper »).

Sol. (V. TERRAIN).

Sommet. (De montagne) *az'iakor,* pl. *iz'iikar* (m.) ; *atakor* (m.) ; *takerkourt* (f.) « sommet du crâne » ; *ir'ef* « tête ».

Source. (En général) *tit',* pl. *tit't'aouin* (f.).
    Très petite source ne coulant que goutte à goutte, *tahala,* pl. *tihaliouin* (f.).

Sud, *dât* « devant ».

Tas (de pierres indiquant le chemin, ar. « redjem »). (V. REDJEM).

Terre. (V. TERRAIN).

Terre glaise. (Ar. « t'in », toute terre grasse pouvant servir de mortier) *talak'* (s. sans pl.) (f.) (de *ilouk,* « vase, limon »).

Torrent, *ang'i* (v. COURS D'EAU).

Trace (de pas), *aderih,* pl. *iderah* (m.).

Traverse (chemin de). (V. CHEMIN).

Vallée, *ar'ahar* (v. COURS D'EAU).

Vase. (Limon) *ilouk* (s. sans pl.) (m.).

Versant (d'une montagne, flanc d'une montagne, espace compris entre le sommet d'une montagne et son pied ; se dit de tout versant de montagne, haut ou bas, escarpé ou en pente douce) *asarag',* pl. *isarag'en* (m.) ; *abada,* pl. *ibadan* (m.) ; *aseddemer,* pl. *iseddemar* (m.).

Village, *ar'rem,* pl. *ir'erman* (m.). Ar'rem signifie « ville, village, hameau ».

Terrasse. (Toit en terrasse) *Asfel* (v. TOIT à l'art. MAISON).

Terre. *Amadhal* (v. TERRAIN).

Terre glaise. *Talak'* (v. TERRAIN).

Tête. *Ir'ef* (v. CORPS). — (Tête-à-tête) *dar' teg'êhé* « dans le sein ».

Téter. (Être allaité) *enkes* (*enkeser', ienkes*) (n.).

Tiède. *Ikkousen andherren* « chaud un peu ».

Tige. *Isar'er* « bois ».

Timide. (Sans être pris en mauvaise part) on traduit « il craint » *iksoudh*. — (Poltron) *amattesa* « craintif ».

Tirer. (Amener à soi, puiser [avec une corde], tendre [une corde], ar. « jebed ») *Erkeb* (*erkeber'*, *ierkeb*) (act.). *Erkeb* a pour s. pr. « tirer » ; il est l'éq. de l'ar. « jebed ». — (Un coup de feu) *selfer'* (v. ÉCLATER).

Tison. *Tez'ouz'imt* « braise ».

Tisser. *Ez'z'* (*ez'z'ier'*, *iz'z'a*) (act.). *Ez'z'* s'emploie aussi dans le sens de « tresser » pour toute espèce de tressage, excepté celui des cheveux.

Tissu. (Subst.) *Tiz'aout*, pl. *tiz'z'aouin* (f.) (de *ez'z'*, « tisser »).

Toit. *Asfel* (v. MAISON).

Tombeau. *Az'ekka*, pl. *iz'ekouan* (m.) (de *ez'k*, « enterrer »).

Tombeau antéislamique. (Sépulture d'un *Zabbar**, pl. *izzabaren*, homme d'une race ancienne et inconnue) *Idebni*, pl. *idebnan* (m.).

Tomber. *Oudh* (*oudhir'*, *ioudha*) (n.). *Oudh* se dit des p., an. et ch. — (Tomber sur, dans le sens de « se jeter sur, se précipiter sur ») *oudh foull*. Il est tombé sur les ennemis, *ioudha foull iheng'a*. — (Tomber à terre, en parlant des choses seulement) *ertek*, 3° p. s. *iertek* (n.). J'ai laissé tomber quelque chose « une chose est tombée à terre de moi », *haret ien iertek in dar' i*.

Tomber (faire). (Jeter à terre) *Endhou* « jeter ». — (Faire tomber à terre [une chose], laisser tomber à terre [une chose]) *sertek* (*serteker'*, *isertek*) (act.) (de *ertek*, « tomber à terre »).

Tondre. (Un mouton, une chèvre, un chameau) *Ales* (*oulaser'*, *ioules*) (act.).

Tonner. On traduit « le tonnerre frappe »; *Iouot eg'ag'*.

Tonnerre. *Eg'ag'* (v. ATMOSPHÈRE).

Torche. *Taftilt** « flambeau ».

Tordre. (Un objet, une corde, etc.) *Samenennodh* (*simenennedher', isimenennodh*) (act.) (de *ennedh*, « tourner »).

Torrent. *Ang'i* (v. TERRAIN).

Tort (avoir). (Commettre une erreur) *Kherek* (v. ÉGARÉ). — (Commettre un péché) *ag' abekkadh* « faire un péché ».

Tort. (Contraire de raison, erreur) *Assakherek* « erreur ». — (Faute) *akherak* « faute ».

Tôt. « Vite » *Hik*.

Totalité. *Eket* « mesure ».

Toucher. (Au physique et au moral) *Adhes* (*adheser', idhes*) (act.).

Toujours. *Abadah**. Accompagné d'une négation, *abadah* prend le sens de « jamais ».

Tour. (Rang successif) *Amellil*, pl. *imellilen* (m.); *timelilt*, pl. *timelalin* (f.) (de *melellai*, « être tourné »). (Tour à tour, alternativement) *s timelilt* « par tour ». *Amellil*, dont le s. pr. est « tour », est employé dans le sens de « heureuse fortune, heureuse chance », ar. « zehar ».

Tour. (En maçonnerie) *Elborjet** (f.).

Tourbillon. (De vent) *Tig'ent* (v. ATMOSPHÈRE).

Tourment. (Souffrance, malaise, physique ou morale) *Toussist* « souffrance ». — (Très grave souffrance physique ou morale) *touz'z'irt* « souffrance excessive ». — (Trouble, inquiétude) *taremmik* « trouble ».

Tourmenter. (Faire souffrir, fatiguer) *Ousas*
« faire souffrir » (v. SOUFFRIR). — (Faire souffrir
excessivement, mettre à bout de forces) *z'ouz'ar*
« faire souffrir excessivement » (v. SOUFFRIR). —
(Etre tourmenté, fatigué, souffrir) *ousas* (v. FAIRE
SOUFFRIR). — (Etre tourmenté excessivement, souffrir excessivement) *ouz'ar* « souffrir excessivement ». — (Etre tourmenté, troublé, inquiet, soucieux) *ermer'* « être troublé », ou *ouksadh* « craindre ».

Tourner. (Tourner dans, tourner autour, tourner de droite et de gauche, circuler, entourer,
ar. « dour ») *Er'lai* (*er'laier'*, *ir'lai*) (n.). J'ai
tourné autour de la maison, *er'laier' i tar'ahamt*.
Le s. pr. de *er'lai* est « tourner » ; il est l'éq. de l'ar.
« dour ». La forme d'habitude de *er'lai* est *r'alli*
(*r'allier'*, *ir'alli*) (n.) ; elle a le même sens que
er'lai en y ajoutant l'idée « d'habitude ». — (Tourner, aller de côté, changer de direction, aller en
tournant, marcher en décrivant un cercle) *eouel*
(*oueler'*, *iouel*) (n.). J'ai tourné vers cet endroit,
oueler' s edeg ouarer'. — (Faire tourner, faire
aller de côté, pousser d'un côté ou d'un autre des
p., des an. ou des ch.) *souel* (*soueler'*, *issouel*)
(act.). Le s. pr. de *souel* est « faire tourner », ar.
« oulli » (act.). — (Etre tourné, retourné) *melellai*
(*melellier'*, *imelellai*) (n.) ; *melellai* signifie aussi
« tourner » (n.), « se retourner » ; son s. pr. est
« être tourné ». — (Tourner [un objet], retourner
[un objet]) *semelelli* (*semelellier'*, *isemelelli*) (act.)
(de *melellai*, « être tourné »). — (Tourner [n.]
dans le sens de tourner à droite ou à gauche,
changer de direction) *adhren* (*adhrener'*, *iedhren*)
(n. et act.). Tourne par là, *adhren sih*. *Adhren*
neutre a le sens qu'on vient de dire ; *adhren* actif
a le sens de « rouler, enrouler, rouler sur une
bobine, mettre en rouleau ». Roule le fil, mets le

fil en bobine, *adhren tinelli ;* mets la corde de poil en rouleau, *adhren ahelloum.* — (Etre roulé, enroulé, mis en rouleau) *adhren* « tourner » au présent de l'ind. — (Tourner à droite ou à gauche, enrouler) *ennedh (ennedher', innedh)* (act.). J'ai tourné du côté droit, *ennedher' ar'il oua n ar'il ;* j'ai enroulé mon « cheche » sur ma tête, *ennedher' echchech in foull ir'ef in.* — (Enrouler) *ettel (ettaler', ittel)* (act.). Le s. pr. de *ettel* est « enrouler » ; par ext. il signifie « rouler autour de, envelopper, bander ». Enroule le cheche, *ettel echchech ;* bande la blessure, *ettel abouis.* — (Tourner, changer de direction, incliner) *ellek* (T. a.) *(ellekir', ielleket)* (n.). Tourne un peu vers la droite, *elleket endherren s ar'il oua n ar'il ;* ton chameau, son bagage (sa charge) tourne (incline trop d'un côté), *amis ennek illeket kaia nnit.*

Tousser. *Tousou (tousour', itousou)* (n.) (de *esou,* « tousser »).

Tout. (Dans le sens de « toute chose ») « toute chose » *Ak haret.* — (Dans le sens de « très ») *houllan* « beaucoup ». — (Tout, toute, tous : v. la grammaire).

Tout à l'heure. (Maintenant) « maintenant » *Dimarder'.* — (Bientôt) « bientôt » *deror'.*

Toux. *Tesout* (v. MALADIE).

Trace. (De pas) *Aḍerih,* pl. *iderah* (m.). — (Suivre à la trace) *hour* (T. a.) (v. SUIVRE).

Traduire. *Err* « rendre » ; *sour'el* « rendre ». Traduis-moi ces paroles, *terred foull i aoual ouarer',* ou bien *tesour'eled foull i aoual ouarer'.*

Trahir. *R'adar* (r'ederer', ir'eder)* (act.). *R'adar* s'emploie aussi dans le sens de « attaquer par surprise, par trahison ».

Trahison. (Perfidie, attaque par surprise) *Tar'e-dert**, pl. *tir'eddar* (f.) (de *r'adar*, « trahir »).

Traîner. *Hob* (T. a.) (*hobir'*, *ihobet*) (act.). Par ext. *hob* (T. a.) signifie « enlever ». Le corbeau a enlevé de la viande, *ar'aleg' ihobet isan*.

Traire. *Az'z'eg'* (*az'z'eger'*, *iz'z'eg'*) (act.).

Traité. (Pacte) *Echcheret'** « condition ».

Traiter. (Conclure un pacte, une convention) *Acheredh** (v. CONDITION). — (Agir avec quelqu'un, se conduire avec quelqu'un) on traduit par « faire » *ag'*.

Traître. (Perfide, hypocrite) *Amar'dar**, pl. *imar'daren* (m.) (de *r'adar*, « trahir »).

Traîtreusement. (Perfidement, par trahison) *S tar'edert** « par trahison ».

Trancher. *Er'tes* « couper ».

Tranquille (être). *Dek* (T. a.) (*eddikir'*, *ieddi-ket*) (n.).

Tranquilliser. *Sedek* (T. a.) (*sedeker'*, *isedeket*) (act.) (de *dek* (T. a.), « être tranquille »).

Tranquillité. *Adeki* (s. sans pl.) (m.) (de *dek* (T. a.), « être tranquille »).

Transgresser. On traduit pas « ne pas écouter » *our seg'ed*.

Transpercer. *Erder'* (*erder'er'*, *irdar'*) (act.). J'ai transpercé la poutre avec un clou, *erder'er' afag'g'ag' s anesmir*.

Transporter. *Aoui* « apporter ».

Travail. *Elkhedmet**, pl. *elkhedmatin* (f.).

Travailler. (Servir [quelqu'un], fabriquer) *Akhe-dem** (*akhedemer'*, *ikhedem*) (act.).

Travailleur. *Anakhedam** (v. OUVRIER).

Travers. (Au travers de) on traduit par « dans » *Dar'*, ou par « au milieu de » *ammas ne*. — (De travers) *si h de si h* « de çà de là ».

Traverse (chemin de). (Chemin qui coupe au court) *Tillit*, pl. *tallaiin* (f.) (de *ali*, « couper »).

Traverser. (Une vallée, un oued, avec ou sans eau) *Ejjer (ejjerer', ijjer)* (act.). — (Une montagne, une ville, une chose quelconque) *aki* « passer ». J'ai traversé le village, *oukier' ar'rem*.

Tremblement. *Tahekedhkedh* (s. sans pl.) (f.) (de *hekedhkedh*, « trembler »). — (Frissons) *tisas* (v. MALADIE).

Trembler. *Hekedhkedh (hekedhkedher', ihekedhkedh)* (n.). *Hekedhkedh* se dit des p., des an. et des ch. ; c'est le mot employé pour les tremblements de terre.

Très. *Houllan* « beaucoup ».

Tresse. *Tahokkot'* (v. CORPS).

Tresser. (Les cheveux d'un homme ou d'une femme) *Arsem (arsemer', iersem)* (act.). Tresse les cheveux de Mousa, *arsem ir'ef en Mousa* « tresse la tête de Mousa ». — (Tresser autre chose que des cheveux, par ex. : du poil ou de la peau) *ez'z'* « tisser ».

Tribu. *Taousit*, pl. *tiousatin* (f.).

Tribut. (Impôt) *Tiousi*, pl. *tiousiouin* (f.).

Triste (être). « Je suis triste » *Karroz'en iman in* (v. S'AFFLIGER).

Tristesse. *Tekerz'i* (v. AFFLICTION).

Tromper. (Duper) *Keres* « nouer ».

Tromper (se). (Commettre une erreur, une faute,

se tromper de chemin) *Kherek* « être égaré ». —
(Faire se tromper) *sekherek* « égarer ».

Tromperie. (Duperie) *Tikerras* « nœuds ».

Tronc (d'arbre). *Tidele*, pl. *tideliouin* (f.).

Trône. *Elkersi** « chaise ».

Trop. On traduit par « beaucoup » *Houllan*, ou
bien en employant le verbe *aki* « passer » qui a
les sens de « dépasser, excéder, être de trop »
(v. PASSER).

Troquer. *Semeskel* « changer ».

Trotter. (V. CHAMEAU).

Trou. (Dans un objet, non dans la terre) *Tabodhi*,
pl. *tibodhaouin* (f.) (de *badh*, « trouer »). — (Dans
la terre) *abatoul* « fossé », ou *anou* « puits ». —
(D'une aiguille) se traduit par « œil » de l'aiguille
tit'. — (Piqûre) *tidig'i* « piqûre ».

Trouble. (Discorde) *Tasertit* « mélange ». —
(Trouble intérieur, effroi) *taremmik'* (f.) (de *ermer'*,
« être troublé »). Le s. pr. de *taremmik'* est
« trouble » ; il est aussi employé dans les sens de
« souci, chagrin, tristesse, inquiétude, préoccupation, effroi ».

Troublé (être). (En général, au pr. et au fig.)
*R'ehad** « être abîmé ». — (Etre troublé intérieurement) *ermer'* (*ermer'er'*, *iermer'*) (n.). Le s. pr.
de *ermer'* est « être troublé » ; il ne s'emploie qu'en
parlant des p. et des an., il a souvent le sens de
« être soucieux, chagrin, triste, inquiet, préoccupé,
effrayé ».

Troubler. (En général, au pr. et au fig.) *R'ehad**
« abîmer ». — (Troubler intérieurement, causer
du souci, de la tristesse, du chagrin, de la préoccupation, de l'inquiétude, de l'effroi, éveiller en

sursaut) *sermer'* (*sermer'er'*, *issermer'*) (act.) (de *ermer'*, « être troublé »). *Sermer'* s'emploie en parlant des p. et des an.

Trouer. (Un objet, non la terre ; faire un trou dans un objet, non dans la terre) *Badh* (*ebbadher'*, *ibbadh*) (act.). — (Le sol, la terre) *ar'ih* « creuser ». — (Piquer avec une arme tenue à la main, une aiguille, un instrument pointu) *edeg'* « piquer ». — (Transpercer) *erder'* « transpercer ».

Troupe. (Régulière) *Elmehellet** (v. GUERRE). — (Irrégulière, ar. « r'ezzou ») *eg'en* (v. GUERRE).

Troupeau. (De moutons ou de chèvres, de 100 à 200 têtes [ce qu'une personne peut garder]) *Ihiri*, pl. *iharaouen* (m.). — (Petit troupeau de moutons ou de chèvres, de moins de 100 têtes ; troupe d'animaux quelconques de petite taille tels qu'ânes, gazelles, etc.) *taherout*, pl. *tihiroutin* (f.). — (Troupeau de toute espèce d'animaux domestiques) on traduit par *tela* « bétail ». — (Troupeau de chameaux : v. CHAMEAU).

Trouver. *Eg'raou* (*eg'raouer'*, *ig'raou*) (act.). *Eg'raou* est d'un usage très fréquent. Il va bien, *out t ig'riou* « rien ne l'a trouvé » ; qu'as-tu ? *ma kai ig'raouen* « quoi t'ayant trouvé » ; quelle maladie as-tu ? *ma kai ig'raouen* « quoi t'ayant trouvé » ; j'ai la fièvre, *teg'raou hi taz'z'ak'* « m'a trouvé la fièvre ».

Tuer. *Añr'* (*eñr'ir'*, *iñr'a*) (act.).

Tumulte. (Fuite précipitée) *Taharahek'* (f.) (de *haraher'*, « fuir précipitamment »). *Taharahek'* ne s'emploie que dans le sens de « fuite précipitée et tumultueuse » et non pour aucun autre tumulte.

Tumultueusement. Lorsqu'il s'agit d'une fuite tumultueuse on emploie le v. *haraher'* (*haraher'er'*, *iharaher'*) (n.) « fuir précipitamment ». Le bétail a fui tumultueusement, *taharaher' tela*.

Tunique. *Takerbast* (v. VÊTEMENT).

Turban. *Takarout* (v. VÊTEMENT).

U

Ulcère. *Touksi* (v. ABCÈS à l'art. MALADIE).

Uni (être). (Être plat, égal, en parlant du sol) *Ouged* « être égal ». — (Être lisse, poli) *selouf* « être lisse ». — (Etre ami) « faire amitié » *ag' timmidoua :* « être un » *emous ien*.

Union. (Fait d'être uni) *Tedouil*, pl. *tedouin* (f.) (de *eddiou*, « accompagner »). — (Bon accord) *timmidoua* « amitié ».

Unique. *Ien r'as* (v. SEUL).

Unir. *Sedou* (*sedouer'*, *isedou*) (act.) (de *eddiou*, « accompagner »).

Urine. (De personne) *Ahîda* (v. MALADIE).

Usage. *Tar'ara* « coutume ».

User. (Gâter, abîmer, être usé, être gâté, être abîmé) *R'ehad** (v. ABÎMER). — (User, se servir de) (v. SE SERVIR).

Ustensile. (En général, tout ustensile ou instrument). Pas de mot propre. On traduit par « chose » *haret*.

Aiguille. (Petite, pour coudre), *stanfous*, pl. *stanfassen* (m.).

(Grande, ar. « mekhît »), *tesoubla*, pl. *tisoublaouin* (f.).

Alène. (V. POINÇON).

Bassin. (Portatif, en cuir, servant à faire boire les animaux), *t'feraout*, pl. *tiferouin* (f.).

Bouteille. (En cuir, de toute dimension), *tahattint*, pl. *tihettan* (f.).

Briquet, *anefed*, pl. *inefedan* (m.).

Cadenas, *tanast*, pl. *tinassin* (f.).

Ciseaux. (De toute dimension, depuis les plus petits jusqu'aux grandes cisailles), *timoudah* (pl.) (f.).

Clef, *asarou*, pl. *isoura* (m.) (de *ar*, « ouvrir »).

Clou, *anesmir**, pl. *inesmar* (m.).

Couteau (et rasoir), *asenmahad*, pl. *issenmouhad* (m.). (*zemmouhoud* « circoncire »).

Crible, *elr'erbal**, pl. *elr'orbalen* (m.).

Cruche, *tak'k'alilt**, pl. *tak'k'alilin* (f.).

Cuiller (à bouche), *tasoukalt*, pl. *tisoukalin* (f.). Grande cuiller servant à transvaser le lait, *temoulat*, pl. *timoulatin* (f.).

Delou. (Pour puiser l'eau), *ag'a*, pl. *ig'aten* (m.).

Écuelle. (V. VAISSELLE).

Enclume. (En pierre), *tahount*, pl. *tihoun* (f.) « pierre ».

Entonnoir. (En bois, servant à remplir les outres), *aseggaf*, pl. *iseggefa* (m.).

Faucille, *amrih*, pl. *imrahen* (m.).

Fourneau (de forgeron), *ahensaoua*, pl. *ihensaouaten* (m.). — (Foyer de toute maison, tente, zriba, ar. « kanoun », formé de trois pierres, dont chacune s'appelle *asefreg'*), *isefrag'* (pl.) (m.).

Hache, *tadheft*, pl. *todheftn* (f.).

Hoyau. (Ar. « mesha »), *ag'elhim*, pl. *ig'elham* (m.).

Lime. (De toute dimension), *azezoua*, pl. *izezzouaten* (m.) (de *zezzou* [T. a.], « limer »).

Marmite. (En cuivre), *ir'ir*, pl. *ir'iren* (m.). — (En terre) *tir'irt*, pl. *tir'irin* (f.).

Marteau, *afadhis*, pl. *ifedhas* (m.).

Meule. (V. MOULIN).

Mezered, *ag'era*, pl. *ig'erouan* (m.).

Mortier. (En bois, pour piler, de grande dimension), *tindi*, pl. *tandiouin* (f.) ; mortier (en bois, pour piler, de petite dimension), *akabar*, pl. *ikebran* (m.).

Moulin (à bras), pierre inférieure, large et presque plate, sur laquelle on broie le grain, *tahount*, pl. *tihoun* (f.), « pierre » ; pierre supérieure, beaucoup plus petite que l'inférieure, qu'on tient à la main et avec laquelle on broie le grain, *az'z'ed*, pl. *iz'z'eden* (m.) (de *az'ed*, « moudre »).

Outre, *abaior'*, pl. *ibiar'* (m.). Verse de l'eau dans l'outre, *effi aman dar' abaior'* ;

*adhni aman dar' abaior' (eff « couler » ; adhni
« verser dans un récipient »).*

Verse de l'eau de l'outre, *senr'el aman dar' abaior' :
anefer aman dar' abaior' (anr'el* « être versé par
terre ») *anefer* « verser de »).

Remplis l'outre, *sesou abaior' : adhni abaior'. (Esou*
« boire » ; *adhni* « verser dans un récipient »).

L'outre est vide, *abaior' iastik (estek* « être vide », en
parlant des outres).

Panier. (De dimension moyenne, servant aux travaux de
jardin et de fogara), *tisenit,* pl. *tisenatin* (f.).

Pierre. (Qu'on fait chauffer et qu'on jette dans le lait
pour le rendre chaud), *adhar',* pl. *idhar'en* (m.) « pierre ».

Pilon. (De mortier, en bois), *ihar'en,* pl. *ihar'enen* (m.).

Pinces (et tenailles, de toute dimension), *ir'emdan* (pl.
sans s.) (m.).

Plat. (V. VAISSELLE).

Poinçon (et alène), *tistant,* pl. *tistanin* (f.).

Pot. (V. VAISSELLE).

Rabot, *asekredh* « racloir ».

Racloir, *asekredh,* pl. *isekradh* (m.) (de *keredh,* « racler »). *Asekredh* a pour s. pr. « racloir » et signifie par
ext. « rabot ».

Rasoir. (V. COUTEAU).

Rerara (et sac), *tir'erirt,* pl. *tir'erar* (f.).

Sac. (V. RERARA).

Scie. (V. LIME).

Soufflet. (De forgeron) *tishadh* (pl.) (f.) (de *ashadh,* « souffler »).

Tasse. (V. VAISSELLE).

Tenailles. (V. PINCES).

Vaisselle. (Dans laquelle on boit), *ikassen,* pl. de *akous*
(m.).

Vaisselle (dans laquelle on mange) *tir'eha,* pl. de *tar'a-
hout* (f.).

Les Touaregs divisent la vaisselle en deux : celle
dans laquelle on boit, les *ikassen,* et celle dans
laquelle on mange, les *tir'eha. Ikassen* et *tir'eha*
sont tous en bois.

Les principaux vases compris parmi les *ikassen*
sont :

1° Des vases demi-sphériques de toute dimension,
appelés tous *akous,* pl. *ikassen* (m.), servant à boire
ou à traire ;

2° L'*asoukal,* pl. *isoukalen* (m.) petit vase demi-
sphérique, de la contenance d'un quart de litre environ, avec ou sans manche, ayant soit la forme d'une

tasse, soit celle d'une grande cuiller ; il sert à transvaser le lait :

3° La *taroukalt*, pl. *tisoukalin* (f.), cuiller de la dimension d'une grande cuiller à bouche, servant à manger les bouillies et autres choses demi-liquides :

4° La *tanak'k'ast*, pl. *tinak'k'asin* (f.), petit vase demi-sphérique, sans manche, de la contenance d'un demi-litre, servant de mesure de capacité pour les grains et les dattes.

Les principaux vases compris parmi les *tir'cha* sont :

1° L'*ar'elal*, pl. *ir'elalen* (m.), grand plat creux;

2° La *tar'elalt*, pl. *tir'elalin* (f.), plat creux plus petit que l'*ar'elal* ;

3° La *tar'ahout*, pl. *tir'cha* (f.), plat creux plus petit que la *tar'elalt*.

Van. (Ar. « tebag ») *tisit*, pl. *tisiin* (f.).

Vase. (V. VAISSELLE).

Usure. (Prêt à intérêt excessif, ar. « riba ») *Erreba** (m.).

Utile (être). (Servir à, profiter à) *Enfou (enfir', infa)* (act.). Je suis utile à quelqu'un, *enfir' ieu ;* cette chose lui est utile, *haret ouarer' infi.*

Utilité. *Elfaida** « profit ».

V

Vache. *Tes* (v. ANIMAL).

Vain. (Inutile) *En bennan* « d'en vain ». — (Vaniteux) « il est vain » *issimr'ar iman nil* (v. FIER).

Vain (en). (Vainement, pour rien, gratis, inutilement, en pure perte) *Bennan.* Le s. pr. de *bennan* est « en vain ».

Vaincre. (Remporter la victoire sur, vaincre quelqu'un, être trop difficile, trop lourd, trop fort, ar. « r'eleb ») *Ernou (ernier', irna)* (act.). Il a vaincu les ennemis, *irna iheng'a* ; ce travail est trop difficile pour toi, *termi k elkhedmet tarer'*.

Vaincu (être). (Être mis en déroute, être surmonté par une difficulté ou par une douleur excessives) *Touren* (*ettouerner'*, *ittouerna*) (n.) (de *ernou*, « vaincre »).

Vaisselle. *Ikassen* (v. USTENSILE).

Valeur. *Atoug'* (v. COMMERCE).

Valoir. On traduit « être égal » *Ouged*. — (Valoir mieux) *ouf* « être meilleur ». — (Valoir autant) *oul* « être pareil ». — (Ne rien valoir) « n'être rien » *our emous haret*.

Van. *Tisit* (v. USTENSILE).

Vanité. (Orgueil) *Simr'ar n iman* (v. FIERTÉ).— (Chose de rien) *haret en bennan* « chose de en vain ».

Vanner. (En balançant le tebag horizontalement et en le faisant sauter légèrement) *Toueltouel* (*toueltoueler'*, *itoueltouel*) (act.) (*eouilaouel* « être balancé », de *ouel*, « tourner »).

Vantard. (Fanfaron, orgueilleux) *Anesbarag'* « prometteur ».

Vanter (se). (Mentir par forfanterie) *Barrag'* « promettre ».

Vanterie. (Promesse fausse, fanfaronnade, mensonge par forfanterie) *Abarag'* « promesse ».

Varier. (N.) *Moutti* (v. CHANGER). — (Act.) *semetti* (v. CHANGER).

Vase. (Limon) *Ilouk* (v. TERRAIN).

Vase. (Récipient) *Akous* (v. USTENSILE).

Vaste. *Imak'k'eren* « grand ».

Va-t'en. « Pars » *Egel*.

Vaurien. *Erk aou adem* (Homme pourri) .

Vautour. *A'zez'* (v. ANIMAL).

Veau. *Elouki* (v. ANIMAL).

Vedette. *Tidhaf* (v. GUERRE).

Végétation. *Ichkan* « des plantes ».

Veille. (Action de ne pas dormir) *Akkai* « passage ». — Le jour précédent, *Ahel oua ioukien* (v. TEMPS).

Veiller. (Faire attention) *Agez'* « garder », ou *tegez'* « soigner ». — (Ne pas dormir) *aki* « passer ».

Veiller sur. *Agez'* « garder ».

Veine. *Amig'* (v. CORPS).

Vendre. *Ziñh* (v. ACHETER).—(Vendre aux enchères) *Dellel** (*delleler', idellel*) (act.)

Vendredi. *Eljemet** (v. TEMPS).

Vendu (être). *Eñh* (*ieñha*) (n.). — (Être vendu habit., se vendre habit.) *nazz* (*inazz*) (n.). Du blé se vend habit. à Ideles, *inazz ired dar' Ideles.*

Vénéneux. *Ihi essem* « il y a dans lui du poison ».

Vénérer. *Herek* (T. a.) « respecter ».

Vengeance. *Er'a* « talion ».

Venger (se). *Ez'el er'a* « régler le talion » (*ez'el* « rendre droit, régler »).

Venin. (D'un animal) *Iherinen* (pl. sans s.) (m.).

Venir. (Aller vers, aller à, aller trouver) *As* (*ousir', iousa*) (act.). Je suis venu au village, *ousir' ar'rem* ; je suis venu auprès de Mousa, *ousir' Mousa.*

Vent. *Adhou* (v. ATMOSPHÈRE).

Vente. *Nezzan* (s. sans pl.) (m.) (de *eñh*, « être vendu »).

Ventre. *Tesa* (v. CORPS).

Venue. (Arrivée) *Tisit,* pl. *tisitin* (f.).

Ver. *Taoukki* (v. ANIMAL). — (Ver de Guinée) *z'egeremi* (v. MALADIE).

Véracité. *Tidet* « vérité ».

Verdir. (Devenir vert) on traduit « être noir » *Kaouel* (v. NOIRCIR).

Véridique. *En tidet* « de vérité ».

Vérité. *Tidet* (s. sans pl.) (f.).

Vérole (petite). *Bedi* (v. MALADIE).

Verre. *Tisit* (v. MIROIR).

Vers. *Berin ; ser.* La par. *ser,* dont le s. pr. est « vers », est employée aussi dans le sens de « de vers, du côté de, de la part de ». *Itter ser es,* il le prie « il prie de vers lui ».

Versant. *Asarag'* (v. TERRAIN).

Verser. (A terre, répandre à terre, semer, faire les semailles) *Senr'el (senr'eler', issenr'el)* (act.) (de *anr'el* « être versé par terre »). Verse à terre de l'eau de l'outre, *senr'el aman dar' abaior'.* — (Faire couler un liquide quelconque) *effi* (v. COULER). — (Verser [de l'eau] dans un récipient, remplir [d'eau] un récipient) *adhni (adhnir', idhni)* (act.). Verse de l'eau dans l'outre, *adhni aman dar' abaior' ;* remplis les outres d'eau, *adhni ibiar' s aman. Adhni* ne se dit d'ordinaire que de l'eau et des outres.

Vert. On traduit par *ikaouelen,* pl. *ikaoualenin* « noir ». *Ikaouelen* est le mot employé pour exprimer la couleur des végétaux et tout ce qui est de couleur foncée, sombre.

Vertige. *Teg'az'z'ain* (v. MALADIE).

Vertu. On traduit par « crainte de Dieu » *Touk-sedha n Mess inar'*.

Vertueux (être). On traduit par « craindre Dieu » *Ouksadh Mess inar'*.

Vêtement. (En général) *Aselsou*, pl. *iselsa* (m.) (de *els*, « être vêtu »).

> Le costume de cérémonie de l'homme riche du Hoggar est : en dessous, un pantalon *(kerteba)* ; puis une ou plusieurs gandouras en étoffe unie *(takerbast)* ; sur les gandouras unies, une gandoura brodée *(takamist*)* ; par-dessus celle-ci, un haïk léger *(khaiki*)* ou un haouli *(abror')* ; enfin, un bernous *(abernouh*)*. Sur la tête : un voile indigo entourant la tête et couvrant la bouche et le front *(tigoulmoust)* ; un cheche blanc se mettant par dessus la *tig'oulmoust* et passant sur la bouche et sur la tête *(echchech*)* ; une étoffe rouge se portant comme le cheche et pardessus lui *(takerheit)*. Une ceinture en étoffe *(tag'best)*. Aux pieds, des sandales. Selon qu'on est moins en cérémonie ou moins riche, on simplifie ce costume, qui se réduit, chez les pauvres, à un pantalon, une gandoura, un chiffon sur la tête, une peau de chèvre sur le dos.
>
> Le costume de cérémonie de la femme riche du Hoggar est une sorte de petit jupon *(aseg'bes)* ; une ou plusieurs gandouras unies pareilles à celles des hommes *(takerbast)* ; sur les gandouras unies, une gandoura brodée pareille à celles des hommes *(takamist*)* ; sur la gandoura brodée, un haouli pareil à celui des hommes *(abror')* dont les femmes s'enveloppent entièrement. Sur la tête, un très petit morceau d'étoffe noire, sorte de mantille se posant sur la tête et pendant des deux côtés jusqu'à 15 ou 20 cent. au-dessous du menton en laissant le front et le visage entièrement découverts *(akerhei)*. Les femmes touarègues ne se voilent pas la figure. Jamais de ceinture, ni de pantalon. Des sandales semblables à celles des hommes. — Pour sortir au soleil, un grand chapeau de paille *(téli)*.

Bague. (Toute bague d'homme et de femme), *tisak'*, pl. *tiser'in* (f.) (de *aser'*, « joindre ensemble »).

Bernous, *abernouh**, pl. *ibernah* (m.).

Boucle d'oreille, *tez'abit,* pl. *tiz'abatin* (f.).

Bourse. (Sachet en cuir qu'on porte suspendu sur la poitrine, ar. « bit ») *tar'allabt*, pl. *tir'allabin* (f.).

Bracelet. (Toute espèce de bracelet, soit d'homme, soit de femme) *ahbeg'*, pl. *ihebg'an* (m.).

Bracelet de cristal, *tihoka*, pl. *tihokaouin* (f.).

Ceinture (d'homme, en étoffe) *tag'best*, pl. *tig'ebas* (f.) (de *eg'bes*, « se ceindre »).

Ceinture d'homme en cuir, *tementeka*, pl. *timentekaouin* (f.).

Chapeau. (Grand chapeau de paille que portent les femmes) *téli*, pl. *tiliouin* (f.) « ombre ».

Chechia, *takoumbout*, pl. *tikoumbouttin* (f.).

Collier. (De femme) *tasr'alt*, pl. *tisr'alin*) (f.).

Cordons. (Gros cordons de soie que les hommes portent à droite et à gauche comme des baudriers) *elmejdoud**, pl. *elmejdouden* (m.).

Cotonnade. (Bleu foncé ou écru, de fabrication européenne, ar. « chegga») *Malti** (Subst. f. inv.) « de l'île de Malte ».

Malti écru, *Malti tamellet* « Malti blanc ».

Malti bleu foncé, *Malti taset't'efet* « Malti noir ».

Percale blanche, *Makhmoudi** (subst. f. inv.).

Cotonnade fabriquée au Soudan. (Pièce de cotonnade indigo de 2 m. à 2 m. 50 de long, composée de douze bandes étroites cousues ensemble) *alechchou*, pl. *ilechchan* (m.).

Couverture. (V. ÉTOFFE).

Diadème. (Sorte de diadème en étoffe que portent certains Touaregs) *tadebbanat*, pl. *tidabanatin* (f.).

Drap. (V. ÉTOFFE).

Étoffe. (De cotonnade) (v. COTONNADE).

Étoffe de drap, *elmelef** (m.).

« Haouli » (appelé aussi : « ksa », pièce d'étoffe de laine toute blanche, tressée au Gourara, ayant 5 m. de long et 1 m. 50 de large) *abror'*, pl. *ibror'en* (m.).

« Doukkali » (pièce d'étoffe tissée au Gourara et semblable entièrement au « haouli » excepté comme couleur : au lieu d'être tout blanc, le doukkali est blanc avec les extrémités rouges) *tabrok'*, pl. *tibror'in* (f.) (de *abror'*, « haouli »).

« Haouli » teint en indigo (haouli semblable en tout aux autres, mais teint en indigo, que les femmes portent quelquefois à la place de l'*abror'*) *tkhabit*, pl. *tikhoubai* (f.).

« Tanefsa » (pièce d'étoffe de laine toute rouge, tissée au Gourara, de même forme et de même dimension que le « haouli » mais plus épaisse, servant non à s'habiller mais à se couvrir la nuit) *tag'edhanfoust*, pl. *tig'edhanfas* (f.).

Vieux haouli à demi usé, *khaoulil**, pl. *ikhioulal* (m.).

Petit morceau d'étoffe quelconque, chiffon, *akerhouadh*, pl. *ikerhouadhen* (m.).

Pan (de toute espèce d'étoffe) *afer*, pl. *ifarren* (m.).

Couverture (de toute espèce, grande ou petite, épaisse ou mince) *ikhambel*, pl. *ikhambelen* (m.).

« Kella » (appelée aussi « Srambo »). Couverture tissée au Soudan en coton blanc et indigo, d'environ 2 m. de long et 1 m. 25 de large, *elkilla**, pl. *elkillatin* (f.).

Couverture faite de pièces et de morceaux (qui est le vêtement habituel des pauvres en hiver) *asedekkan*, pl. *isedekkanen* (m.).

Fil. (De soie ou d'or qui se mettent sur la tête [non sur la bouche] pardessus l'*echchech* et la *takerheit*, de manière à maintenir le tout) *itelli*, pl. *itellan* (m.) (de *ettel*, « enrouler »).

Frange, *ilit*, pl. *iliten* (m.).

Gandoura. (« Kechchaba » en cotonnade bleue ou écrue ou en percale blanche, sans broderie) *takerbast*, pl. *tikerbasin* (f.).

Kechchaba très ample (en étoffe du Soudan ou en soie, ornée de broderies) *takamist*, pl. *tikemsin** (f.).

Kechchaba en drap, *takerbast ta n elmelef*.

Haïk. (Léger) *khaiki**, pl. *khaikiten* (m.).

Houppes. (De soie que mettent les hommes à côté de chaque oreille) *ig'iren* (pl. sans s.) (m.).

Jupon. (Court que portent les femmes sous les autres vêtements) *aseg'bes* (m.) (de *eg'bes*, « se ceindre »).

Lacets. (Minces en peau tressée servant à porter les talismans ou autres choses légères) *taoulalout*, pl. *tioülela* (f.).

Manteau. (V. BERNOUS).

Pantalon, *kertéba*, pl. *kertebaten* (m.).

Percale. (V. COTONNADE).

Perle. (Grain de verroterie, grain de corail, perle de toute espèce, etc.) *tamerouant*, pl. *timerouanin* (f.).

Poche, *elhib**, pl. *elhiben* (m.).

Sandale. (En général, de toute espèce) *ar'atim*, pl. *ir'atimen* (m.).

Sandale riche. (En cuir teint, de l'Ahir) *tamba tamba* (inv.).

Sandale en cuir brut sans ornement (de même forme que les *tamba tamba*) *oua n ir'it* « celui de semelle », pl. *oui n ir'it*.

Sandale de pauvre (formée de plusieurs épaisseurs de peaux cousues ensemble) *amarked*, pl. *imerkeden* (m.) (de *arekad*, « coudre grossièrement »).

Semelle, *ir'it*, pl. *ir'iten* (m.). *Ir'it* signifie aussi « cuir dur (pouvant servir à faire des semelles) », ar. « melkha ».

Lanière, *az'emi*, pl. *iz'eman* (m.) (de *az'mi*, « coudre »). *Az'emi* se dit des lanières de sandales et de toutes les lanières.

Semelle. (V. SANDALE).

Talisman, *tiraout*, pl. *tera* (f.) (de *ari*, « écrire »).

Tunique. (V. GANDOURA).

Turban, *takarout*, pl. *tikaroutin* (f.) (v. VOILE).

Voile. (De l'homme, se portant sous les autres : morceau d'étoffe indigo entourant la tête, couvrant le front et la bouche, et pouvant à volonté se rabattre sur les yeux) *tig'oulmoust*, pl. *tig'oulmas* (f.).

« Cheche ». (Etoffe blanche et légère que les hommes mettent pardessus la *tig'oulmoust*, en la faisant passer sur la bouche et sur la tète) *echchech**, pl. *echchachen* (m.).

Etoffe rouge. (Que les hommes portent comme l'*echchech*, soit avec lui et pardessus lui, soit sans lui et à sa place) *takerheit*, pl. *tikerhain* (f.).

Visière. (Toute espèce d'étoffe, de quelque couleur qu'elle soit, que l'homme rabat sur ses yeux, prend, pendant qu'elle sert à cet usage, le nom de) *tameng'out'*, pl. *timeng'oudhin*) (f.) (de *eng'edh*, « se voiler les yeux [d'hommes] »).

Turban. (Toute étoffe que l'homme s'enroule autour de la tète, de quelque couleur qu'elle soit, prend, pendant qu'elle sert à cet usage, le nom de) *takarout*, pl. *tikaroutin* (f.).

Voile de la femme. (Sorte de mantille se portant sur la tète et retombant en arrière, à droite et à gauche, d'environ 15 à 20 cent. au-dessous du menton, en laissant le visage et le cou à découvert) *akerhei*, pl. *ikerheien* (m.).

Pan d'étoffe que les femmes ramènent sur leur visage. (Quand elles veulent momentanément se cacher le visage, elles ramènent sur leur figure un pan de vêtement quelconque, le plus à portée : ce pan d'étoffe, quel qu'il soit, porte le nom de) *eg'adil*, pl. *ig'edelen* (m.).

Vêtir (se). (Être vêtu, être habillé, s'habiller) *Els* (*elsir'*, *ilsa*) (act.). Il s'est vêtu de vêtements blancs, *ilsa temelli* « il a revêtu le blanc ».

Vêtir. (Habiller) *Sels* (*selser'*, *isselsa*) (act.).

Veuve (être). On traduit « une femme dont le mari est mort » *tamet' iemmout ales ennit.*

Viande. *Isan* (v. Nourriture).

Vice. *Elr'ib**, pl. *elr'iben* (m.).

Vicieux (être). (Être coquin, méchant ; se dit des p. et des an.) *Mouller'* (T. a.) *(emouller'ir', imouller'et)* (n.). Le s. pr. de *mouller'* (T.a.) est « être vicieux ».

Victoire. *Ternou,* pl. *terniouin* (f.) (de *ernou,* « vaincre »).

Vide (être). (En parlant des outres seules) *Estek,* 3ᵉ p. s. *iastik* (n.). L'outre est vide, *abaior' iastik.* — (En parlant de toute espèce de choses) on traduit *out t ihi haret* « il n'y a pas en lui chose », ou *out t ihi aou Adem* « il n'y a pas en lui personne ».

Vide. (En parlant de toute espèce de choses) on traduit « il est vide ».

Vider. (En parlant des outres seules) *Sistek (sisteker', issistek)* (act.) (de *estek,* « être vide (en parlant des outres) ». — (En parlant de toute espèce de choses) on traduit « ne rien laisser dedans ». Je l'ai vidé, *our oiier' d es haret.*

Vie. *Tameddourt* (s. sans pl.) (f.) (de *idder,* « vivre »).

Vieillard. *Amr'ar* (v. Chef).

Vieillesse. *Touhari,* pl. *touhariouin* (f.) (de *ouhar',* « être vieux »).

Vieillir. *Ouchcher* « être vieux ».

Vieux (être). *Ouchcher (ouchcharer', iouchchar)* (n.) (de *ouhar,* « être vieux »).

Vigne. *Achek oua n ezzebib* (v. Culture).

Vigoureux (être). *Essoh** (T. a.) « être fort ».

Vigueur. *Essahat** « force ».

Vil. (En parlant d'une personne) *Erk aou Adem* (v. VAURIEN). — (En parlant d'une action) *erk* « pourri ». — (En parlant d'une ch. de peu de valeur) « ce n'est rien » *our imous haret*.

Village. (Bourg, ville, tout lieu ayant des habitants sédentaires, si petit ou si grand qu'il soit) *ar'rem*, pl. *ir'erman* (m.).

Ville. *Ar'rem* (v. VILLAGE).

Vin. *Elkhemer** (v. NOURRITURE).

Vinaigre. *Elkhell** (v. NOURRITURE).

Violemment. *S essahat** « par force ».

Violence. *Essahai** « force ».

Violon. (Sorte de violon spécial aux Touaregs) *Imz'ad* « cheveu », pl. *imz'aden* (m.). Joue du violon, *ouot imz'ad* « battre le cheveu ».

Vipère. *Tachchelt* (v. ANIMAL).

Vis-à-vis (être). *Nemahel* « être en face.

Vis-à-vis de. *Tanemhala en* (v. FACE).

Visage. *Oudem* (v. CORPS).

Viser. (Au pr. et au fig.) *Et't'ef* « tenir ». Vise la gazelle, *et't'ef dar' ahenkadh*.

Visiter. *Ezour** (*ezourer'*, *iezour*) (act.).

Vite. (Adv.) *Hik.*

Vitesse. *Tefessi* « légèreté ».

Vivant. *Iddaren*, pl. *iddarenin* (de *idder*, « vivre »).

Vivre. *Idder* (*eddarer'*, *iddar*) (n.).

Vœu (faire). (De donner à Dieu quelque chose) *adhouel* (*adhoualer'*, *idhoual*) (act.).

Vœu. (Chose promise à Dieu) *adhdhioual*, pl. *adhdhioualen* (m.) (de *adhouel*, « faire vœu »).

Voici. (Voilà) *Ner'* : *da*. Le voici, *ner' oua* ; voici ce qu'il dit, *ner' ouarer' a inna* ; me voici, *nekkou da*.

Voilà. *Ner'* (v. Voici).

Voile. (De l'homme) *Tameng'out'* (v. Vêtement).

Voiler (se). (En parlant des hommes : rabattre sur les yeux l'étoffe qui couvre le front de manière que la figure soit presqu'entièrement cachée) *Eng'edh* (*eng'edher'*, *ieng'edh*) (n.). — (En parlant des femmes : ramener sur le visage un pan d'étoffe quelconque de manière que l'on ne voit pas la figure) *Ag' eg'adil* « mettre l'*eg'adil* (*ag'* « faire ») (v. Voile à l'art. Vêtement).

Voir. *Eni* (*encier'*, *ienei*) (act.).

Voisin (être). (Être près de) *ahaz'* « être près ». — (Habiter près de quelqu'un) *Hereg'* (*hireg'er'*, *ihireg'* (n.). *Hereg'* ne se dit que des personnes. Je suis son voisin, *hireg'er' d es*.

Voisin. (Rapproché) *Iouhazen* « proche ». — (Qui habite auprès de quelqu'un) *anarag'*, pl. *inarag'en* (de *hereg'*, « être voisin »).

Voisinage. (Proximité) *Ehaz'* « proximité ». — (Fait d'habiter auprès de quelqu'un) *aharoug'* (m). (de *hereg'*, « être voisin »).

Voix. *Imeseli* « son ».

Vol. (Fait de dérober) *Tikra*, pl. *tikraouin* (f.) (de *ouker*, « voler »). *Tikra* est le mot qu'on emploie pour signifier « adultère ».

Vol. (En parlant des oiseaux, saut en parlant des p., an. et ch.) *Tiggit* « saut ».

Voler. (Dérober, commettre un adultère) *Ouker* (*oukerer'*, *iouker*) (act.). Le s. pr. de *ouker* est « voler ».

Voler. (En parlant des oiseaux ; sauter, en parlant des p., an. et ch.) *Egged* (*eggeder'*, *iegged*) (n.).

Voleur. *Amakar,* pl. *imakaren* (de *ouker,* « voler »).

Volonté. *Irit,* pl. *iriten* (m.) (de *er,* « aimer »).

Volontiers. *Houllan* « beaucoup ».

Vomir. *Ouk'k'a (ouk'k'ir, iouk'k'a)* (act.).

Vomissement. *Touk'k'out* (v. Maladie).

Vouloir. *Er* « aimer ».

Voyage. *Asikel,* pl. *isikilen* (m.) (de *sikel,* « voyager »). *Asikel* signifie aussi « marcher au pas ; allure du pas ».

Voyager. *Sikel (essoukaler', issoukal)* (n.). *Sikel* signifie aussi « marcher au pas ».

Voyageur. *Amessakoul,* pl. *imessoukal* (m.) (de *sikel,* « voyager »). *Amessakoul* est souvent employé dans le sens de « commerçant », parce que les étrangers qui viennent commercer au Hoggar sont des voyageurs, des caravaniers.

Vrai. On traduit « de vérité » *n tidet.*

Vraiment. *Tidet* « vérité » ou *s tidet* « avec vérité ».

Vue. (Aspect, ce qu'on voit ; sens de la vue) *Ahanaï,* pl. *ihanaien* (m.) (de *eni,* « voir »).

ADDITIONS ET CORRECTIONS

Page 1. Deux autres alphabets, distincts de celui qui est habituellement en usage, sont utiles à connaître. Le premier est un alphabet ancien, qu'on trouve employé dans les écrits et transcriptions d'une époque reculée ; le second est un alphabet servant à la transcription littérale des textes arabes en caractères touareg. Les voici :

		CARACTÈRES		
FRANÇAIS	ARABES	TOUAREGS ACTUELS	TOUAREGS ANCIENS	TOUAREGS POUR TRANSCRIPTION TEXTES ARABES
a	١			
b	بـ	☉ ▣ ⊖ 🄱	☉ ▢	☉ ▣ ⊖ 🄱
ch	شـ	⊓ ⊏ ⊐	Ш Ж (Les deux signes juxtaposés forment un seul caractère).	⊓ ⊏ ⊐
ç	صـ	∧ ⊓ ∨ ⊔	ⵝ ⵝ	∧ ⊓ ∨ ⊔
d	ضـ		⊏ ⊐ (Les deux signes juxtaposés forment un seul caractère).	◎
dh	ظـ	ⵏ		
dhh	طـ			ⵏ
f	فـ	ⵂ ⵃ	H	H ⵃ
g	قـ	ⵝ ⵝ ⵝ	ⵯⵡ ∧ ∨ (Les deux premiers signes juxtaposés forment un seul caractère ; les trois signes juxtaposés qui suivent forment un seul caract.)	
g' (deux)		·I· ·I·	÷ ·I·	
h			ⵊⵊⵊ	

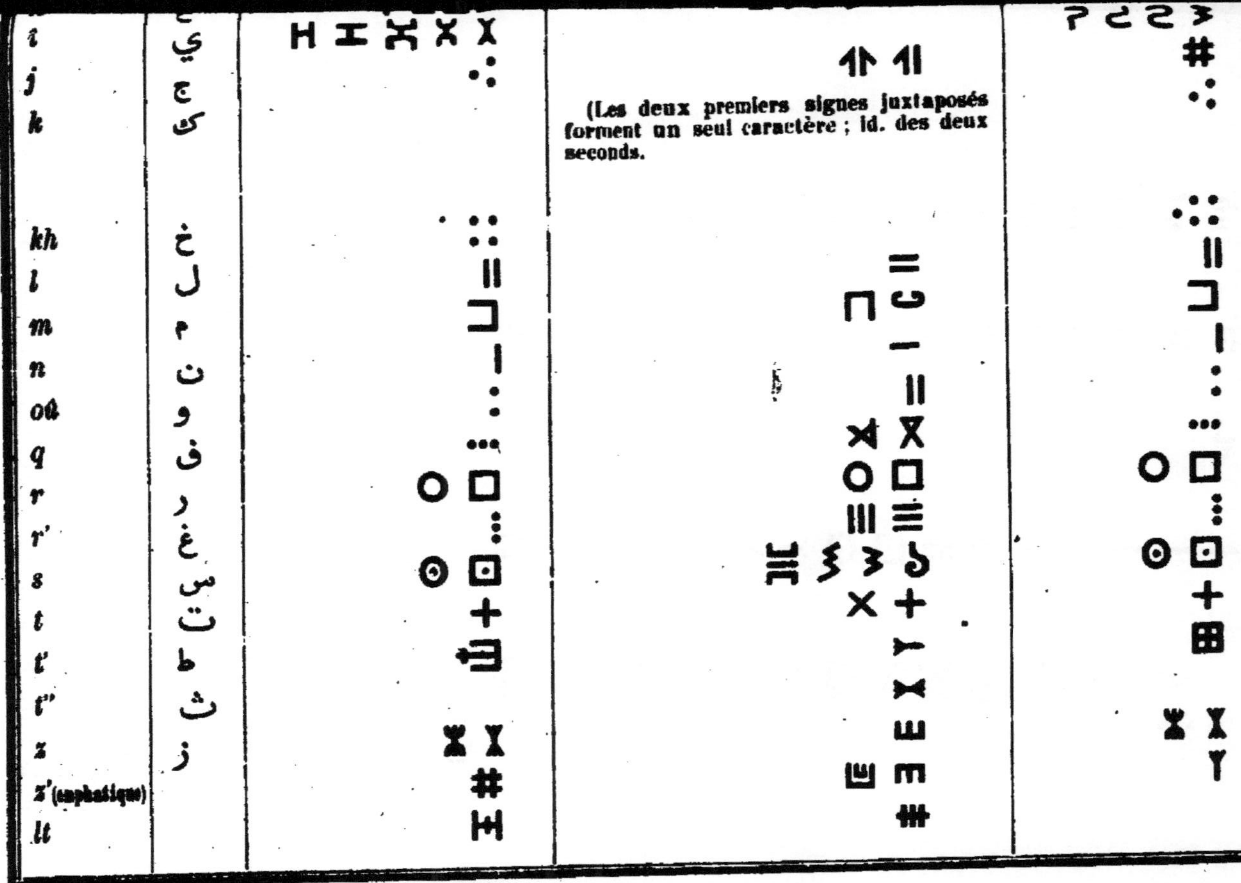
i
j
k
kh
l
m
n
oû
q
r
r'
s
t
t'
t''
z
z'(emphatique)
lt
(Les deux premiers signes juxtaposés forment un seul caractère ; id. des deux seconds.

P. 2. remplacer la liste des abréviations par la suivante :

		et		nb
				nd
				ndh
				ng
				nk
				bt
				z't
				rt
				st
				g't
				gt
				jt
				lt
				mt
				nt
				cht

P. 2, l. 22 :

Il semble qu'il y a quatre dialectes chez les Touaregs :
1° Celui de l'Ahaggar, parlé par les Ahaggar, les Kel Ajjer et les Taïtoqs (avec des sous-dialectes) ; 2° celui des Kel Aïr, parlé dans la région de l'Aïr ; 3° celui des Kel Adr'ar', parlé dans l'Adr'ar', et des Ifor'as, et 4° celui des Ioullemmeden (Aouelimmiden). Il n'est question ici que du dialecte de l'Ahaggar.

P. 7, ligne 11, ajoutez :

L'*a* et l'*i* initiales des mots (subst., adj., part., ver. à la 3° p. m. s., particules) disparaissent souvent, surtout en poésie, pour simple raison d'euphonie ou d'allégement de la phrase, sans règle fixe. Quelquefois, au lieu de disparaître complètement, ils sont transformés en *e* : *Our nadh-dhou iselsa nnek dar' iddam*, il ne jettera pas les vêtements dans la gelée [poésie]. — Les préfixes distinguant les personnes des verbes disparaissent quelquefois, surtout en poésie, pour simple raison d'euphonie ou d'allégement, sans règle fixe, aux personnes qui ont à la fois une préfixe et une suffixe (*mousem* « vous êtes » pour *temousem*).

Quelquefois, surtout en poésie, deux consonnes différentes se rencontrant l'une à la fin, l'autre au commencement d'un mot, se transforment en une seule redoublée, la première disparaissant, la deuxième se redoublant (*as ennekeloui d amouken em man* « pour que nous soyons à l'aise avec satisfaction de l'âme » (*em man* pour *en iman*) ; *ouoten sessen ta n ar'ran tehig'alt* « ils frappent vers eux le son des boucliers [comme si c'était le] son du tambour » (*sessen* pour *sersen*).

Assez souvent, surtout au commencement et à la fin des mots, lorsque deux syllabes se suivant sont formées d'un son-voyelle quelconque et d'une même consonne, ces deux syllabes se contractent en une seule formée de cette consonne et du son-voyelle de la deuxième syllabe : *A d es aoudhin ichkan* « jusqu'à ce que de lui arrivent les Ber-bes » [pour *aoudhen in*] ; *tabeg'aout ouer tett timz'in* « la jument ne mange pas d'orge » [pour *ouer tetett*] ; *esseler' Mousa* « j'ai chassé Mousa » [pour *seseler'*].

P. 13, l. 16, ajoutez :

Remarque. — « Elle » se dit dans l'Ahaggar *enta* et dans l'Adhar' *entat*.

P. 15, l. 19, lisez :

Sing. Moi......... *I, hi.*

P. 17-19, l. 2, remplacez le paragraphe 2. Pronoms démonstratifs, par le suivant :

2ᵉ Pronoms démonstratifs et relatifs. — Il y en a huit sortes :

1°	Celui, qui, que, lequel, celui qui, celui que....................	*Oua, a, i.*
	Celle, qui, que, laquelle, celle qui, celle que....................	*Ta, ti.*
	Ceux, qui, que, lesquels, ceux qui, ceux que....................	*Oui, ti.*
	Celles, qui, que, lesquelles, celles qui, celles que..............	*Ti.*
	Ceci, ce qui, ce que, lequel.......	*Aoua, a.*
2°	Celui-ci, ce, cet (proximité absolue).	*Oua rer', a rer'.*
	Celle-ci, cette...................	*Ta rer'.*
	Ceux-ci, ces.....................	*Oui rer'.*
	Celles-ci, ces...................	*Ti rer'.*
	Ceci.............................	*A rer', aoua rer'.*
3°	Celui-ci, ce, cet (proximité modérée)	*Oua di.*
	Celle-ci, cette...................	*Ta di.*
	Ceux-ci, ces.....................	*Oui di.*
	Celles-ci, ces...................	*Ti di.*
	Ceci.............................	*Oua di.*
4°	Celui-ci, celui-là, ce, cet (s'emploie indifféremment pour ce qui est près et pour ce qui est loin)....	*Oua der', oua îder'.*
	Celle-ci, celle-là, cette............	*Ta der', ta îder'.*
	Ceux-ci, ceux-là, ces.............	*Oui der'.*
	Celles-ci, celles-là, ces...........	*Ti der'.*
	Ceci, cela.......................	*Oua der', oua îder'.*
5°	Celui-là, ce, cet (éloignement modéré)........................	*Oua h.*
	Celle-là, cette...................	*Ta h.*
	Ceux-là, ces.....................	*Oui h.*
	Celles-là, ces...................	*Ti h.*
	Cela.............................	*Oua h.*
6°	Celui-là, ce, cet, ceux-là, ces (éloignement).....................	*Ou în.*
	Celle-là, cette, celles-là, ces.......	*Tî n.*
	Cela.............................	*Aouîn.*

	Celui-là, ce, cet, ceux-là, ces (éloignement)	*Ou în der'*.
7°	Celle-là, cette, celles-là, ces	*Ti n der'*.
	Cela	*Aou în der'*.
	Celui-là, ce, cet (éloignement absolu)	*Oua din, oua n din, an din*.
8°	Celle-là, cette	*Ta din, tan din*.
	Ceux-là, ces	*Oui din, ouin din*.
	Celles-là, ces	*Ti din, tin din*.

P. 22, l. 23, remplacez le paragraphe 26 par :

« Qui » (interrogatif se rapportant à une personne indéterminée) se rend par *ma* ou par *mi* indifféremment, qu'il soit sujet, rég. dir. ou indir. d'un verbe, ou rég. d'une particule : Qui t'a dit cela ? *ma hak innen aoua* ou *mi hak innen aoua*. Qui est entré dans la tente ? *Ma ig'g'ehen ehen* ou *Mi ig'g'ehen ehen*. Qui l'a épousée ? *Ma ted iaouaien* ou *Mi ted iaouaien*. Qui a frappé cet homme ? *Ma ouaten ales ouarer'* ou *Mi ouaten ales ouarer'*. Qui t'a donné cela ? *Ma kai ikfen ouarer'* ou *Mi kai ikfen ouarer'*. Chez qui est-il arrivé ? *Ma d iousa* ou *Mi d iousa*. Chez qui a-t-il fait accroupir son chameau ? *Ma r'our ijjen* ou *Mi r'our ijjen*. Avec qui fait-il compagnie ? *Ma d ieddiou* ou *Mi d ieddiou*. A qui as-tu volé ceci ? *Ma dar' toukered aouarer'* ou *Mi dar' toukered aouarer'*.

« Que, quoi » (interrogatif se rapportant à un animal ou à une chose) « quel, quelle, quels, quelles, lequel, laquelle, lesquels, lesquelles » qu'ils soient sujets ou régimes de verbes ou régimes de particules, se rendent par *Ma*. Que veux-tu ? *Ma terid*. Qu'as-tu dit ? *Ma tennid*.

REMARQUES. — 1° Dans les propositions interrogatives on emploie le participe tamahaq quand, en français, le verbe interrogatif est suivi d'un complément : Qui t'a dit cela ? *Ma hak innan aouin ?*

2° On se sert du verbe tamahaq quand, en français, le verbe est sans complément : Que veux-tu ? *Ma terid ?*

3° *Ma* s'emploie avec les substantifs qui prennent alors la particule *n* du génitif : Comment vas-tu ? *Ma n iouen nek* (quoi de l'état de toi). Combien ? *Ma n eket* (quoi de la mesure).

4° *Ma* et *mi* s'emploient entre les particules et se mettent alors avant elles : Chez qui a-t-il couché hier ? *Ma rour' insa endh ahadh* ou *Mi rour' insa endh ahadh.*

5° « A qui » (interrogatif) se rend par *mi s* : A qui as-tu envoyé la lettre ? *Mi s tessiouied tiraout.*

6° « A qui » (interrogatif, renfermant une idée de possession et désignant des personnes) se rend par *Ma* ou *mi*, suivi du participe *ilen* « possédant » : A qui est ce cheval ? *Ma ilen ais ouarer'* ou *Mi ilen ais ouarer'.* Quelquefois on énonce d'abord l'objet possédé et alors on place l'affixe régime direct entre *ma* ou *mi* et *ilen* : A qui est ce cheval ? *Ais ouarer' ma t ilen* ou *Ais ouarer' mi t ilen.* Cette dernière locution s'applique aussi aux personnes sur lesquelles d'autres ont des droits de possession, comme un enfant, une femme, un esclave. *Ma kem ilen* (qui te possédant ?) dit à une femme, signifie « qui est ton mari ? », dit à un enfant « quels sont tes parents ? ».

7° Comme on le voit, lorsque le pronom interrogatif désigne des personnes, il se rend indiféremment par *ma* ou par *mi*, que le pronom soit sujet, régime dir. ou indir. de verbes ou régimes de particules. Quand le pronom interrogatif désigne des animaux ou des choses, il se rend toujours par *ma*, jamais par *mi*.

P. 26, l. 12, ajoutez :

Souvent, en poésie surtout, la 1ʳᵉ pers. du plur. est employée à la place de la 1ʳᵉ du sing. avec le même sens. *Ennei* « nous avons vu » signifie souvent « j'ai vu ». *Neg'a* « nous avons fait » signifie souvent « j'ai fait ».

P. 27, l. 14, reconstituer ainsi la conjugaison de l'impératif :

Singulier :

1ʳᵉ pers. com. (radical). *r'it*		*elkemer'it..*	Que je suive.
2ᵉ — com. — .		*elkem.....*	Suis.
3ᵉ — m... *i*........ *it*		*ielkemit...*	Qu'il suive.
3ᵉ — f.... *t*........ *it*		*telkemit...*	Qu'elle suive.

Pluriel :

1ʳᵉ pers. com.	*n*	*it*	*nelkemit* ..	Suivons.
2ᵉ —	m	*et*	*elkemet* ...	Suivez.
2ᵉ —	f	*mt*	*elkememet* .	Suivez (f.).
3ᵉ —	m	*nit*	*elkemenit* ..	Qu'il suivent.
3ᵉ —	f	*net*	*elkemenet* .	Qu'elles suivent.

P. 27, l. 18, lire :

Telkememet (ou *telkemenet)* au lieu de *telkememt.*

P. 29, l. 9, ajoutez *hi, he, h.*

P. 29, l. 10, remplacez le paragraphe 1° des remarques par le suivant :

LIVRE III. — 1. VERBE. — 1° CONJUGAISON DU VERBE

7° *Futur.*

REMARQUES. — 1° La particule *ad* du futur se prononce souvent *id, a, i. (At t iekf* « il lui donnera » se dit souvent *it t iekf, a t iekf, i t iekf ; at ten iekf* « il leur donnera » se dit souvent *it ten iekf, a ten iekf, i ten iekf).* 2° *Ak kai, ik kai, ak kaouen, ik kaouen,* etc. sont souvent mis à la place de *ad kai, id kai, ad kaouen, id kaouen,* etc. (*Ad, id, a, i,* étant la particule du futur). 3° Lorsqu'un verbe au futur est précédé d'un pronom affixe commençant par *h,* on ne met ordinairement pas la particule *ad* devant le verbe, le *h* du pronom tenant lieu de la particule *ha* du futur qui se prononce aussi *h, hi, he).* 4° Les particules *ad, ha, r'a* sont ce qui donne au verbe l'idée du futur ; lors même qu'aucune d'elles n'est exprimée et qu'on traduit le futur par l'aoriste sans particule, une de celles-ci reste sous-entendue et les pronoms affixes régimes du verbe se placent par rapport au verbe comme si l'une des particules du futur était devant le verbe.

P. 29, l. 11, ajoutez *ed, e, i.*

— l. 31, remplacez *ha* ou *r'a* par *ha, hi, he, h.*

P. 34, l. 15, remplacer la première phrase par la suivante :

En se conjugant, le radical est soumis au passé ainsi

qu'au présent de l'indicatif, à diverses modifications des voyelles qu'il renferme. Au futur et à l'indicatif, il n'y a aucune modification des voyelles du radical. Ces modifications, etc...

P. 37, l. 26, supprimez la conjugaison de l'impératif *ili* ; elle est inusitée.

P. 38, l. 2, lire *ilen* au lieu de *illan*.

— l. 15, remplacer le commencement du paragraphe 2 par :

Si le verbe être exprime une idée d'état de position, de condition, on le rend par le verbe *oumas* qui se conjugue régulièrement.

P. 38, l. 19 et suiv., aux deux v. *eh* et *ouar* ajoutez :

Mel avec idée de lieu. Chacun veut être auprès de lui, *ak ien ira id i mel r'our es.*

P. 39, l. 11, supprimez la conjugaison de l'impératif *el ;* elle est inusitée.

P. 41, l. 24, remplacez *emous* par *oumas.*

— l. 26 et suiv., remplacez ce qui concerne l'impératif par :

Impératif : il a toutes les personnes, y compris la première : Levons-nous, *nenkerit.* Qu'ils soient au puits (m. à m. sur le puits), *ourenet anou.* Qu'il soit homme, *ioumasit ales.* Qu'elle ne s'abîme pas, *our ter'echchedit.* Si l'impératif est accompagné d'une négation, on emploie l'impératif de la forme d'habitude : Ne fais pas cela, *our tag' aouin.* Retiens l'homme, qu'il ne parte pas, *et't'ef ales our igallit.* Veille aux grains, qu'ils ne se répandent pas, *agez' etter'am our inek'k'elit.*

P. 43, l. 31, remplacez le paragraphe 3° par le suivant :

3° Avec les verbes au futur, qu'ils soient ou non précédés de *ad, ha* ou *r'a,* les pron. aff. rég., s'il y en a, sont placés avant le verbe (en vertu de *ad, ha* ou *r'a* exprimé ou sous-entendu) ; avec les verbes au passé, s'il n'y a pas de particule motivant la présence des pron. aff. rég. devant le verbe, ceux-ci sont après le verbe. 4° Comme on l'a vu plus haut, *ak kaouen, ik kaouen, ak kai, ik kai, a ten, i ten. a t, i t,* etc., placés devant les verbes, sont la particule du futur *ad, id, a, i,* suivie des pronoms (pour *ad kaouen, id kaouen, ad kai, id kai,* etc.).

P. 44, l. 1, ajoutez *ha, ad.*

P. 45, l. 9, au lieu de *tektam,* lire *tektemed.*

— l. 10, au lieu de *tektamed d,* lire *tektemedd.*

— l. 12, au lieu de *ektaned d,* lire *ektened d* et ajouter le paradigme suivant :

IMPÉRATIF

ektour'id	Que je me souvienne.
ektou d	Souviens-toi.
iektid d	Qu'il se souvienne.
tektid d	Qu'elles se souviennent,
nektid d	Souvenons-nous.
ektoued d	Souvenez-vous (m.),
ektoumed d	Souvenez-vous (f.).
ektounid d	Qu'ils se souviennent.
ektouned d	Qu'elles se souviennent.

P. 45, l. 13, lire *at'kaler'in* au lieu de *at'keler'in.*

— l. 14, lire *tat'kaled in* au lieu de *tat'keled in.* et ajouter le paradigme suivant :

IMPÉRATIF

et'kelr'it in	Que je porte jusque là-bas.	
et'kel in	Porte	—
it'kelit in.	Qu'il porte	—
tet'kelit in	Qu'elle porte	—
net'kelit in	Que nous portions	—
et'kelet in	Portez-le	— (m.)
et'kelmet in	Portez-le	— (f.)
et'kelnit in	Qu'ils portent	—
et'kelnet in	Qu'elles portent	—

P. 46. l. 22 et suiv. remplacez les paradigmes par les suivants :

berouberetr'it	Que j'enveloppe complètement
berouberet	Enveloppe
iberouberetet	Qu'il enveloppe
teberouberetit	Qu'elle enveloppe
neberouberetit	Que nous enveloppions
berouberetit	Enveloppez — (m.)
berouberetmet	Enveloppez — (f.)
berouberetnit	Qu'ils enveloppent
berouberetnet	Qu'elles enveloppent
aberaberir'	J'ai enveloppé complètement.
teberaberid	Tu as enveloppé —
iberaberet	Il a enveloppé —
taberaberet	Elle a enveloppé —
neberaberet	Nous avons enveloppé —
teberaberim	Vouz avez enveloppé — (m.)
teberaberetmet	Vous avez enveloppé — (f.)
aberaberin	Ils ont enveloppé —
aberaberetnet	Elles ont enveloppé —

P. 47, l. 16, remplacez le paragraphe 13 par :

De l'i et du t initial de la 3e personne de l'aoriste et du participe. — Quelques verbes perdent ordinairement l'*i* et le *t* initial à la 3e pers. masc., fém. et sing. de l'aoriste et autres participes sing. et pl. masc. et fém. Cet homme est triste, *ales ouarer' karroz'*. Le lait frais, *akh oua kefaien*. Ces verbes sont, pour la plupart, des verbes d'état d'un emploi très fréquent. D'autres verbes présentent la même particularités à l'aoriste et au participe, non ordinairement, mais souvent. Un poignard étant long, étant fabriqué dans l'Aïr, *tilek' heg'erit, kannet dar' Aïr*. Voilà ce qui lui est dû, *a s ithaoual azeg'az*. D'une manière générale, presque tous les verbes perdent quelquefois leur préfixe à toutes les personnes de l'aoriste (excepté la 1re pers. du pl.) et au participe, lorsque c'est utile pour l'euphonie et l'alignement de la phrase, soit en prose, soit surtout en poésie.

P. 50, l. 3, ajoutez :

deh, dih........... ici.

ad............... jusqu'à ce que, que *(ad* a le même sens
que *as* et signifie par ext. « que, afin
que, lorsque, depuis que, pour que,
selon que, dès que »).

— l. 20, ajoutez :

d irer'............. ici (particule indiquant la proximité ;
sans mouvement).

s irer'........... ici (particule indiquant la proximité ;
avec mouvement).

— l. 21, ajoutez :

d eider' (d îder'). ici, là (s'emploie indifféremment pour
ce qui est près ou loin ; sans mouv.).

— l. 21, ajoutez :

s eider'.......... ici, là (s'emploie indifféremment pour
ce qui est près ou loin ; avec mouv.).

din der'........... là, là-bas (particule indiquant l'éloignement).

— après la ligne 25, ajoutez :

hin der'.......... là, là-bas (particule indiquant l'éloignement).

dar'............. dans *(dar'* signifie par ext. « de dans ».
Ig'emedh dar' akal « il sort de dans
la ville », il sort de la ville).

P. 51, l. 5, ajoutez :

dar'............. encore (dans le sens de « aussi »).

dat............. devant, avant.

— l. 6, ajoutez :

di .... ci (suffixe indiquant la proximité. *Oua
di,* celui-ci).

a di............. alors (dans le sens de « par conséquent,
dans ce cas-ci »).

didi............. alors, ensuite, puis (dans le présent, le
passé et l'avenir).

P. 51, après la ligne 9, ajoutez :

din . . . . là (suffixe exprimant l'éloignement. *Ahen din*, ce jour-là ; *ouan dia*, celui-là).

dindin . . . . alors (dans le passé).

idit . . . . puisque (et par ext. « car, parce que »).

dheffer . . . . après, derrière.

— après la ligne 12, ajoutez :

é . . . . absolument (*É* sert à renforcer une affirmation ou une négation ; il se met avant le verbe. *Abadah é teg'g'ed aider'*, tu feras absolument toujours cela ; *abadah our é tenned aider'*, tu ne diras absolument jamais cela).

fô . . . . absolument (*Fô* sert à renforcer beaucoup une affirmation ou une négation ; il est l'équivalent de l'ar. « gâ », il se met après le verbe ou à la fin de la phrase).

foull (fell, afoull). sur (*foull* signifie par ext. « pour, parce que, contre »).

g'er (g'ir) . . . . entre.

ha (h, hi, ha) . . . . particule donnant aux verbes le sens du futur.

mani . . . . où ? (interrogatif). (Où vas-tu ? *Mani s tekkid*).

— ligne 25, ajoutez :

manik . . . . où ? (interrogatif). *Manik*, f. *manikket*, pl. *manikken*, pl. f. *manikkenet*. (Où sont les bonnes outres ? *Manikken ibiar' oui ioular'enin*).

n . . . . de (préposition du génitif).

— après la ligne 31, ajoutez :

eng'am . . . . d'auparavant (*oua ng'am*, celui d'auparavant).

eng'oum, ... auparavant, précédemment.

s (es, se) . . . . à (dans le sens de « vers »). (Particule
indiquant le mouvement, opposée à *d*
« ici » indiquant le non-mouvement).

s (se, se) . . . . de (latin « ex »). Par ext. il signifie
« par, au moyen de, pendant ».

as (a, s) . . . . que *(as* signifie par ext. « afin que,
lorsque, depuis que, pour que, selon
que, dès que »).

P. 53, l. 10, ajoutez :

4° *Mani di, mani dih,* « d'où ? dans quelle direction ? »
(avec interruption et sans mouvement).

— l. 12, ajoutez :

Mani si, mani sih. « d'où ? dans quelle direction ? »
(avec interruption et avec mouvement).

5° *d eider (d îder'),* « là, ici » (sans mouvement).

P. 54, l. 13, ajoutez :

A . . . . *i* (préposition du datif) ; *dar'* « dans » ;
n « de » (préposition du génitif ex-
primant la possession ; *s* « à » (dans
le sens de « vers »).

Absolument . . . . *fô, é, i, hi. (Fô* s'emploie pour renforcer
beaucoup une affirmation ou une
négation ; il se met après le verbe
ou à la fin de la phrase. — *É, i, hi*
s'emploient pour renforcer une affirmation ou une négation ; ils se placent immédiatement avant le verbe).

Alors (ensuite) . . . . *didi.*

Alors (dans ce cas). *a di.*

Depuis . . . . *ouan. (Ouan dimarder',* depuis maintenant ; *ouan d irer',* depuis ici).

Ici . . . . *d (ed, id), d irer' (d irek').*

D'ici . . . . *d irer'* (« sors d'ici », *eg'med d irer').*

D'ici-là . . . . *d irer' ar din der'* (« d'ici là nous ver-
rons, *d irer' ar din dar' in nesson).*

P. 60, l. 9, ajoutez :

Là, là-bas (signifiant
  l'éloignement)... *in (hin) din ; din der' ; hin der'.*
Là-bas (sans mouv.). *d in.*
Là-bas (av. mouv.). *s in.*
Par là .... (sans mouv.) *dih* ; (avec mouv.) *sih.*
Ni............... *oula (oul).* (« Ils n'ont ni épées ni lances », *oul lin tikoubaouin oul allar'en*).
D'où ? par où ? (avec
  int. et s. mouv.). *mani d, mani dih.*
D'où ? par là ? (av.
  int et av. mouv.). *mani s, mani sih.*
Que .... *as (a, s), innin.*
Sans............. *oula (oul).* (« Sans sandales », *oul ir'atimen*).
Vers............. *berin* (« dans la direction de ») ; *ser* ; *r'our* (« chez ») ; *s* « à » (dans le sens de « vers »).
Violemment....... *s essabat* (« avec force »).

P. 66, remplacer les mots *sedis, sediset, meraou d sedis, sediset temerouin* par : *sedhis, sedhiset meraou d sedhis, sedhiset temerouin.*

P. 73, I. — Le mode de transcription adopté est le suivant :

· *a, e, i, ou* ; ⵔ, ⵀ, ⵟ *b* ; ⵛ, ⵞ, ⵞ *ch* (ش) ; ⵐ, ⴰ, ⵏ, ⵠ *d* ; ⵕ *dh* (ض) ; ⵃ, ⵄ *f* ; ⴾ, ⵅ, ⵅ *g* ; ⵣ, ⵝ *g'* (doux) ; ⵂ *h* (ه) ; ⵌ *i* (ي) ; ⵉ, ⵆ, ⵉ *j* ; ⵗ *k* ; ⵗ *kh* (خ) ; ⵍⵍ *l* ; ⵎ *m* ; ⵏ *n* ; ⵢ *ou* (و) ; ⵒ *k'* (ف) ; ⵢ, ⵔ *r* ; ⵟ *r'* (غ) ; ⵔ, ⵔ *s* ; + *t* ; ⵕ *t'* (ط) ; ⵥ, *z* ; # *z'* (emphatique).

Agenouiller (s')....... Fais agenouiller le chameau, *segen amis. Seg'en* est employé très souvent dans les sens de « camper, s'installer au campement », ar. « hot't' ».

P. 80, ajoutez après la ligne 12 :
Ail. *Tiskert* (v. CULTURE).

P. 80, l. 25, ajoutez :

Air. (respirable) *Adhou* « vent » (v. ATMOSPHÈRE). — (De chant) *aneia*, pl. *ineiaten* (m.). *Aneia* signifie aussi « rythme poétique ». — (D'*imz'ad*) *azel*, pl. *izelan* (m.).

Page 82, s. v. **Animal**......

Chien, *eidi*, pl. *iadhan iadhan*.

Mouche plate (s'attachant aux chameaux, chèvres, etc.), *aheb*, pl. *ihebben* (m.).

Pou (de chameau) (de petite taille, ar. « gerad ») *tasellouft*, pl. *tiselfin* (f.).

Pou (de chameau) (de grande taille, ar. « helma ») *ag'our-mel*, pl. *ig'ourmelen* (m.).

Punaise (de chameau). (V. POU DE CHAMEAU).

Atmosphère......

P. 89, remplacez les lignes 1-2 par :

Brouillard (épais, les choses même proches ne se voyant pas), *koumbet*, pl. *koumbetin* (f.).

Brume. (Temps brumeux et sombre, sans vent, les choses proches se voyant, mais les éloignées cachées par la brume) *bour'el* (s. et pl.) (f.).

Froid. (Subst.) *esamidh* (m.) (de *sammedh*, « être froid »). — (Froid très vif qui fait geler) *iddam* (v. GELÉE).

Gelée. (Froid qui fait geler) *iddam*, pl. *iddamen* (m.).

Nuage. (En général) *agenna* (coll.), pl. *igennaouen* (m.).— (Petit nuage) *az'iar*, pl. *iz'iaren* (m.). — (Nuage d'orage) *tagarak* « orage ».

Orage, *tagar'ak*, pl. *tigarakin* (f.). *Tagarak* signifie « orage ; nuage d'orage ; averse ».

Vent, *adou*, pl. *adouten* (m.). — (Vent chaud de l'été) *ahodh*, pl. *ahodhen* (m.). — (Vent fort, continu et chargé de poussière) *tag'iait* pl. *tig'iaiin* (f.).

Bataille. *Anemañr'i* (v. GUERRE).

Bord. (Rive)(de toute chose) *ag'enana*, pl. *ig'enanaten* (m.).

Brouillard. *Ag'iait koumbet* (v. ATMOSPHÈR...).

Brume. *Tagiait bourel* (v. BRUME à l'art. ATMOSPHÈRE).

P. 102 s. v. **Cachette**... lire *aseggefer*, pl. *iseggefar*.

P. 131 s. v. **Culture**... CANAL... l. 27-29 lire, *abddou*, conduite amenant l'eau du bassin *(tihemt)* dans les divers *agemoun*, plate-bande carrée disposée pour l'arrosage : *tahaft*, pl. *tihaffin* (f.).

P. 156 s. v. **Environ**, supprimer *tig'ennin* et le reste de la phrase.

P. 198 s. v. **Maladie**... Ver de Guinée et p. 302, l. 5-6, remplacer *z'egeremi* par *atleb*, pl. *itelban* (m.).

P. 212 s. v. **Nom propre**, l. 17, au lieu de *Adhar'* lire *Adr'ar'*.

P. 273 s. v. **Sud** et p. 287 l. 13, au lieu de *dât* lire *berin egeriou*.

P. 285 s. v. **Est**, ligne 1, ajouter : l'Est est aussi appelé *dat* « devant » parce qu'on l'a devant soi dans la prière canonique.

P. 285 s. v. **Nord**, l. 29, supprimer : « on appelle aussi le Nord... »

P. 285 s. v. **Ouest**, l. 31, ajouter : L'Ouest est aussi appelé *dheffer* « derrière » parce qu'on l'a derrière soi dans la prière canonique.

TABLE DES MATIÈRES

ALGER, IMPRIMERIE ORIENTALE, P. FONTANA, RUE PÉLISSIER